KB059882

스마트시티 에볼루션

유시티에서 메타버스까지, 도시의 진화

스마트시티
에볼루션

박찬호, 이상호, 이재용, 조영태 지음

북바이북

한국 스마트시티 추진 현황

패러다임		관련 법	관련 계획

정부 정보화

- 제1차 행정전산화 기본계획(1978~1982)

1980

- 제2차 행정전산화 기본계획(1983~1986)

- 전산망 보급 확장과 이용 촉진에 관한 법률

컴퓨터 지향 사회

1990

정보화도시

- 제1차 국가지리정보체계 기본계획 (1995~2000)
- 정보화촉진기본법
- 제1차 정보화촉진 기본계획(1996~2000)

- 사이버코리아 21 기본계획(제2차 정보화촉진 기본계획)

2000
- 국가지리정보체계의 구축 및 활용 등에 관한 법률
- 전자정부법
- 제2차 국가지리정보체계 기본계획 (2001~2005)
- 제3차 정보화촉진 기본계획
- e-코리아 비전 2006(제3차 정보화촉진 기본계획)

유비쿼터스 도시

- IT-839 전략계획
- 흥덕 유시티 실행 전략(LH)
- 인천Ifez 유시티 정보화 전략
- u-코리아 기본계획
- 제3차 국가지리정보체계 기본계획 (2006~2010)
- 유비쿼터스도시의 건설 등에 관한 법률
- 경제활성화와 세계시장 선점을 위한 유시티 실천계획
- 제1차 유비쿼터스도시 종합계획(2009~2013)

2010

- 제2차 유비쿼터스도시 종합계획(2014~2018)
- 유시티 활성화 지원계획

스마트시티

- 스마트도시 조성 및 산업진흥 등에 관한 법률
- 도시혁신 및 미래성장동력 창출을 위한 스마트시티 추진전략
- 스마트시티 해외진출 활성화 방안
- 제3차 스마트도시 종합계획(2019~2023)

2020
- 스마트도시 개인정보 보호 가이드라인
- 한국판 뉴딜-디지털뉴딜 종합계획

	관련 사업
	● 국가기간전산망사업 1단계(1984~1991)
● 제1차 행정전산망사업 기본계획(1987~1991)	
● 제2차 행정전산망사업 기본계획(1992~1996)	● 국가기간전산망사업 2단계(1992~1996)
● 초고속정보통신 기반 구축 종합추진계획	● 제1차 국가 GIS 사업(1995~2000)
● 초고속정보통신망 고도화계획(2001~2005)	● 제2차 국가 GIS 사업(2001~2005)
● U-센서 네트워크 구축 기본계획	● 흥덕 유시티 시범 지구 선정(LH) ● 화성 동탄 등 2기 신도시 유시티 구축(2004~2015)
	● 제3차 국가 GIS 사업(2006~2010) ● 유에코시티 R&D 사업(2007~2013)
	● U-시범도시 지원사업(2009~2013) ● 유시티 인력양성 사업(2009~2018) ● 지자체 유비쿼터스도시계획 수립 -- ● WeGo(세계스마트시티기구) 서울시 주도 창립 ● 지자체 유비쿼터스 도시계획 수립 시작(시흥시) ● 유시티 월드포럼 창립
	● 유시티 고도화를 위한 핵심기반기술 R&D 사업(2013~2019) ● 유시티 통합플랫폼 보급 사업(2014~2020) ● 부산, 고양 글로벌 스마트시티 실증단지 사업(2015~2017)
	● 스마트시티형 도시재생 시범사업 ● 월드 스마트시티 위크 ● 스마트시티 혁신성장동력 R&D ● 부산, 세종 스마트시티 국가시범 도시 사업, 테마형 특화단지 사업 ● 월드 스마트시티 엑스포 ● 스마트시티 규제특례제도 도입 ● 스마트 챌린지 사업 ● 스마트시티 혁신인재 육성사업(2019~2023) ● K-시티 네트워크 사업 ------ ● 스마트시티 국제표준화 기반 조성 R&D(2020~2023) ● 스마트도시 인증제 시행

▲ 근대도시의 스마트한 설계 _ 런던 타운하우스

▼ 3D 스킨의 미래형 건축물 _ 런던

◀ 스마트 기업의 창업 요람 _ 런던 히어 이스트

▼ 스마트 스타트업 _ 런던 구글 캠퍼스

◀ 주요 사업 아이템 _ 런던 구글 본사

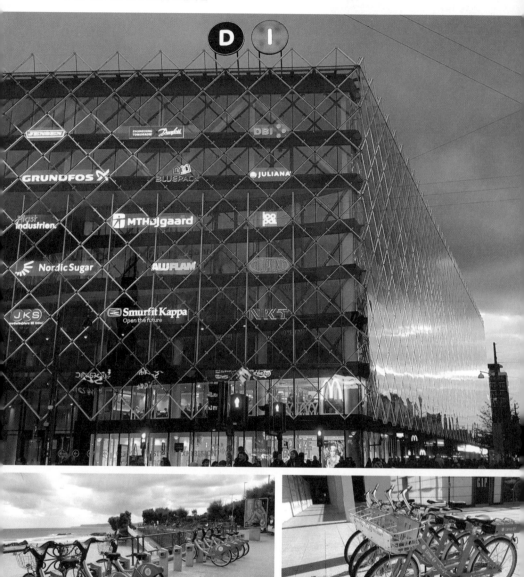

▲ 스마트 자전거 _ 산탄데르   ▲ 전기자전거 _ 밀턴킨스

▼ 커뮤니티 플랫폼으로서 광장과 시장 _ 옥스퍼드

▲ 자전거 보관함 _ 스타방에르

▲ 전기차 천국 _ 오슬로

▼ 스마트 혁신 지구 _ 베를린 오이레프 캠퍼스

▶ 그린시티로의
도시 실험 _ 오슬로

▼ 스마트 신공항 _ 마드리드

▼ 주거와 상업의 조화 _ 로테르담 마켓홀

◀ 자원 순환의 시작 _ 밀턴킨스
쓰레기 분리수거 시스템

▼ 코-크레이션 _ 베를린
아들러스호프

▼ 친환경 녹색도시 _ 스톡홀름 하마비

▲ 칼라트라바 디자인 _ 빌바오

▼ 커뮤니티 복지 플랫폼 _ 베르겐

▲ 스마트 친환경 모빌리티 _ 빌바오 트램

▲ 사용자를 배려한 노인주택 _ 스톡홀름 로열 시포트

▼ 스마트한 공간 변용 _ 스톡홀름 가스공장 단지

"이제는 한국의 스마트시티도 정리해볼 때가 됐죠." "책을 써야 하지 않을까요?" 술을 마시다가 의기투합하며 이 책은 시작됐다. 그렇게 유시티에서 스마트시티까지, 지난 10여 년 이상을 연구와 정책 그리고 실행에 참여해왔던 필자들의 고민과 기억을 정리했다. 그땐 부족했지만 그 부족함이 또 다른 시행착오로 이어지지 않도록, 지속 가능한 스마트시티가 되는 데 조금이나마 도움이 되었으면 하는 바람에서 부족한 책을 내놓는다. 책에는 시작은 미미했지만, 끝은 창대할 것 같았던 스마트시티에 얽힌 다양한 생각과 논점을 소개했고, 기억에 남는 에피소드도 담았다.

이제 스마트시티는 어디로 갈 것인가? 1장 '스마트시티'는 이렇게 출발한다. "스마트시티는 문명의 게임체인저이다. 단순한 기술혁신도 아니고, 도시문제의 해결 수단에 그치지도 않는다." 이 명제를 과감하게 꺼낸 이유는 "미국과 중국은 왜 사활을 건 기술 전쟁을 하는가?"라는 질문에서 시작한다. 스마트시티의 등장은 섬나라 영국을 해가 지지 않는 제국으로 이끌었던 산업혁명에 버금가는 역사적 사건 이상의 특이점이다. 단순 전자·정보통신 기술에서 시작된 기술혁신은 이제 세계 부의 지도를 바꾸고, 궁극적으로는 인류의 운명을 바꾸는 대분기로 이어지고 있다. 스마트시티는 더 이상 유행이 아닌 신문명의 시작이며, 우리는 역사의 변곡점에 있다.

2장 '스마트시티 정책'에는 정보통신망 구축과 유시티를 거쳐 현재의 스마트시티에 이르기까지, 짧지만 많은 것을 이룩한 한국 스마트시티 정책의 역사를 담았다. 공간정보 사업, 공간정보 시스템, 유비쿼터스 기술을 응용한 실시간 도시데이터와 녹색도시를 결합한 유에코시티, 유시티 통합 플랫폼 사업, 국가 시범도시 등 우리가 세운 계획이 국내외에서 현실이 되는 것을 보면, 이러한 정책은 어느 나라보다 앞선 기회의 포착이었으며, 발 빠른 대응이었다. 세계가 놀라워할 만한 한국의 번영이었다고 해도 과언이 아니다. 이 과정에서는 중앙부처나 자자체 부서 사이의 미묘한 경쟁도 엿볼 수 있다. 이는 공공영역에서도 경계가 허물어지고 융합이 이루어지고 있다는 반증이기도 하다.

유비쿼터스도시 종합 계획부터 스마트 챌린지 사업 그리고 국가 시범도시 사업에 이르기까지, 한국 스마트시티 정책의 범주는 넓고 깊다. 국제 컨퍼런스에서 한국의 스마트시티 정책을 소개할 때마다 외국 학자들은 "우리는 뭘 했지?"라며 놀라워했다. 이러한 한국의 스마트시티 정책은 수출 품목에 넣어도 손색이 없을 것이다. 그러나 다양한 범주의 이면에는 어려움도 자리하고 있다. 공공기관이 주도하면 "시작은 창대하나 끝은 미미하다"는 우려도 이 중 하나이다. 이는 외국 학자들을 만날 때마다 "당신들은 업무협약^{MOU}을 맺고도 왜 다음 조치를 하지 않느냐?"라는 질문을 듣는 이유와도 일맥상통한다. 스마트시티의 지속 가능성은 지켜볼 일이 아니라 주도할 일이다.

유시티에서 출발해 스마트시티에 이르기까지 정책은 많은 시행착오와 지속 가능한 경험을 통해 완성됐다. 99퍼센트가 완성되었더라도 1퍼센트가 부족하면 결과는 0퍼센트라는 '전부 아니면 전무'의 스마트시티 함수를 보여주었다. 유비쿼터스 통합 플랫폼에도 문제는 있지만, 외국이 놀라워하는 사업 중 하나이다. 시나리오나 플랫폼을 만드는 과정에서 디테일이 중요하고, '나의 도시'라는 공감을 얻는 일과 시민 참여가 중요함을 일깨운 시간이었다. 그렇기에 소통과 협력 그리고 나눔과 배려가 스마트시티의 혈관에 흐른다. 한국 스마트시티 정책의 근저에도 이러한 스마트시티의 철학이 흐른다.

3장 '스마트시티 운영'에는 개념과 정책에서 시작된 스마트시티의 실현 사례를 담았다. 기존 도시가 스마트시티로 변해가는 '시티 스마트' 사례이다. 기술혁신에서 경제 혁신으로, 경제 혁신에서 사회 혁신으로, 그리고 공간 혁신에 이르기까지 그 사례는 다양하다. 전 세계는 스마트시티를 공부하고 있다. 전자정부 서울시의 세계스마트시티기구^{WeGo}와 교통 플랫폼 토피스^{TOPIS}, 데이터 기반 도시를 운영하는 런던, 리빙랩으로 스마트시티를 만드는 암스테르담 등 정부나 민간기업 주도의 전략적 차별성과 다양성을 이야기한다. 맞춤형 길을 만들기 위해 스마트시티의 전략 방향과 색깔을 다양하게 선보인다. 더불어 주민과 함께하는 스마트 리빙랩이 스마트시티의 최전선에서 작동하는 사례도 담았다.

4장 '스마트시티 개발'에서는 변모하고 있는 스마트시티, 스마트 커뮤니티의 모습을 살펴보았다. 스마트시티는 모습도 다양하다. 세종 5-1생활권과 부산 에코델타시티, 밀턴킨스의 데이터 허브, 사이드워크 토론토 스마트시티, 스마트오아시스 쿠웨이트 압둘라 스마트 신도시와 같은 신도시를 만들고, 핀란드 칼라사타마 스마트시티, 후지사와 SST처럼 도시 재개발에 기술을 적용하고, 파리 포흐디시처럼 역사와 녹색이 함께하는 조화로운 도시를 이루기도 한다. 도시 단위로 또는 커뮤니티 단위로, 베를린 오이레프 캠퍼스 같은 캠퍼스나 영국 테크시티 같은 스타트업 스마트시티나 영국 히어 이스트 같은 스마트빌딩 등 다양한 크기의 스마트시티를 만들기도 한다. 시도할 수 있는 건 모두 시도하는 중이다. 내가 살고 싶은 스마트시티는 어떤 모습일까? 스마트시티, 스마트 커뮤니티는 이에 대한 답을 찾고 있다.

5장 '스마트시티 산업과 기술'에는 스마트시티의 경제 혁신을 주도하는 새로운 스마트시티 산업을 담았다. 스마트시티는 저비용 고효율의 데이터 산업과 기업을 이끌고 있다. IoT와 인공지능 등 도시 지능화 산업, 도시 통합 운영 시스템과 에어비앤비 같은 플랫폼 산업, 내비게이션 같은 디지털 트윈이나 로블록스 같은 메타버스 산업 등 스마트시티는 새로운 기업과 일자리를 만들며 삶의 질을 높이고 있다. 한국은 최근 코로나19 팬데믹 상황에서 마스크 대란을 조기에 해결하고, 확진자의 역학조사를 지원하는 등 방역 지원 시스템을 통한 강한 도시 회복력으로 세계를 놀라게 했다. 이러한 스마트시티 산업의 탄생 이면에는 데이터의 신뢰성과 개인정보 문제가 동시에 제기되고 있으며, 데이터 주권과 플랫폼의 반독점 문제가 지속적으로 제기되고 있다. '빅브라더'에 대한 우려 속에서 새로운 협력적 거버넌스라는 사회적 전환을 예고하고 있다.

6장 '스마트시티 미래'에서는 도시의 역사가 말해주듯, 미래의 스마트시티도 사람의 도시라는 점을 강조한다. 스마트시티는 사람의 도시이며, 사람을 위한 도시이고, 사람이 만드는 도시이다. 스마트시티에는 장밋빛 미래만 있는 것이 아니다. 개인정보 침해, 플랫폼 독점과 승자독식, 대기업과 중소기업 간의 공정경쟁 등 다양한 문제를 예고한다. '타다' 플랫폼 이슈와 같이 현재와 미래가 갈등하고, 일자리를 두고 사람과 로봇이 경쟁할 것이다. 그렇다고 로봇을 만들지 않을 수도 없다. 스마트시티는 모호한 미래의 가보지 않는 길 앞에 섰다. 모호한 스마트시티의 길에서 시민은 의사결정권자로서 함께하는 것이 중요하다. 그렇기에 시민은 오늘도 스마트 리빙랩이라는 실험을 하며, 스마트시티라는 길을 만들고 있다. 스마트시티 도입 초기에는 공공의 역할이 크지만, 시간이 갈수록 기업의 역할이 더 중요해진다. 스마트시티에서는 시민이 주도하는 공공·민간·시민Public Private People Partnership, PPPP 협력 체계가 강조된다.

이 책은 유시티에서 스마트시티까지의 현장 기록이기도 하다. 새로운 비전을 그리며 가슴 뛰던 순간들, 가보지 않았던 길에서 만난 고통의 순간들, 세계 저명 학자들과 토론하며 얻었던 배움들, 귀에 땀이 날 정도로 오랜 통화를 주도했던 공무원의 노력들, 시민의 말을 경청하며 올바른 국가 정책을 만들려던 국책연구소와 공공기관의 이야기들을 담았다. 시민의 최전선에서 뛰었던 지방자치단체의 공무원들, 그리고 그들과 함께 호흡하며 실현에 앞장선 기업들의 경험도 부족하지만 서술했다. 그런가 하면 정권이 바뀔 때마다 정부 주도의 한계 앞에서 넋을 놓을 수밖에 없었던 순간들과 세계 최초인 일을 하면서 끊임없이 선진 사례를 기대했던 학문적 식민성을 확인하는 순간도 담았다.

이 책에는 무에서 유를 탄생시키는 산고의 고통과 스마트시티의 부활까지 엎치락뒤치락했던 희로애락을 담았다. 유시티에서 스마트시티까지의 짧지만 길었던 고민과 기쁨은 물론이고, 앞으로의 희망과 우려를 동시에 가늠해보고자 했다. 그래서 이 책은 유시티에서 스마트시티까지 현장에서 뛰었던 네 명의 필자가 공부한 연구일지이기도 하다. 그간의 경험을 정리하고, 흐릿해지는 기억을 새기는 작업이었다.

스마트시티는 실체를 드러내는 데 오랜 시간이 걸렸다. 이제 막 모습을 드러낸 스마트시티는 계속 진화할 것이며, 옳고 그름을 판가름하는 토론과 시행착오를 거듭하며 길을 갈 것이다. 진화한 공간의 역사를 따라가는 중이다. 열심히 그러나 서두를 일은 아니다, 지속할 일이다. 소통과 협력 그리고 나눔과 배려가 가득한 스마트시티를 희망한다.

차례

스마트시티

1장 '스마트시티'에서는 스마트시티의 의미와 발전 방향을 역사적 관점에서 살펴본다.

우선 스마트시티 기술 전쟁을 벌이고 있는 세계열강들을 통해 스마트시티의 위치와 그 의미를 되새겨본다. 스마트시티는 이제 단순한 의미의 기술혁신도 아니고, 도시문제의 해결 수단에 그치지도 않는다. 전자·정보통신 기술에서 시작한 기술혁신이 세계 부의 지도를 바꾸고, 궁극적으로는 인류의 운명을 바꾸는 대분기로 이어지고 있다. 인류는 스마트시티를 통해 섬나라 영국을 해가 지지 않는 제국으로 이끌었던 산업혁명에 버금가는 역사적 사건을 초월하는 문명사적 특이점에 서 있게 된 셈이다.

아무것도 하지 않으면 도태될 수 있는 시대이다. 때문에 세계의 스마트시티는 기술혁신은 물론 경제·사회·공간 혁신의 오케스트라가 한창이다. 세계의 다양한 스마트시티 이야기를 통해 스마트시티가 유행인지, 신문명의 시작인지를 가늠하며 스마트시티의 발전 방향 또한 모색해본다.

스마트시티의 의미

　　전통 공간에 가상공간이 추가된 미래 도시인 스마트시티는 STIM 으로 건축된다. 사이버링^{Cybering}으로 누구나 어디서든 서비스^{Service}가 가능하고, ICBM$^{사물인터넷, 클라우드, 빅데이터, 모바일}$ — ABCD$^{인공지능, 블록체인, 콘텐츠, 다오}$ 기술^{Technology}이 빅뱅을 일으키며, 미래 도시의 웜홀$^{Worm\ Hole}$로 인도하는 꿈의 기술은 계속 진화한다. 통신망과 IoT 인프라^{Infrastructure}는 공간에 지능을 심어, 지금 여기에 스마트 공간을 만든다. 스마트시티는 새로운 거버넌스^{Management}를 통해 운영된다. 스마트시티는 국경 없는 전쟁을 일으키는 플랫폼, 독점, 불법이 되기도 하는 혁신, 그린스완$^{Green\ Swan}$에 대응하는 스마트그린$^{Smart\ Green}$으로 거듭난다, 계속 진화 중이다.

　　스마트시티는 유행일까, 신문명의 시작일까? '기술 패권'이라는 새로운 전쟁이 시작됐다. 플랫폼으로 인해 물리적 영토 전쟁에서 사이버 영토 전쟁으로 변화하고 있다. 일론 머스크가 자동차왕 포드를 밀어내고 있다. 세계 부의 지도가 변하고, 기업 전쟁, 경제 전쟁이 가속화된다. LG에너지솔루션이 석유왕 록펠러를 밀어내며, 에너지 전쟁에 가세한다. 가스 때문에 러시아에 종속되었던 유럽은 에너지 패권을 가져오기 위해 그린딜Green Deal을 선언한다. '기후 위기'라는 메시지를 던지기도 한다. 이쯤 되면 왜 세계가 스마트시티에 열광하는지 알 수 있다. 왕을 폐위시키고 대중을 전면에 등장시킨 시민혁명처럼 스마트시티로의 사회 변환이 시작되고 있기 때문이다. 뉴노멀New Normal은 노멀Normal이 된다. 스마트시티는 단순한 유행이 아니라 새로운 문명의 방아쇠가 된다. 인류는 이제 스마트 공간을 그리기 시작했다.

모호한 미래, 가보지 않은 길

강연에서 수없이 받았던 질문이 있다. "스마트시티가 뭐예요?" 프레젠테이션을 할 때도 빠지지 않고 등장하는 말이었다. 스마트 행정, 스마트 비즈, 스마트 안전 등 모든 것에 '스마트'를 붙이면 스마트시티가 되지만, 쉽게 이해할 수 없는 말이고, 답 없는 질문이다.

각자가 상상하는 '너의 도시Your City', 그래서 유비쿼터스도시Ubiquitous City, U-City(이하 유시티)인가 싶기도 했다. 유시티에서 오늘의 스마트시티까지 오는 길은 멀었다. 스마트시티가 새롭고 중요한 패러다임인 건 알겠는데, 그 실체는 알 듯 모를 듯하다. 스마트시티는 유시티를 거치면서 구체화되었지만, 여전히 답답하고 헷갈린다. 스마트시티와 관련된 기술은 ICBM-ABCD처럼 용어도 어렵다. 경험해보지 못한 미래 도시이기 때문이다. 스마트시티는 가보지 않은 길에 있는 모호한 미래의 도시, 아직 완성되지 않은 진행형의 도시이다.

역사적 맥락에서 중세의 성곽도시나 근대의 공업 도시를 생각해보면 스마트시티에 대한 답을 찾을 수 있다. 중세의 성곽도시는 농업과 방어에 적합한 성벽과 농경지로 이루어졌다. 그런가 하면 근대 산업혁명기의 공업 도시는 기계제機械制 대량생산에 적절한 공장과 제품을 실어 나르는 도로를 중심으로 공장촌이 만들어졌다. 반면 스마트시티는 정보통신 기술과 데이터 그리고 플랫폼을 중심으로 만들어진다.

스마트시티는 일과 생활, 이동과 놀이의 상당 부분이 디지털 가상공간에서 비대면으로 이루어진다. 카페에 앉아서 택시를 부르고, 자동차가 이용자를 찾아와 운전하고 주차한다. 원격으로 진료하고 일하며, 게임 플랫폼에서 친구를 만난다. 상점은 가상시장에 입점하고, 가상화폐로 결재한다. 지폐가 없다, 행태가 다르다, 부의 창출 방식도 다르다. 정보와 지식을 통해 부가 축적되고, 데이터 유통과 소프트웨어 시스템으로 가상공간이 구축된다.

지금 우리는 스마트폰이나 컴퓨터 화면을 통해 서로를 보며 대화한다. 한 화면에 여러 명이 등장해 작은 바둑판처럼 보인다. 아이작 아시모프의 미래를 배경으로 한 소설 『파운데이션』에서는 벽면 전체를 차지하는 화면을 통해 대화한다. 실제로 스마트시티도 그렇게 변할까? 미래를 배경으로 한 영화 『매트릭스』나 『마이너리티 리포트』에서는 등장인물들이 공중에 떠다니는 키보드 화면을 자유자재로 다룬다. 스마트시티는 이제 시작에 불과하다. 기술도 시작에 불과하다. 막 태동하기 시작한, 신이 될 인간의 도시일지도 모른다.

스마트시티에는 '디지털 트윈Digital Twin'이라는 융합 공간도 있다. 디지털 가상공간과 현실의 물리 공간에 똑같은 쌍둥이 사물이 존재한다. 쌍둥이 사물은 서로 연동되어, 물리 공간인 현실 세계가 변하면 가상공간인 가상세계도 변한다. 물리 공간에 고장 난 자동차가 있으면, 디지털 가상공간에도 고장 난 자동차가 존재한다. 그래서 고장 난 자동차를 먼 곳에서 원격으로 진단하고 고치기도 한다. '하이브리드 공간Hybrid Space'이라고도 하는 융합 공간에서는 만화에 나올 법한 일들이 벌어진다. 가상물리 시스템Cyber Physics System, CPS이 작동한다. 스마트시티 기술이 지원한다.

스마트시티의 기술

스마트시티가 무엇인지 기술적인 측면에서 살펴보자. 근대 산업혁명기에는 존 케이의 방직기(1733), 제니 방적기(1764), 제임스 와트의 증기기관(1769)이 있었다면, 스마트시티에는 정보통신 기술, 플랫폼, 로봇, 스마트팩토리가 있다. 데이터를 송수신하는 정보통신 기술 서비스ICTs와 망Network, 가상공간을 만드는 플랫폼 시스템, 시설 자동화를 이끄는 지능형 사물인터넷IoT, 그린 서비스를 제공하는 그린 에코지능 기술Green EcoTs 등을 도시 곳곳에서 볼 수 있다.

중세도시는 증기기관 기술로 증기기관차를 만들고, 철강 기술로 철도를 건설하며 공업 도시로 변화한다. 말과 마차가 다니는 좁은 도로의 도시가 자동차와 기차에 필요한 널찍한 도로와 철로가 있는 도시로 진화한다. 21세기 스마트시티로 변화한다. 정보통신 기술로 광대역통합망Broadband Convergence Network, BcN과 같은 정보고속도로가 구축되고, 물류창고 대신 빅데이터를 저장하는 데이터센터인 클라우드를 만든다. 지상에는 자율주행차가 다니고, 하늘에는 드론 등의 에어모빌리티Air Mobility가 뜬다. 지하에는 로봇이 일하는 물류센터가 있고, 초고속 열차 하이퍼루프Hyperloop가 다닌다. 공중, 지하, 지상으로 도시가 입체화되는 것이다.

정보통신망은 소통 방식을 바꾼다. 2G 기술로 구현한 소리와 문자를 통한 소통에서, 3G 기술로 구현한 사진이나 그림을 이용한 소통으로, 4G 기술로 구현한 동영상에서 5G 기술로 구현한 실시간 스트리밍으로 소통 방식이 고도화된다. 스마트폰이 개발되어 그리스의 아고라나 로마의 포럼과 같은 아날로그 방식의 소통 장소가 스마트폰 속 SNS 디지털 공간으로 대체된다. 재미로 소통하다 쇼핑하고, 직접 만든 제품을

기술혁명 연대기

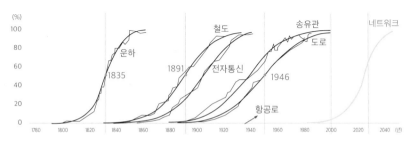

출처: Amulf Grubler(1997), Peter A.O' Connor and Cutler J. Cleveland(1996), EIA, 메리츠증권 리서치센터

인터넷사이트에서 판매해 돈을 번다. 이제는 SNS 플랫폼 기업이 미래의 성장 기업으로 자리매김한다. 4G 기술로 구현한 동영상을 이용한 소통 방식은 공중파 방송을 1인 미디어로 재편하고, 대기업에서 1인 기업까지 기업을 다양한 형태로 바꾼다. 5G 기술로 이어지는 기술혁신은 시작 단계이다.

근대 산업혁명기에 기계화 혁명이 농업 도시를 공업 도시로 바꿨듯이, 4차 산업혁명기의 ICBM-ABCD가 이끄는 정보통신 기술이 공업 도시를 스마트시티로 바꾼다. 방직기와 방적기가 제조 공정을 바꾸었듯이, 스마트시티에서는 3D 프린터가 생산 공정을 바꾼다. 아고라나 포럼의 주인인 귀족이 메타 플랫폼스, 애플, 테슬라, 마이크로소프트, 아마존, 넷플릭스, 구글 등과 같은 MATMANG 기업으로 변한다. 기술의 변화가 행태의 변화를 이끌고 기업의 지형을 바꾼다, 혁신을 일으킨다.

스마트시티에는 도시의 오감을 수집하는 센싱^{Sensing} 기술, 센싱된 데이터를 송수신하는 유무선 네트워킹^{Networking} 기술, 데이터를 분석하고 지능화하는 프로세싱^{Processing} 기술, 정보를 표현해주는 인터페이스^{Interface} 기술, 프라이버시와 보안을 책임지는 시큐리티^{Security} 기술이 있다. 지능화된 도시인 스마트시티는 이러한 기술들을 활용해 IoT가 가스 누출을 감지하거나 누수된 곳을 알려주듯이, 새로운 장치가 나타나고 물체와 융합해서 지능화·자동화·자율화가 이루어진다.

스마트시티 기술이 시작점이라면, 스마트 행정, 스마트 비즈, 스마트 산업, 스마트 홈, 스마트 환경은 답답해서 붙인 이름이고, 아직 덜 익어 무슨 맛인지 모르는 스마트시티 서비스이다.

스마트시티 기술은 계속해서 빅뱅을 일으키며 마법과 같은 혁신을 통해 스마트시티의 특이점에 다다를 것이다.

스마트시티의 라이프스타일

스마트시티의 라이프스타일은 무엇이 다를까? 스마트시티에서는 누구나 언제 어디서나 원하는 서비스를 받을 수 있다. 스마트시티에서 개인은 회사로 출근하지 않는다. 홈 오피스나 커뮤니티 오피스에서 컴퓨터를 켜는 것으로 출근을 대신한다. 파트타이머나 프리랜서로 하루에도 여러 가지 일을 할 수 있다. 맞춤형으로 생산하고, 자유롭게 거래하며, 지폐 없는 생활이 가능하다. 운전을 할 수 없는 노인이나 어린이가 자율주행차를 이용하여 자유롭게 이동하고, 인공지능 로봇이 가사 노동을 대체한다. 바이오 산업의 발달로 100세 넘게 살 수 있다.

스마트워크 플랫폼 시스템으로 재택근무가 이루어지고, 인공지능이 병을 진단하고 변호사 역할을 하며 범죄를 예방한다. 화상회의로 소통하고, 게임을 하면서 물건을 사고, 물건을 주문하면 배달해준다. 필요할 때 자동차를 부르면, 내가 있는 장소에서 자동차가 대기한다. 걸어서 공원에 가고, 집에서 물건을 산다. 시민이 불안하다고 제보하면 안전 조치가 즉시 이루어지고, 시민이 예산 수립과 집행을 주도하는 직접민주주의가 이루어진다.

인공지능은 건조환경Built Environment에 혁신을 몰고 온다. 에코지능으로 언제 어디서나 깨끗한 공기, 맑은 물, 찬란한 햇빛을 즐길 수 있다. 태양광이 설치된 집은 에너지를 생산하고, 저탄소·친환경 도시를 만든다. 시설은 디지털 트윈으로 효율적으로 관리하며, 지능화되어 안전하다. 건물도 스스로 실내 온도와 습도를 자동 조절하고, 화재를 진압하며, 지진을 감지한다. 자율주행차가 다니고, 주차공간도 함께 사용하는 고효율의 공유 도시가 되고 있다.

기업의 생산과 판매 시스템도 달라진다. 아마존은 빅데이터를 이용해서 재고를 관리한다. 소비자의 수요 품목과 필요한 시점을 예측해서 소비자 근처의 물류창고에 미리 가져다 둔다. 적기에 빠르게 배달해 비용의 큰 비중을 차지하는 재고를 관리한다. 스마트팩토리 시스템을 갖춘 공장은 신발 50만 켤레를 열 명이 생산한다. 이전에는 600명으로 가능했던 일이다. 테슬라는 오토파일럿을 통해 자동차의 기능을 지속적으로 업그레이드하고 관리한다. 스마트시티에서 기업은 맞춤형 생산과 소비 그리고 관리를 한다.

경제활동은 플랫폼에서 이루어진다. 온라인 노동 플랫폼은 다양한 프리랜서가 등록된 가상의 인력시장이다. 단순한 기능의 인력시장에서 고품질 지식 인력시장으로 변화하고 있다. 직업도 변하고 있다. 1997년 IMF 외환위기를 기점으로 평생직장은 없어졌고, 평생 직업의 시대가 되었다. 세계 최대 검색엔진 서비스를 제공하는 구글이 자율주행차를 만든다. 호텔 하나 없는 에어비앤비^{Air B&B}가 호텔 체인 회사가 된다. 보유하고 있는 차가 없는 우버^{Uber}가 운수업을 하기도 한다. 기업의 빅뱅을 통해 산업 간 융합이 일어나고, 정보와 지식이 가치를 만든다. 스마트시티는 언제 어디서나 모든 것이 가능한 도시이다.

스마트시티의 물리적 형태

스마트시티는 이전 도시와 비교해 물리적으로 어떻게 다를까? 우선 인프라가 다르다. 농경시대의 쌀창고를 대신해 데이터센터가 만들어지고, 상품을 나르는 도로보다는 정보를 나르는 정보통신망이 중요해진다. BcN과 같은 정보고속도로가 구축되고, 3G망에서 LTE망으로 다시 5G망으로 진화한다. 정보통신망은 땅속, 해저, 건물, 공중에서 거미줄처럼 이어진다. 데이터를 나르거나 데이터를 센싱하는 센서 네트워크 Sensor Network가 구축된다.

스마트시티는 토지도 다르게 이용한다. 정보통신망이 고도화된 대도시를 선호하게 되면서 고층 건물이 많은 수직 도시가 일반화된다. 주로 땅에서 이루어지던 활동이 공중권, 지상권, 지하권으로 확대된다. 고층 건물 중간중간에 공원과 보행로가 만들어진다. 옥상공원은 물론이고 수직 농장과 수직 공장도 함께 건설된다. 스마트시티의 토지 이용은 복합화·공유화되며, 공간은 공유화·유동화·지능화된다.

근대 공업 도시에서는 토지를 주거·상업·공업·녹지 지역으로 분리해서 이용했다면, 스마트시티에서는 '코엑스'나 '롯폰기힐스'처럼 한 토지에 다양한 용도의 시설이 복합화된다. 근대에는 공해 때문에 공장과 주거를 물리적으로 분리시켰다. 하지만 스마트시티에서는 용도 복합으로 인한 소음, 냄새, 진동을 센서가 조절한다. 다양한 센서가 있어 복합화가 자연스럽게 이루어진다.

스마트시티는 공간 또한 다르게 이용한다. 공유 사무 공간이나 공유 주방처럼 한 사람이 쓰던 하나의 공간을 다양한 사람이 시간 단위로 공유한다. '시간 용도지역제^{Time Zoning, Sharing Zoning}'가 출현한다. 공간이 소유의 개념에서 공유의 개념으로 변화한다. 스마트시티에서는 공간도 시시각각으로 변한다. 공간 유연화가 이루어진다. 광장이 시장으로 변하고, 공원으로 이용된다. 이벤트 공간이 많아져 '이벤트 어바니즘^{Urbanism}'과 공간이 이동하는 '모바일 어바니즘'도 출현한다.

스마트시티의 공간은 넓어진다. 지상에만 건물을 세웠던 토지 이용의 상식을 지하와 공중으로 확대한다. 방향 감각이 없던 지하에 내비게이션을 만들고, 캄캄한 지하에 빛을, 공기가 탁한 지하에 맑은 공기를 공급한다. 옥상정원이 고작이었던 공중에는 하늘길이 열리고, 정원이 만들어지며, 농장이 들어선다.

여기에 가상공간이 추가된다. 가상공간에서 활동을 스트리밍^{Streaming}한다. 스트리밍 공간의 탄생이다. 중국의 광군제^{光棍节, 솔로의 날}에는 알리바바에 다양한 상점이 입점한다. 2019년 광군제의 매출이 뉴질랜드의 국민총생산^{GNP}과 비슷하다고 한다. 공간은 증권의 형태로 유동화된다. 스마트시티는 공간의 시대정신인 '점유율의 확대'로 진화하고 있다. 스마트시티는 공간의 역사를 다시 쓴다.

스마트시티는 건물의 생김새나 용도도 다르다. 건물과 공간에는 다양한 형태의 장치가 붙어 지능화·자동화된다. 스마트시티의 형태는 기능을 따르지 않을 것이다. 집이라고 해서 박공지붕이 있어야 하고, 공장이라고 해서 굴뚝이 있어야 할 필요가 없다. 오히려 드론 같은 에어모빌리티가 착륙하기 좋도록 평지붕이 있어야 할지도 모른다. 기능적인 측면에서 볼 때 유럽의 전통 주택이 미래 도시에서 경쟁력이 있을까, 하는 의문이 든다. 미래의 주택은 밤에는 벽에서 침대가 나오는 주거 공간이, 낮에는 테이블이 있는 사무 공간이 된다.

복합건물의 소음, 진동을 센서링해서 거주성을 높이고, 디바이스의 감시로 좋은 공기와 깨끗한 물을 항상 공급한다. 자동으로 온도를 조절하고, 태양광발전^{BIPV} 시스템이 설치된 건물에서는 에너지를 생산한다. 생산과 소비를 동시에 하는 프로슈머^{Prosumer}를 구현한다. 탄소 배출이 없는 제로에너지 건물이 건설되고, 제로에너지 커뮤니티와 제로에너지 도시가 구현된다. CCTV는 24시간 365일 방범과 방재를 책임진다.

역사적 맥락에서 스마트시티는 더 높아지고, 내부 공간은 더 커진다. 90미터의 바벨탑에서 828미터의 부르즈 할리파로 높아졌으며, 기울어진 피사 대성당에서 르 코르뷔지에의 돔이노 시스템^{Domino System}을 이용한 유니테 다비타시옹이라는 아파트로 넓어졌다. 높고 넓어진 공간은 스마트시티에서 물리적으로 더 복합화되고 공유화된다, 유동화되고 지능화된다. 공간을 함께 많이 사용한다.

스마트시티는 물리적으로 '지금 여기의 도시'이다. 스마트시티에서는 한 곳에서 모든 걸 해결할 수 있다. 원거리는 정보통신 기술을 이용해 순간 이동을 하고, 근거리는 도보로 이동을 한다. 고대 도시나 중세도시로의 귀환이다.

스마트시티의 구성과 특징

사이버링과 STIM으로 만드는 스마트시티

중세도시나 근대도시는 스마트시티가 아니다. 그렇다면 무엇이 스마트시티이고, 무엇이 스마트시티가 아닐까? 중세 농경사회에서 근대 산업사회로 넘어오면서 도시 건축가들도 비슷한 고민을 한다. 무엇이 현대도시일까? 1933년 현대건축국제회의^{CIAM}에서 현대도시의 구성 요소와 그 내용을 담은 「아테네헌장^{Athens Charter}」을 발표했다. "현대도시는 주거, 직장, 레크리에이션, 교통 기능을 계획해야 한다." 현대도시가 제시한 이 네 가지 기능이 중세 농경마을에 없었던 것은 아니다. 기능은 그대로지만, 많고 적음의 차이가 있고, 시행 방식 또한 다양하다. 새로 생기는 게 있고 없어지는 게 있으며, 형태는 그대로지만 변경되는 부분도 있다.

역사를 소환해보자. 중세 농경마을의 작은 오두막 대장간이 근대 산업도시에서는 커다란 공장으로 변한다. 마차가 자동차로 변하고, 풀무가 하던 일을 기계가 대신한다. 봉화를 올려 전하던 소식은 유선 전화기가 대신하고, 초가집은 아파트로 대체된다. 콜레라라는 전염병이 돌면서 상수도가 지하에 매설되며 새로 생긴다. 집은 그대로인데, 부엌과 화장실이 집 안으로 들어온다. 부분적으로 변하며 기능이 고도화된다. 신설, 변경, 소멸의 과정을 거친다.

이런 관점에서 스마트시티의 구성 요소를 살펴보자. 스마트시티에는 생활하며, 일하고, 놀고, 이동하는 네 가지 기능에 사이버링이 추가된다. 나를 대신하는 가상의 아바타가 공연에 참여하고, 게임을 하기도 한다. 램프의 요정 지니가 만들었을 법한 전등이 밤을 밝히고, 사용하지 않는 전등을 인공지능이 자동으로 꺼준다. 화재가 나면 경보를 울리고, 물을 뿌려 화재를 진압하기도 한다. 가상시장이 열려 상점이 입점하고, 물건을 주문하면 로봇이 배달해준다. 개인이 디자인하면, 프린터가 제조하고, 로봇이 자동 배송한다. 스마트시티에서는 이 모든 상상이 사이버링 기능을 통해 실현되고 있다.

스마트시티는 STIM을 통해 구축된다. 서비스, 기술, 인프라, 운영 거버넌스가 스마트시티를 건축한다. 사이버링은 기존의 네 가지 기능과 융합 또는 연계하거나 단독으로 다양한 서비스를 제공한다. 기존 도시의 서비스 기능을 편하고 빠르며 안전하게 고도화하고, 이전에 없던 새로운 서비스도 제공한다. 이러한 서비스는 정보통신 기술과 에너지 환경 기술의 도움으로 실현되고 고도화된다. 데이터를 생산Sensing, 전달Networking, 가공Processing, 분석Analysing, 표현Interfacing, 보안Security하는 기술이다. 2G 기술로는 문자를 전송하는데, 4G 기술로는 동영상이 스트리밍된다. 기술이 서비스의 수준Level of Service, LoS을 결정한다.

서비스는 정보통신망과 데이터센터 그리고 에너지저장장치와 같은 고정 인프라가 필요하다. 새로 생긴 광대역 통합망 BcN은 전화선을 대체하고, 하늘에서는 인공위성이, 지하에서는 해저케이블이 데이터를 송수신한다. 사막에 축구장만 한 데이터센터가 지어지고, 산과 바다에 풍력발전소가 만들어진다. 그렇다고 도로, 상하수도 같은 전통적인 인프라가 없어지는 건 아니다. 차량이 붐비면 길이 변경되는 도로, 스스로 누수를 체크하는 상하수도, 에너지를 생산하는 주택이 등장한다. 철근에 콘크리트를 비벼 만든 건물은 센서와 콘텐츠의 결합으로 지능화된다. 무생물이 생물처럼 감각과 지능을 갖추어 자동화를 넘어 자율화로 진화한다.

스마트시티에는 이동 인프라도 필요하다. 스마트폰은 전화 같은 소통 도구를 뛰어넘어, 건강을 관리하는 의료 기기가 된다. 게임기가 되기도 하고, 비서가 되기도 한다. 끝없는 진화가 예상된다. 자동차는 모양은 그대로지만, 자율주행차 플랫폼으로 무인 운행되고, 이동 발전소가 되기도 한다. 하늘에는 에어모빌리티가 떠다니고, 지하에는 초고속 하이퍼루프가 다닌다. 로봇은 단순 조립에서 나아가 생산에 깊숙이 관여하며 생산 주체로 나선다. 생산 로봇과 달리 물건을 나르거나 청소를 하거나 변호사를 대체하는 서비스 로봇도 등장한다. 기술이 인프라 기능을 고도화하고, 인프라는 안전하며 수준 높은 서비스를 공급한다.

스마트시티로의 첫걸음이 기술이라면 마지막 걸음은 거버넌스

Governance이다. 기술 거버넌스에서 시작하여 행정 거버넌스와 국제 거버 넌스로 이어진다. 초기에는 디바이스나 데이터의 효율적인 이용 등 기술 호환을 목적으로 한 표준기술 거버넌스가 작동한다. 기업 간 협조나 개 방형 혁신을 통한 선의의 경쟁이 이루어진다. 기술 거버넌스는 반독점 기업 거버넌스로 발전한다. 1998년에는 마이크로소프트 인터넷 익스플 로러와 넷스케이프 네비게이터의 경쟁 그리고 마이크로소프트의 브라 우저 익스플로러 끼워 팔기, 넷스케이프의 몰락, 법무부의 반독점 기소 로 이어졌다. 1911년 점유율 90퍼센트를 초과한 록펠러의 스탠더드오일 이 반독점 규제에 의해 34개 기업으로 강제 분할되었고, 2020년 미국은 구글을, 중국은 알리바바를 반독점 행위로 제소했다. 스마트시티의 경쟁 촉진과 기술 패권을 둘러싼 거버넌스 질서가 전쟁처럼 구축되고 있다.

기술 거버넌스는 애플 아이폰과 삼성 갤럭시의 특허 분쟁이나, 미국이 주도한 화웨이 규제와 같은 국제 거버넌스로 이어진다. 애플과 삼성의 특허 분쟁이 기업 간 기술 패권 전쟁이라면, 화웨이 규제는 국가 간 패권 전쟁이다. 세계 1위 기술 국가를 수성하려는 미국과 기술 굴기 를 내세우며 세계 1위 국가로 올라서려는 중국 간의 패권 전쟁인 셈이 다. 일본과 서방국가 간의 환율 전쟁이나 미국과 중국의 관세 전쟁도 이 면에는 기술 패권이 자리 잡고 있다. 도시 간 경쟁이 있었듯이 스마트시 티 간 경쟁으로 새로운 국제 질서가 재편되고 있다. 승리자의 거버넌스 가 만들어질 것이다.

한 국가에서 스마트시티가 만들어지려면 행정 거버넌스는 필수 다. 스마트시티를 만들기 위한 법이 새로 생긴다. 산업화 시기에 빨리,

많은 주택을 짓기 위해 「택지개발촉진법」이나 「주택건설촉진법」이 만들어졌듯이, 「스마트도시 조성 및 산업진흥 등에 관한 법률」(약칭: 「스마트도시법」)을 제정한다. 스마트시티가 잘 작동하도록 「개인정보보호법」, 「정보통신망 이용촉진 및 정보보호 등에 관한 법률」(약칭: 「정보통신망법」), 「신용정보의 이용 및 보호에 관한 법률」(약칭: 「신용정보법」) 등 데이터 3법이 개정된다. 지방자치단체에서는 스마트시티 부서를 만들고, 정부 부처와 연대하여 스마트시티를 구축한다.

거버넌스는 새로운 서비스와 기존 서비스의 경쟁 촉진과 갈등 해소 그리고 패권 전쟁의 수단이다. '타다'는 택시업계와 갈등하다 결국 범법자가 되었다. 영국에서 벌어졌던 마차와 자동차의 갈등을 보는 것 같다. 1856년 영국 의회는 「붉은깃발법」을 만들었다. 조수는 55미터 앞에서 붉은 깃발을 들어 자동차가 오고 있음을 알려야 하고, 증기자동차는 도심에서는 시속 3.2킬로미터, 교외에서는 시속 6.4킬로미터 이하로 달려야 한다는 법이다. 시민의 안전을 위하여 「붉은깃발법」을 제정한다는 명분도 있었다. 이로써 영국은 자동차 산업을 독일과 미국에 넘겨주게 되었고, 해가 지지 않는 제국의 패권도 함께 넘겨주는 계기가 되었다.

1811~1817년에 일어난 러다이트운동은 자본가의 이익 독점에 대항하는 노동자의 기계파괴운동이다. "가난 때문에 생긴 폭동인가? 혁신을 막는 걸림돌인가?" 논쟁 끝에 영국 정부는 자본가의 의견을 들어 「단결금지법」을 제정했다. 노동자들은 권익 보호를 위한 소통의 방법으로 기계 파괴를 선택했다. 이후 노동자들은 의회 민주주의에 기반한 차티스트운동을 벌이며 단체교섭권을 얻게 된다. 갈등 속에 새로운 거버

넌스가 이루어진다. 로봇이 스마트시티의 전면에 등장한다면, 러다이트 운동이 다시 일어날 수도 있다. 스마트시티에 맞는 새로운 거버넌스가 이루어질 것이다. 거버넌스는 성공 혹은 실패로 가는 생각이고 소통이며 정치이고 행정이다.

거리의 소멸과 온라인 플랫폼의 성장

스마트시티의 첫 번째 특징은 거리의 소멸과 온라인 플랫폼의 성장이다. 현대도시에서는 물건을 사려면 가게에 가야 하지만, 스마트시티에서는 온라인 플랫폼에 들어가서 클릭만 하면 된다. 거리의 소멸이다. 백화점까지 가는 비용이 손가락 클릭 몇 번으로 줄어든다. 반대로 물리적 거리에 기반했던 수요 범위가 온라인 플랫폼으로 한없이 넓어진다. 온라인 플랫폼으로 세계 제패도 가능해 보인다. 스마트시티에서는 물리적 거리를 기반으로 하는 '규모의 경제'보다 '접속의 경제'가 중요하다. 온라인 플랫폼에 접속하기 위한 정보통신망이 빠르고 끊기지 않아야 한다. 강의 수강 신청을 하려고 피시방에 가는 것과 같다.

거리의 소멸과 온라인 플랫폼의 성장은 영토의 개념을 바꾸고 있다. 로마의 식민지 건설, 스페인의 신대륙 발견과 식민지 건설, 영국의 산업혁명과 식민지 건설, 그리고 제1, 2차 세계대전 모두 물리적 지배를 목적으로 한 식민지 쟁탈 전쟁이었다. 그러나 최근 물리적 영토 전쟁은 온라인 플랫폼이라는 사이버 영토 전쟁으로 바뀌고 있다. 온라인 플랫

규모의 경제와 플랫폼 경제의 비용과 수익

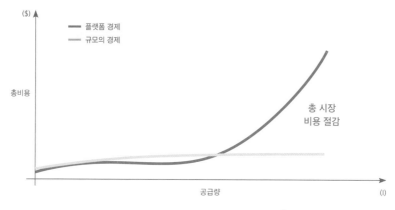

출처: APPLiCO, 메리츠증권 리서치센터

폼은 출현 초기에 모두에게 이로운 효과를 나타냈다. 상품의 생산성을 높이고 가격을 낮추었다. 아마존 플랫폼은 모든 상품을 비교할 수 있게 해서 상품 가격을 낮추었고, 알리바바 플랫폼은 저임금에 기초한 싼 중국 제품을 세계에 배달했다. 그러나 온라인 플랫폼의 지배력이 강해지면서, 플랫폼 간 경쟁에서 이기기 위한 기술 전쟁으로 발전하고 있다. 2022년 미국과 중국의 기술 전쟁이 이를 잘 증명한다.

그렇다면 스마트시티에서는 위치나 장소의 중요성도 사라질까? 온라인 플랫폼에서 모든 일이 가능하다면, 사람들은 복잡하고 거주 비용이 많이 드는 대도시에서 탈출할까? 그렇다면 중소도시의 승리이다. 그 반대도 가능하다. 온라인 플랫폼에서 불가능한 일이 있다면, 그것이 가능한 대도시가 더 경쟁력이 있지 않을까? 그렇다면 대도시의 승리이다. 둘 다 실현 가능한 상상이다.

두 질문의 답은 정보통신사의 홈페이지에 들어가보면 알 수 있다. 한국의 5G망은 대도시와 고속도로를 중심으로 설치되어 있다. 대도시가 접속의 경제에서 우위를 점하고 있다. 그렇다고 중소도시가 접속의 경제에서 우위를 점하는 게 불가능한 것도 아니다. 중소도시든 대도시든 접속의 경제를 위한 정보통신망을 빨리 많이 설치하면 된다. 결국은 정보통신망을 요구하거나 사용하는 시민과 기업이 많은 도시가 경쟁에서 승리할 것이다.

온라인 플랫폼의 확산세를 보면 국가도 영토도 절대적으로 중요할 것 같지 않다. 그렇다고 물리적 공간이 무시되는 건 아니다. 온라인 플랫폼은 필요조건일 뿐이다. 넷플릭스는 전 세계 사람들을 소비자로 둘 수는 있지만, 한국에 들어오려면 국내 정보통신망을 이용해야 한다. 현재는 넷플릭스가 무료로 망을 이용하고 있지만, 앞으로는 망 사용료를 내야 할 것이다. '망 중립성Network Neutrality' 논쟁이다. 이는 스마트시티의 정책 어젠다이기도 하다. 고속도로 통행료와 같다고 보면 된다. 유럽은 일명 '구글세'와 같은 디지털세 도입을 주장했다. 본사를 미국에 둔 구글이 전 세계 소비자로부터 수익을 얻고 있으나, 세금은 미국에만 내고 있다는 것이다. 유럽 소비자로부터 얻은 수익의 일부를 세금으로 내라는 조치이다. 이에 미국은 유럽에 보복관세를 부과하며 대립했다. 최근 미국정부가 바뀌면서 유럽의 주장에 전 세계는 동의했다. 미국은 구글, 메타 플랫폼스(옛 페이스북), 아마존 등을 대상으로 반독점 규제 조사에 착수했다. 록펠러의 석유 기업을 강제 분할했던 것과 비슷한 조치가 이어질 수도 있다. 자국에서는 독점을 규제하고, 국가 간에는 디지털세

5G 기지국 설치 현황

로 발생할 자국의 이익을 저울질한다. 또 다른 관세이다. 스마트시티의 거버넌스 뉴노멀이 만들어지고 있다. 이처럼 가상공간이 중요할 것만 같았던 스마트시티에서도 여전히 국가와 물리적인 영토는 중요하다.

스마트시티에서 99%는 0%와 같다

스마트시티의 두 번째 특징은 '전부 아니면 전무^{All or Nothing}'이다. 기술적인 의미에서 '전부 아니면 전무'는 '스마트시티에서 99퍼센트는 0 퍼센트와 같다'는 스마트시티 함수가 적용된다. 제품Z을 만드는 데 드는 재료X와 재료Y의 투입 비율이 1 대 1이라고 가정해보자. 재료X 0과 재료Y 3이 투입되면 제품Z는 0개 만들어지고, 재료X 2와 재료Y 3이 투입되어도 제품Z는 2개만 만들어진다. 2G망을 쓰던 시대에 파일 전송을 클릭한 후 99퍼센트 전송 알림이 떴는데, 마지막 1퍼센트를 남기고 연결이 끊긴 경험을 해봤을 것이다. 데이터의 99퍼센트가 송출되었는데, 인터넷이 끊겨 나머지 1퍼센트가 송출되지 않으면, 결과적으로 0퍼센트의 데이터를 송출하게 된다. 과거 게임올림픽이나 롤드컵^{LoL 월드 챔피언십} 같은 인터넷 게임 대회 결승에서는 한 팀이 거의 이겼어도 접속이 끊기면 재경기를 해야 했다. 서너 번의 결승전 끝에 승부를 내지 못하기도 했다. 계속된 게임 접속 폭주로 게임 플랫폼 접속이 끊겼기 때문이다. 스마트시티에서 거의 다 이긴 건 이기지 않은 것과 같다. 거의 다 진 것 또한 진 것이 아니다.

사회적으로 스마트시티의 '전부 아니면 전무'는 승자독식이다. 클릭 한 번으로도 이동이 가능하니, 가장 좋은 플랫폼에 몰리게 된다. 앞서 말했듯 2019년 알리바바의 광군제 매출이 뉴질랜드의 GNP와 비슷했고, 애플의 시가총액은 약 3조 달러(약 3462조 2천억 원)로 이탈리아의 GNP와 맞먹는다. 초기 온라인 플랫폼은 과점 단계를 넘어 절대 강자가

스마트시티 함수

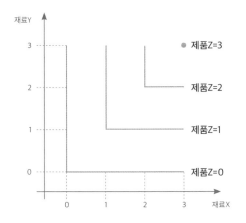

경쟁자를 고사枯死시키고 독점한다. 세계 전쟁 양상이 식민지 영토 전쟁에서 국경 없는 플랫폼(기술) 전쟁으로 변화한 이유이다. 스마트시티에서 플랫폼 업체는 성장하지만, 성장의 과실을 함께 공유하지는 않는다. 독점으로 가격을 올리기도 한다.

'전부 아니면 전무'의 승자독식은 '반독점 규제', '공정거래', '공유경제', '블록체인 경제'를 정책 어젠다로 부각시킨다. 독점을 막고 경쟁을 촉진하는 '반독점 규제', 대기업의 중소기업 아이디어 갈취를 막는 '공정거래', 함께 투자하고 함께 나누는 '공유경제', 분산 기반의 '블록체인 경제'이다. 반독점 규제와 공정거래가 이미 시행된 어젠다라면, 공유경제와 블록체인 경제는 스마트시티에서 부각되는 어젠다이다. 특히 블록체인 경제는 공급자와 소비자가 직거래하는 시스템으로 '독점형 플랫폼 경제'에서 '분산형 플러스 경제'를 지향한다. 우버 플랫폼은 돈을 벌지만, 우버 운전기사의 삶은 나아진 게 없다. 자동차가 마부의 일자리를 빼앗았

듯이, 우버는 기존 택시 운전기사의 일자리를 빼앗는다. 코로나19 팬데믹으로 배달 플랫폼은 호황을 맞았지만, 택배기사는 중노동에 시달린다. 블록체인 경제는 블록체인 기반 토큰으로 부를 독점하기보다는 함께 개발하고 함께 나누는 협동조합이다, 개방형 혁신이다. 플랫폼 경제의 미래 경제 모델로 부각되고 있다.

혁신, 흥망성쇠의 방아쇠

스마트시티의 세 번째 특징은 혁신이다. 스마트시티가 고도화될수록 대부분의 것이 바뀌고 있다. 현대의 공업이 농업을 대체했듯이, 스마트시티 산업의 왕좌는 중화학공업에서 전자·정보통신 산업으로 바뀌고 있다. 이 과정에서 제너럴 일렉트릭이나 제너럴 모터스와 같은 최고의 기업은 스마트시티를 주도하는 애플에게 자리를 내주었다. 인프라도 댐과 운하에서 철도와 도로로 바뀌었고, 다시 정보통신망에 자리를 내주고 있다. 에너지는 나무에서 석탄으로, 가스, 석유로 그리고 전기나 신재생에너지로 자리바꿈한다. 이처럼 스마트시티에서는 대부분의 왕좌의 자리 또한 바뀌고 있다.

이 과정에서 혁신은 흥망성쇠의 방아쇠가 된다. 1차 산업혁명기의 섬나라 영국은 증기기관이라는 혁신을 통해 해가 지지 않는 제국이 되었고, 2차 산업혁명기의 미국은 기계 공정 혁신에 성공하며 세계 최고의 나라가 되었다. 이 과정에서 영국의 파운드화는 미국의 달러화에 세계 기축통화 왕좌의 자리를 내주었다. 섬나라 일본은 인터넷 혁신에서 뒤처지며 패자가 된 반면, 인터넷 혁신에서 성공한 한국은 3차 산업혁명의 승자가 되었다. 이제 4차 산업혁명기에 스마트시티의 왕좌의 게임을 벌이고 있다. 국가·기업·계층 간의 양보할 수 없는 치열한 싸움이 진행되고 있다.

스마트시티에서는 혁신이 계속되고 있다. 혁신은 속도도 빠르고, 깊이도 깊다. 스마트시티는 맑은 공기, 깨끗한 물을 제공하고, 저탄소 신재생에너지를 쓰는 에코 인텔리전트 도시로 혁신 중이다. 시민이 민주주의를 주도하는 시민 센서의 도시로 직접민주주의가 꽃을 피운다. 빅데이터의 도시로 생산성을 높이고, 인공지능 기반 IoT 도시가 저비용 고효율의 도시로 혁신을 일으킨다. 혁신은 선인 것 같지만 동시에 악의 얼굴도 하고 있다. 중요하다는 것을 알지만, 쉽게 도달할 수 없는 고지이다.

저비용 고효율의 IoT는 자동화·자율화를 통해 노동을 대체하고, 노동자와 플랫폼, 로봇은 일자리를 다투게 된다. 혁신의 과정을 보면 총성 없는 전쟁이고 갈등투성이다. 공화정이 왕정을 몰아냈지만, 왕정에서 공화정은 불법이었던 것과 같다. 메타 플랫폼스가 만들려던 가상화폐 '리브라'는 허용되지 않는다. 직접민주주의가 대의민주주의를 대체한다. 세계 시민을 모집했던 국가 에스토니아는 제재를 받는다. 빅데이터 기업 아마존은 모든 종류의 상품을 비교하여 낮은 가격에 양질의 제품을 공급한다. 그러나 이러한 유통 경쟁으로 1등 기업 이외에는 살아남을 수 없다. 이는 자본주의의 고질병인 인플레이션을 줄이는 역할도 하지만, 독점과 승자독식 그리고 빅브라더의 폐해도 동시에 나타난다.

그린스완에 스마트그린시티로 답하다

스마트시티의 네 번째 특징은 기후 위기, 그린스완에 대한 대응이다. 지구의 기온이 올라간다. 해수면도 상승한다. 엘니뇨, 라니냐, 킬링 곡선 상승 등이 기후 위기를 경고한다. 지구 가열화가 북극해빙 감소, 감염병, 기후난민을 불러온다. 그린스완이 오고 있다. 무분별한 개발은 자연 생태계를 파괴하고, 화석 에너지는 탄소와 온실가스를 배출한다. 이상 기온, 홍수와 태풍, 산불 등은 지구에 되돌릴 수 없는 파국을 예고한다. 곡물 폭동이 발생하는가 하면, 빙하가 녹고 남극 펭귄과 북극곰이 사라진다. 시베리아 빙하가 녹으며 감염병이 창궐한다. 스마트시티는 이러한 그린스완 경고장에 스마트그린시티로 답한다.

스마트그린시티는 에코, 탄소중립, 넷제로, RE100^{Renewal Energy 100}을 골자로 한다. 스마트그린시티는 1980년대 지속 가능한 도시에 뿌리를 두고 있다. 바람길과 물길을 내고, 숲과 공원을 만들어 쿨링시티^{Cooling City}가 됐다. 2000년대에는 유에코시티^{Ubiquitous Eco City}로 진화했다. 아날로그 에코시티와 건물에 디지털 에코지능을 심어 맑은 물, 깨끗한 공기, 녹지가 풍부한 도시를 만들었다. 2010년대에는 기후 위기의 해결책으로, 정보통신 기술 서비스 중심의 스마트시티가 에코테크놀러지를 만나 스마트그린시티로 진화한다.

스마트그린시티는 '탄소중립＝탄소 배출－탄소 흡수＝넷제로'를 약속한다. 화석연료에서 배출된 탄소를 숲 조성으로 흡수하고 신재생에너지로 탄소 배출을 억제한다. 가능하면 탄소 배출량을 줄이되, 어쩔 수

지구 평균 기온

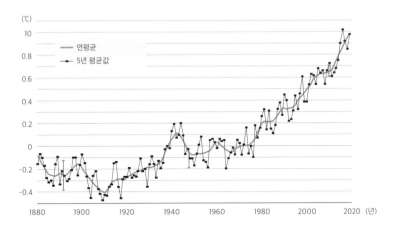

1980~2015년 세계 평균 절대 해수면 변화

출처 https://data.giss.nasa.gov/gistemp/graphs_v4/

없이 배출된 탄소는 흡수하여 탄소 배출량을 제로^{0}로 만드는 것이다. '탄소 배출권'이 거래된다. 본격적인 경제화가 이루어진다. 탄소 배출량을 약속한 만큼 줄인 기업은 그만큼의 탄소 배출권을 거래할 수 있다. 2020년 탄소 가격은 1톤당 약 4만 5,765원이었다. 탄소를 배출하면 돈을 잃고, 탄소를 흡수하면 돈을 번다. 경제의 일대 변혁을 예고한다.

스마트그린시티의 에너지혁명이 예상된다. '파리기후변화협약'에서는 화석연료를 폐기하고, 태양광과 풍력 그리고 지열 등 신재생에너지 사용을 독려한다. 에너지 패러다임이 변하고 있다. 현대도시의 에너지는 석탄에서 석유로 그리고 전기로 변했다. 스마트그린시티에서는 전기를 만드는 원료가 석유에서 가스로 그리고 신재생에너지로 변하고 있다. 세계의 기업들은 RE100을 선언하고 있다. 기업에서 사용하는 에너지의 100퍼센트를 신재생에너지로 사용하겠다는 선언이다. 애플 또한 RE100을 선언했다. 화석연료로 생산된 기업의 제품은 사용하지 않겠다고 했다. 산업 구조의 변환이 예상된다. 석유를 기반으로 했던 산업의 발등에 불이 떨어졌다. 유럽은 탄소중립 대륙을 만들겠다는 '그린딜European Green Deal'을 선언했다. 스마트시티는 기술 빅뱅을 수반하며 녹색혁명과 융합한다. 스마트그린이다.

오랜 시간 오케스트라처럼 구축되는 스마트시티

스마트시티의 다섯 번째 특징은 오랜 시간에 걸쳐 오케스트라처럼 구축된다는 것이다. 산업혁명이 궤도에 오른 후 현대도시론이 나오기까지 100년 이상이 걸렸다. 1769년에 제임스 와트의 증기기관이 완성됐고, 1922년에 현대도시가 완성됐다. 1800년대 초 현대도시를 그리기 시작했다. 로버트 오언의 '뉴 래너크New Lanark', 샤를르 푸리에의 '팔랑스테르Phalanstery', 쟝 밥티스트 고댕의 '파밀리스테르Familistere'와 같은 이상 도시가 있었다. 1898년 에버니저 하워드의 '전원도시'에 이어 1922년 르 코르뷔지에는 300만 명을 위한 '현대도시Ville Contemporaine'를 제창한다. 스마트시티 또한 도시의 역사가 그랬듯이 100년 이상에 걸쳐 진화할 것이다. 콜레라가 현대도시의 구축 기간을 단축시켰듯, 코로나19 팬데믹이 스마트시티의 구축 기간을 단축시킬 것이다.

스마트시티의 기술도 시행착오와 지속 가능성 그리고 경쟁을 통해 천천히 진화한다. 다시 역사를 소환해보자. 제임스 와트의 증기기관은 하늘에서 갑자기 떨어진 것이 아니다. 기원전 250년 전에 아르키메데스와 헤론이 증기의 힘을 알아낸 후, 1700년대에 증기 장치가 고안되었다. 첨단 기술은 국가 간 무한 경쟁의 원인이 되기도 한다. 프랑스의 드니 파팽, 영국의 토머스 세이버리와 토머스 뉴커먼 그리고 제임스 와트가 수정에 수정을 거쳐 증기기관을 완성했다. 전기의 시대에 토머스 에디슨과 니콜라 테슬라는 전기 표준을 두고 경쟁했다. 스마트시티에서도 라이다LiDar 방식의 구글 웨이모와 카메라 방식의 테슬라가 미래 모빌리티 시장의 주도권을 두고 경쟁한다. 스마트시티는 구축에 오랜 시간이 걸리는 지속 가능한 도시이다.

스마트시티는 오케스트라처럼 진화한다. 현대도시의 진화 과정을 통해 예측할 수 있다. 먼저 기술 변환이 일어난다. 증기기관처럼 원천 기술과 내연기관 기술이 발전하고, 에너지 변환이 더해져 기술이 진화한다. 기술 변환에 이어 경제 변환이 일어난다. 공업 생산량이 농업을 압도한다. 방직기와 방적기가 제품을 생산하고, 철도와 자동차가 배송한다. 다음으로 사회가 변환한다. 왕과 귀족이 몰락하고, 노동자와 자본가로 재편된다. 스마트시티도 기술 변환, 경제 변환, 사회 변환 과정을 거친 뒤, 마지막으로 공간 변환이 이루어지며 미래 도시가 완성될 것이다. 스마트시티의 그림은 이제 초기 버전이 완성되는 중이다. 스텝바이스텝Step by Step 방식보다는 오케스트레이션Orchestration 방식으로 진화한다. 기술·사회·경제·공간 변환이 앞서거니 뒤서거니 함께한다.

18세기 산업혁명의 역사가 말한다. 인클로저Enclosure운동으로 농노가 이동의 자유를 얻고 도시의 노동자로 바뀌었다. 산업혁명으로 촉발된 경제체제의 변화는 부르주아를 사회의 전면에 등장시켰다. 영주와 귀족은 역사의 무대에서 퇴장했다. 영주와 농노의 관계가 부르주아 자본가와 노동자의 관계로 변했다. 사회 변환이 촉발됐다. 왕과 귀족의 절대왕정이 폐위됐고, 시민혁명으로 대중이 선거권을 획득했다. 시민 주도의 공화정 체제가 본격화됐다. 정치체제가 변했다.

산업혁명으로 엄청난 부의 증가가 이루어졌지만, 창조된 부의 분배를 두고 기계를 파괴하는 러다이트운동이 일어났다. 공급과잉 문제를 해결하려고 수요처를 찾아 나섰다. 국제사회가 출렁였다. 네덜란드와 영국의 동인도회사가 인도로, 미국으로 진출했다. 세계열강은 문호개방을 요구하다 전쟁을 하기도 했다. 대항해시대, 스페인이 아메리카 대륙에 식민지를 개척한 것처럼, 공장에서 만든 제품을 팔기 위한 식민지 개척이 아시아에서 본격화됐다. 약육강식의 국제사회가 세계대전을 일으켰다. 공급과잉의 문제를 해결하려고 뉴딜 정책 같은 수정자본주의와 사회주의가 체제 경쟁을 시작했다.

스마트시티에서도 산업혁명기에 발생한 사회 변환이 예상된다. 지주가 몰락하고 자본가가 득세했듯이, 부자와 빈자의 계층 변화가 일어날 것이다. 창조적 개인 호모 데우스가 신문명 스마트시티의 전면에 등장하고, 로봇과 친구가 될 것이다. 산업혁명기에 기계와 사람의 협업이 일어났듯이, 스마트시티에서는 지능로봇Robot of Intelligence으로 대체되면서 노동의 형태도 바뀐다. 긱Gig 노동자와 N잡러가 출현하며, 교회의 권위가 실추되고 이성과 과학에 기반한 비대면 사회가 일반화된다. 스마트시티는 궁극적으로 사회 변환의 방아쇠가 될 것이다.

현재 스마트시티는 기술 변환 단계에 있다. ICBM-ABCD와 같은 기술을 개발하고, 정보통신망을 설치하며, 센서 네트워크를 거미줄처럼 구축하고 있다. 연료전지나 신재생에너지와 같은 친환경 에너지원이 등장하고, 자율자동차와 로봇을 만들고 있다. MATMANG 기업을 중심으로 플랫폼 경제를 만들고, 새로운 스마트시티 산업 생태계가 출현했다. 부분적으로는 경제 변환과 사회 변환도 시도하고 있다. 혁신 기업은 계속해서 나타날 것이다. 세계 1, 2위 국가는 치열한 기술 전쟁을 벌이며, 계층 간, 세대 간 일자리를 두고 갈등하기 시작했다. 간간이 공간 변환도 시도한다. 한국은 2008년부터 유시티에서 행정중심복합도시 첫 마을을 대상으로 U-근린주구를 제시했고, 행복도시의 어반 아트리움을 중심으로 U-TOD와 U-CBD 모형을 제시했다. 2019년 구글의 사이드워크랩^{Sidewalk Labs}은 토론토에 스마트시티를 계획했다. 2019년부터는 세종시 5-1생활권과 부산시 에코델타시티^{EDC}에 스마트시티 국가 시범도시를 구축하고 있다. 자동차 제조 회사인 도요타는 우븐시티를 만들고 있다.

스마트시티는 유행일까, 신문명의 시작일까?

세계가 스마트시티에 열광하는 이유

세계는 왜 스마트시티에 열광할까? 스마트시티가 도시의 문제를 해결할 대안으로 부상하고 있기 때문이다. 세계 인구의 절반이 도시에 살고, 점점 더 많은 인구가 도시에 살 거라고 한다. 그렇게 되면 집도 부족하고, 인프라를 구축하는 비용도 많이 들게 된다. 땅이 부족한 만큼 밀도가 높아지며, 도시의 불경제는 증가한다. 집값은 비싸지고, 교통 체증이 발생하며, 공해도 증가하게 된다. 이러한 도시문제에는 현재 활용되는 재택근무제도, 자율주행차, 공유경제 등이 적절한 대안이 될 수 있다.

세계 각국은 앨빈 토플러의 '제3의 물결'에 즈음하여 정보통신망 구축에 노력을 기울였다. 20세기 말 정보통신 고속도로망이 설치됐고, 막대한 비용의 인프라를 활용하기 위한 요구가 빗발쳤다. 스마트시티가 부상하게 된 배경이다. 돈을 들였으니 이를 만회할 서비스를 만들자는 거였다. 도시문제를 해결할 대안인 스마트시티가 구축 초기에 서비스 개발에 집중한 이유이기도 하다. 미래의 청사진을 내세우며 시민의 세금으로 막대한 정보통신 인프라에 투자했는데, 시민이 체감할 수 있는 서비스가 없었던 것이다.

세계 각국은 시민 체감형 서비스를 추진한다. 주요 어젠다가 기반시설 구축에서 체감형 서비스 개발로 이어진다. 이 시기에 수립된 한국의 유시티 계획을 보면, 교통 혼잡을 줄이기 위한 버스 정보 시스템, 교통사고 분석 시스템, 교통신호 연동 시스템과 같은 지능형 교통 시스템Intelligent Transport Sysytem, ITS 등을 통한 스마트 교통 서비스가 일반화된다. 또한 CCTV 시스템 같은 스마트 안전 관리 서비스가 최고의 아이템이 되며, 범죄율 감소 효과가 나타난다. 행정 정보화나 기업 정보화가 지속된다. 기후변화에 대응하여 에너지 서비스나 공기질 측정 서비스, 주차 공유 서비스 등을 지속적으로 제시한다. 시민이 일상생활에서 체감할 수 있는 서비스 개발에 총력을 기울인다. 아시아는 정부 주도형으로, 유럽은 정부·민간기업 협력형으로, 미국은 민간기업 주도형으로 국가 전략을 다양하게 구사한다.

스마트시티는 도시문제 해결이라는 목적에 걸맞게 기능 면에서나 가치 면에서 이전보다 좋은 도시를 목표로 한다. 깨끗한 공기, 맑은 물, 밝은 햇빛을 위한 에코지능이 작동한다. 시설지능이 있어 안전하고, 현실과 가상을 이어주는 디지털 트윈으로 관리한다. 저비용 고효율 운영 시스템이다. 센서로 시민이 주도하는 민주주의를 지원하고, 시민과 IoT가 만드는 빅데이터 도시로 발전하고 있다. 스마트시티는 경제적인 측면에서 저비용 고효율의 가치를, 사회적인 측면에서 민주주의의 가치를 제공한다.

스마트시티는 유행일까?

한국에서는 유시티에서 스마트시티로 넘어오면서 저탄소 녹색도시와 창조 도시론이 등장했다. 정권이 바뀌면서 정부는 정책적 변화를 맞았다. 이 과정에서 갑론을박하기도 했다. "유시티는 끝났다", "기후변화에 대응한 저탄소 녹색도시로 가야 한다", "창조 도시로 가야 한다". 정책 기조는 유시티가 폐기되는 수순을 밟았다. 재정 투자 방향도 변했다. 이때 유시티를 연구하고 추진했던 사람들의 핵심 논쟁은 "이 또한 유행이다. 유시티는 생명을 다했다" 혹은 "이름이 바뀌어도 유시티는 계속 간다"였다. 유시티의 지속 가능성에 관한 논쟁인 셈이다. 우여곡절 끝에 스마트시티는 유시티를 이어갔다. 그렇다면 지금의 스마트시티는 유행일까?

역사를 보면 스마트시티는 유행 같기도 하다. 시기에 따라 이름이 바뀌었다. 1978년에는 마틴 도지의 '버추얼시티Virtual City'로, 1987년에는 햅워스의 '인포메이션시티Information City'와 더턴 등의 '와이어드시티Wired City'로, 1989년에는 나이트의 '지식기반도시Knowledge Based City'로, 1991년에는 파시의 '텔레시티Telecity'로, 1992년에는 라테레시의 '인텔리전트시티Intelligent City'로, 1993년에는 배튼의 '네트워크시티Network City'로, 1994년에는 본 슈베르의 '사이버빌Cyberville'로, 1995년에는 미첼의 '비트 도시City of

^{Bit}'로, 1996년에는 마크 와이저의 '유비쿼터스 컴퓨팅^{Ubiquitous Computing}'으로, 2003년에는 한국의 '유비쿼터스시티^{Ubiquitous City}'로, 그리고 지금은 '스마트시티'로 불린다.

세계적인 '닷컴^{com} 버블' 현상에 비추어볼 때 유시티는 유행일 가능성이 컸다. 1995년 넷스케이프가 기업공개^{IPO}에 성공하면서 850에 달했던 나스닥 지수가 2000년에 5,000을 넘었고, 2002년에 다시 1,300까지 급락했다. 인터넷의 실체를 체감하지 못했고, 닷컴 기업들이 만족스러운 실적을 내지 못했기 때문이다. 한국은 두 번의 보수 정부가 집권한 후 다시 진보 정부가 정권을 잡으면서 유시티에서 스마트시티로 이름을 바꾸었다. 세계는 아이폰이 대세가 되면서 손안의 세상 스마트시티가 본격화됐다. 그럼에도 불구하고 유행이란 그림자를 지우기에는 의문이 남는다.

스마트시티라고 이름을 바꾸었으니 유행이라고 할 수 있다. 그러나 이름이 바뀌었어도 유행이 아닐 가능성이 크다. 버추얼시티, 인텔리전트시티, 네트워크시티, 유시티 등 스마트시티의 또 다른 이름의 면면을 보면, 스마트시티의 특징 중 하나가 반영됐음을 알 수 있다. '아이폰'이나 '갤럭시'처럼 브랜드가 다를 뿐, 유시티의 골간은 바뀌지 않았다. '갤럭시 S6'와 '갤러시 S10'의 성능 차이가 있는 것처럼, 유시티와 스마트시티의 차이일 뿐이다. 세계는 스마트시티를 주요 정책 어젠다로 삼고 추진한다. 2016년 '다보스포럼'에서 논의된 4차 산업혁명을 시작으로, 2013년 미국의 '스마트 아메리카 챌린지', 2010년 독일의 '인더스트리 4.0', 2015년 일본의 '로봇 신전략', 2015년 '중국제조 2025' 등에서 스마트시티를 주요 정책 어젠다로 삼는 걸 보면 스마트시티가 단순한 유행 같지는 않다.

스마트시티의 실체가 느껴지고, 기업의 실적이 유행이 아닐 수 있음을 보여준다. 기술을 내건 벤처기업 시장 격인 나스닥 지수가 계속 상승하고 있다. 2002년 1,300이었던 지수가 2015년 5,000을 돌파했다. 2020년 코로나19 팬데믹으로 폭락하기도 했으나 다시 10,000을 넘어섰다. 나스닥 지수를 고려하는 것도 유행을 판단하는 하나의 지표지만, 주가는 등락이 있으니 단기적인 변동이라 볼 수 있다. 추세로 볼 수는 있어도 유행이 아니라는 증거로 보기는 어렵다는 말이다. 그렇다면 주도 기업의 지형을 살펴보자. 세계 1위 국가 미국의 기업 지형이 바뀌고 있다. MATMANG이 주역이다. 정보통신 기술 기반의 유시티나 스마트시티가 단순한 유행이 아니라는 증거가 경제 분야에서 나타나고 있다. MATMANG은 코로나19 팬데믹 시대에 차별화된 실적으로 답한다. 산업혁명으로 치면 방적기 수준이다. 앞으로 더 큰 새로운 혁신 기업이 줄을 이을 것이다.

한국에서도 네이버, 쿠팡, 카카오, 삼성전자, LG에너지솔루션 등과 같은 BBIG^{바이오, 밧데리, 인터넷, 게임} 기업이 성장하고 있다. 안타깝지만 10년이라는 유시티 공백기를 거치면서 블루오션의 개척자라는 지위를 내려놓고, 다시 패스트팔로어^{Fast Follower}의 위치에서 스마트시티를 추격 중이다. 그러나 다시 정부가 바뀌면 스마트시티가 폐기될까 봐 걱정을 놓을 수 없다. 이는 스마트시티 관련 연구가 정부 주도에서 민간기업 주도로 전환되어야 하는 이유이기도 하다. 연구의 자주성 확보와 창조성과 독창성에 기반한 시행착오를 두려워하지 않는 블루오션 개척자의 자세를 견지하고, 지속 가능한 스마트시티 전략을 구사해야 한다.

스마트시티는 이제 단순한 유행의 수준을 넘어섰다. 다만 초기 버전이다. 도시문제 해결의 측면에서 스마트시티의 가치를 인정받고 있으며, 스마트시티에 열광하는 이유로 삼고 있다. 정책 또한 도시문제를 해결하기 위한 수단이나 기존의 산업 생태계를 대체하는 수준에 도달했다. 정보고속도로라는 미래 인프라 구축에서 시작된 스마트시티가 이를 이용할 서비스 개발에 집중하고, 일자리 창출과 신산업 성장을 포괄하는 스마트시티 전략으로 변화하고 있다. 세계는 이러한 경쟁에서 뒤처지지 않기 위해 총력을 기울이고 있다. 도시문제 해결에서 나아가 일자리와 경제 전쟁으로 치닫고 있다.

스마트시티는 새로운 문명의 시작일까?

스마트시티에 세계가 열광하는 또 다른 이유는 생존 본능이다. 역사가 보여준 기술혁명은 생존 경쟁을 부추겼다. 산업혁명기에 새로운 기술이 몰고 온, 무섭기까지 한 기억은 이렇다. 18세기에 시작된 기술혁명은 경제 변화와 사회 변화 그리고 국가와 도시의 운명을 바꿔놓았다. 농업을 쇠퇴시키고, 수공업에 불과했던 공업을 경제의 전면으로 부각시켰다. 세계 총생산이 급격하게 증가했다. 볼품없던 섬나라 영국과 미국이 세계를 제패했고, 번영했던 중국과 인도는 나락으로 떨어졌다. 혁신

세계 1위 국가의 GDP 변화

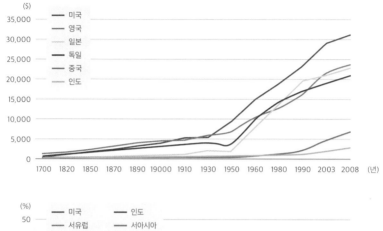

출처: https://evolutionistx.wordpress.com/2015/08/page/4/

에 성공한 일본은 전쟁의 패배를 딛고 다시 일어섰다.

동시에 1789년 프랑스혁명은 왕을 단두대에 세웠고, 시민이 주인
이 되는 민주주의 세상을 열었다. 정치체제가 왕정에서 공화정으로 바
뀌었다. 인클로저운동을 거치면서 농노가 해방되고 중세 장원이 해체
됐다. 방직기와 방적기의 기계혁명이 일어나면서, 농촌이 쇠퇴하고 도시
로 사람들이 몰려들었다. 세상의 주인은 달라졌고, 기업의 운명은 바뀌

었다. 세계의 패권과 도시의 지형도 바뀌었다. 이 정도면 기술이 세상을 바꾼다는 말이 실감 난다. 인류의 DNA는 이러한 변화를 기억하고 있다. 스마트시티에 세계가 열광할 만하다. 생존 투쟁이다.

산업혁명기처럼 스마트시티에서도 기술혁명은 시작되었다. 18세기 기술혁명과 비교해볼 때 새로운 스마트시티의 기술혁명이 명확하다. 산업혁명기의 기술혁명으로는 철강이라는 소재혁명, 석탄이라는 에너지혁명, 증기기관차라는 운송혁명, 방직기나 방적기 같은 기계혁명을 들 수 있다. 스마트시티의 기술혁명으로는 그래핀이라는 소재혁명, 신재생에너지와 2차전지 그리고 수소라는 에너지혁명, 자율주행차와 하이퍼루프 그리고 에어모빌리티라는 운송혁명, 스마트팩토리라는 소프트웨어혁명이 있다. 닷컴 버블 시대와 달리 실체가 있고, 기업이 실적으로 기술혁명을 실현하고 있다. 스마트시티에서는 기술혁명이 제3의 물결과 4차 산업혁명이라는 이름으로 경제 변환을 시작하고 있다.

1985~2015년 스마트시티 산업 생산액은 166배 성장했다. 모든 산업의 평균 생산액 65배와 전통 산업 생산액 53배를 훨씬 초과했다. IT 제조업은 177배, IT 서비스업은 180배, 지식서비스업은 160배의 성장을 이루었다. 반면에 농업은 11배, 전통제조업은 48배의 성장에 그쳤다. 신성장 기업을 보면, 2019년 대비 2020년 연간 성장률은 전자기기 회사 레노버가 52.9퍼센트, 반도체 회사 삼성전자가 39.2퍼센트, 유통 플랫폼 회사 아마존이 37.2퍼센트 성장했다. 공장에서 기계로 돈을 벌던 20세기의 제조기업이, 로봇의 스마트팩토리와 플랫폼으로 돈을 버는 21세기 스마트시티가 되었다.

경제 변환을 주도하는 기술 변환

출처: US BEA, 메리츠증권 리서치센터

세상을 주도하는 기업도 자리바꿈한다. 19세기 동인도회사에서, 20세기 US스틸, 스탠더드오일, 제너럴 일렉트릭, 포드, 코카콜라, 그리고 21세기 스마트시티에서는 마이크로소프트, 애플, 메타 플랫폼스, 아마존, 테슬라 같은 플랫폼 기업으로 바뀌었다. 닷컴 버블 시대와 달리 이들의 위상은 실적이 뒷받침하고 있다. 스마트시티에서는 데이터를 기반으로 한 플랫폼으로 돈을 번다.

MATMANG 기업에 이어 또 다른 혁신 선도 기업이 세상을 주도할 것이다. 이제 시작된 스마트시티의 기술혁명은 세상을 바꾸는 중이다. 기존의 생산 시스템을 대체하기 시작했으며, 또 다른 형태의 진정한 혁신과 혁명을 기다리는 중이다. 세상은 스마트시티가 본격적으로 모습을 드러내면 기업의 흥망성쇠에 따라 산업 구조가 변화할 것이라고 예측한다. 시대를 호령했던 대표 기업이 자리바꿈을 하고, 없어질까 봐 긴장한다. 그래서 세계는 스마트시티에 본능적으로 열광한다. 단순한 도시 문제의 해결 수준이 아니다.

세계는 도시문제를 해결하려는 스마트시티 서비스의 개발에서, 일자리를 만드는 스마트시티 산업으로 궤도를 변경하기 시작했다. 스마트시티는 혁신 경제를 지나 4차 산업혁명의 문턱에 와 있다. 아직 4차 산업혁명이 본격화되지는 않았다. 4차 산업혁명을 이끄는 스마트시티 산업의 성장률이 기존 산업을 훨씬 상회하기는 했지만, 전체 산업 중에서 스마트시티 산업이 차지하는 비중은 2015년을 기준으로 25퍼센트 수준이다. 아직 주력 산업은 아닌 셈이다. 그래도 1985년에는 11퍼센트였다가 25퍼센트로 증가한 것이니, 앞으로 주력 산업이 될 가능성은 있다. 새로운 일자리를 창출하게 될 주력 산업의 혁신 또한 스마트시티에 열광하는 이유이다.

스마트시티는 새로운 문명의 장, 새로운 혁명의 시작점이 될 것이다. 벽면 가득한 스크린으로 소통하는 아이작 아시모프의 미래소설『파운데이션』이 현실화된 건 새롭지 않다. 알파고는 인공지능으로 무장한다. 바둑 천재 이세돌 9단을 이긴 알파고는 진화를 거듭하고 있으며, 다시는 이세돌 9단에게 지지 않을 것이다. 이런 알파고를 이긴 알파고 제로가 또다시 등장한다. 100전 89승 11패, 알파고 제로가 알파고를 이긴 전적이다. 혁명에서 한 걸음 더 나아가 역사가 유발 하라리는 신이 된 인간, 신인류 호모 데우스의 출현을 예상한다. 신인류가 믿는 새로운 종교인 '데이터교'도 상상해본다. 태블릿 PC와 스마트폰을 보며 자라는 아이들을 생각해보면 불가능한 일도 아닐 듯하다. 세계는 새로운 문명의 여명기에 있다.

스마트시티, 새로운 전쟁의 시작

스마트시티에서는 새로운 형태의 전쟁이 시작되고 있다. 스마트시티를 배경으로 한 전쟁이다. 세계 1위 국가 미국과 세계 2위 국가 중국이 그 주인공이다. 미국이 선공한다. 처음에는 관세를 통한 무역 전쟁이 1차전을 한다. 그러나 본질은 2차전인 기술 전쟁이다. 정보통신 기기인 5G 장비를 생산하는 중국의 대표 기업 화웨이에 제재를 가한다. 중국 화웨이가 세계에 판매한 통신장비를 통해 정보를 빼간다는 게 미국의 주장이다. 미국은 관세를 이용해 '지적재산권'을 무기로 중국을 봉쇄하기 시작했다. 새로운 형태의 전쟁, 기술 전쟁이 시작되었다.

기술 전쟁은 세계가 벌여온 영토 전쟁과는 다르다. 그리스와 페르시아는 지중해 패권을 두고 영토 전쟁을 벌였다. 로마의 영토 전쟁은 계속됐고, 대항해시대의 포르투갈과 스페인은 콜럼버스를 앞세워 상업을 위한 식민지 전쟁을 시작했다. 산업혁명에 성공한 영국은 세계를 제패하며 인도에서 미국까지 식민지로 삼았다. 해가 지지 않는 제국, 대영제국이 된 것이다. 자본주의가 본격화되면서 공급과잉이 나타났고, 세계 열강은 새로운 수요처를 찾아 식민지 개척에 나섰다. 그 과정에서 세계 열강 간의 식민지 쟁탈전이 일어났고, 제1, 2차 세계대전을 벌였다.

제2차 세계대전의 승자 미국이 영국의 식민지에서 독립하며 세계 패권을 장악했다. 이때부터 GDP의 40퍼센트를 넘는 국가를 용인하지 않는 미국의 전쟁이 시작됐다. 영토 전쟁은 소련과의 이념 전쟁으로, 일본과의 환율 전쟁으로 이어졌다. 영토 전쟁에 이은 이념 전쟁과 금융 전쟁이다.

2000년대 미국과 중국은 스마트시티와 4차 산업혁명의 기술 패권을 두고 전쟁 중이다. 중국의 BANTH바이두, 알리바바, 니오, 텐센트, 화웨이가 미국의 GATMA구글, 아마존, 테슬라, 메타 플랫폼스, 애플의 대항마로 성장했다. 검색 기업 바이두가 구글에, 전자상거래 회사 알리바바가 아마존에 대항한다. 전기자동차 회사 니오가 테슬라에 도전장을 내민다. SNS 기업 텐센트는 메타 플랫폼스와, 통신장비 제조사 화웨이는 애플과 경쟁한다. 미래의 세계 패권을 두고 세계 G1미국과 G2중국가 양보할 수 없는 기술 전쟁에 돌입했다. 영토 전쟁, 이념 전쟁, 금융 전쟁에 이어 기술 전쟁으로 확장된다. 새로운 화폐 전쟁을 예고한다.

이쯤 되면 기술혁명으로 시작한 4차 산업혁명과 이를 효율적으로 수행할 도시인 스마트시티에 세계가 열광할 수밖에 없는 이유를 알 것 같다. 스마트시티는 국가의 도시문제 해결에서 시작하여, 고용 안정과 새로운 일자리 창출을 위한 혁신 산업을 창조하고, 이제는 생존을 위한 세계 패권 전쟁을 공간으로 궤적을 그려나간다. 스마트시티는 아직 오지 않았지만, 더 멀리 가면 올 것이 확실한 새로운 문명을 시작하는 블랙홀이 될 것이다. 스마트시티는 지속 가능한 인류의 미래 도시로 거듭날 것이다.

스마트시티 뒷이야기

한국 스마트시티의 시작은 2007년으로 기억한다. 분당의 대한주택공사 사무실, 저녁에 시작한 토론은 새벽 2시를 넘어서까지 이어졌다. 오랜 시간이 흘러 참석자들은 지칠 대로 지쳤고, 하나둘씩 자리를 뜨기 시작했다. 세계 최초로 「유비쿼터스도시의 건설 등에 관한 법률」(약칭: 「유비쿼터스도시법」)을 만들기 위해 모인 사람들은 건설교통부 공무원, 대한주택공사와 한국토지공사 직원 그리고 대한국토도시계획학회의 교수 들이었다. 대담한 시도였다. 그렇게 유시티는 새벽, 난방도 꺼진 사무실에서 시작되었고, 추웠다. 무엇보다 힘든 건 답이 보이지 않는다는 거였고, 몸도 정신도 번아웃된 상태였다. 그래서 유시티 하면, 몸이 추위를 기억하고 뇌가 갑갑함을 느낀다.

유시티 구상 초기에는 지속 가능한 길을 가는 것처럼 보였다. 1995년 김영삼 정부 말 초고속국가정보통신망 구축을 시작으로, 김대

중 정부의 닷컴 벤처기업 육성과 정보화 사업을 통해 유시티 기반을 구축했다. 1999년 가상공간을 만들자는 '사이버코리아21^{Cyber Korea 21}' 전략에 이어, 2002년 물리 공간의 정보를 컴퓨터에 넣자는 'e-코리아^{e-Korea}' 정보화 전략이 계속됐다. 이어 등장한 노무현 정부는 2007년 국토교통부와 정보통신부가 업무협약을 맺으며, '유코리아^{u-Korea}' 전략을 이어갔다. 이때까지 유시티는 순탄한 길을 가고 있었다. 국가 전략을 지속적으로 업그레이드하며, 정권이 바뀌어도 전략 기조는 계승되었다.

사실 유시티 기획은 대단했다. '다이내믹 코리아'의 실체를 드러낸 대표 작품일지도 모른다. 처음으로 세계에 독자적인 도시 브랜드를 출시했다. 도시민의 삶의 질을 높이고, 일자리를 만드는 데 유용한 '유시티'라는 건설상품을 만들기로 한 것이다. 유시티는 콘크리트와 철근으로 만들던 100원짜리 건설상품을, 정보통신망을 넣고 콘텐츠를 입혀서 200원짜리 건설상품으로 만드는 기획이었다. 정보통신 기술과 공간의 융합과 정보통신 사업자와 건설 사업자의 협업으로 건설 가능한 상품이었다. 여기에 세계 어디에도 없는 법을 토대로 정부가 유시티를 강력하게 추진했다. 세계가 놀라워한 대목이기도 하다.

블루오션을 개척할 유에코시티 R&D 사업단을 노무현 정부 말에 발족했다. 유에코시티는 눈여겨봐야 할 대목이다. 기회를 잘 선점한 미래 전략 방향인 셈이다. 한국토지주택공사가 연구단의 키를 잡았고, 총괄연구팀에서 유시티 국가 전략을 세웠다. 유시티 상품을 만드는 다섯 개의 세부 연구팀이 꾸려졌다. 국가에서 법을 만들고, 대규모 연구비를 투입했다. 환상적인 콤비 플레이였다. 세계가 주목했고, 세계가 부러워했다.

「유비쿼터스도시법」이 달을 보며 만들어졌다면, 유시티 연구는 새벽에 시작해서 해를 보며 논의를 마감했다. 새벽 4시 30분에 집에서 나와 오전 6시 30분에 한국토지공사에 도착해서 회의를 시작했다. 연구 진들은 무슨 대단한 일을 한다고 이런 새벽에 집을 나서야 하나, 자문하기도 했다. 힘들었다. 그렇게 유시티라는 새로운 블루오션의 방향을 두고 치열한 논쟁을 벌였다. 이때부터 유시티는 팔자가 험난했다. '유비쿼터스'라는 이름이 어려워서인지, 유시티 연구 내내 어려웠다. 그럼에도 해볼 만한 일이었다.

"「유비쿼터스도시법」이 있다고요?"

세계의 반응은 놀라움이었다. 어깨가 으쓱해지는 순간이었다. 한국이 선두의 위치에서 유시티를, 미국과 유럽에서는 디지털시티와 인텔리전트시티를 추진했다. 한국은 11개 분야의 서비스에, 유럽은 에너지 서비스에, 미국은 정보통신 원천 기술 개발에 집중했다. 세계는 한국의 유시티 추진 능력에 놀라워했다. 법률 제정과 대규모 R&D에 이어 다양한 시범 사업이 중앙정부의 모든 부처에서 경쟁적으로 추진됐고, 지방자치단체에서는 유시티과를 만들었다. 그러나 전폭적인 지원과 빠르고 다양한 시도에도 불구하고 유시티의 실체는 체감하기 힘들었다. 실체 없는 유시티 사업에 정부는 초조해지기 시작했다. 세계의 환호가 커질수록 초조함도 커졌다. 이때부터 유시티는 어렵고 험한 길을 가기 시작했다.

"시민체감형 서비스는 없나요?"

정부는 빠른 유시티의 실체 규명을 요구했다. 지나고 보니 시간
이 필요했다. 1769년 증기기관으로 시작한 산업혁명과 1820년 오언의
이상 도시, 그리고 1898년 하워드의 전원도시론과 1902년 레치워스나
웰윈 같은 전원도시가 나타났다. 산업혁명 이후 40~100년이 지나 전원
도시론이 제기되고, 이에 따라 도시가 만들어진 것이다. 1935년 르 코
르뷔지에가 빛나는 도시를 제안한 후, 1955년 유니테 다비타시옹이라는
최초의 아파트가 지어졌다. 전원도시를 제안한 후 다시 100여 년이 흘
러 현대도시가 실체를 드러냈으니, 2년도 안 된 유시티가 실체를 드러내
지 못한 것은 당연할지도 모른다.

"연구도 중요하지만, 가시적인 성과가 필요해요!"

R&D의 실패를 용인하지 않는 정부의 연구자로서 패닉 상태에
있던 시기였다. 유시티의 화끈한 추진 규모와 속도는 초조함이라는 부
메랑이 되어 돌아왔다. 역사는 역사일 뿐, 실체가 보이지 않는 유시티로
피로감이 증대되었고, 정책 담당자는 고위층의 요청에 어쩔 줄 몰라 했
다. 유시티 R&D 사업단이 고위 정책 책임자의 요구 대응팀처럼 변해갔
고 조급해졌다. 정부는 민간기업처럼 성과를 내야 한다는 집념과 실패
란 있을 수 없다는 생각을 가지고 있었다. 국민의 세금으로 진행되는 사
업인 만큼 공무원으로서는 당연했는지도 모른다. 유시티에서 시행착오
는 있을 수 없는 일이었다. 가시적 성과와 홍보가 연구보다 더 중요했을
것이다. 막 걷기 시작한 유시티에게 뛰기를 주문했다. 결과를 보여줘야

하는 절박함 때문이었을지도 모른다.

"책임 공무원이 바뀌었어요. 보고 준비해주세요."

정부 주도의 유시티 사업 추진에는 여러 가지 한계가 있었다. 정부 주도 사업은 효율성 면에서도 어려움이 있었다. 유시티 사업을 시작하고 2~3년 동안 책임 공무원이 수차례 바뀌었다. 공무원의 전문성을 쌓을 시간이 없었다. 돈을 쓰는 과정에서부터 모든 절차 하나하나가 느렸다. 행정 절차도 복잡했다. 그래서 '연구단'을 '행정단'이라고 부르기도 했다. 연구보다 행정 처리하는 데 더 많은 시간을 쓴다는 우스갯소리다. 연구는 언제 하나 싶었다. 가장 결정적인 문제는 정책의 지속 가능성이었다. 이명박 정부가 들어서면서 저탄소 녹색도시 전략이 채택되었고, 유시티 전략은 폐기 수순을 밟아갔다. 정부가 바뀌면 정책도 폐기된다. 국가의 백년대계가 민간기업의 30년 반도체 투자만도 못했다.

"해외 선진 사례 없어요?"

패스트팔로어에서 퍼스트무버로 가는 길은 답답함의 연속이었다. 공무원들은 해외의 선진 사례를 가져오라고 했다. 패스트팔로어에 익숙한 우리는 다른 선진 사례를 봐야 안심이 되었다. 유시티라는 세계 최초의 브랜드를 만들면서, 해외 선진 사례를 찾는 아이러니가 여기저기서 나타났다. 한국을 찾았던 해외 방문자들은 한국의 유시티 이야기가 담긴 『유비쿼터스시티: 미래의 도시, 도시의 미래Ubiquitous City: City of Future, Future of City』라는 책을 읽었다. 스페인 바르셀로나는 그들의 스마트시티 프레임을 만들면서 한국의 유시티를 참조했다. 바르셀로나 스마트시티 관계자들은 유시티 선진국이라며 한국을 여러 번 방문했다. 선진 사례를 찾아 다녔던 우리가 선진 사례가 되는 순간이었다. 유시티가 성공하려면, 학문적 식민지성을 극복하고, 자주성을 회복하는 것이 우선처럼 보였다. 패스트팔로어에서 퍼스트무버로 가는 길에 걸맞은 철학이 필요했다. 소통, 공유, 균형을 그 철학으로 천명했지만, 여기에 눈을 두지 않았다. 안타까웠다.

"희망은 컸는데 현실은 초라하네요."

유시티는 너무 크게 시작했다. 추상적이었고, 판타지에 가까운 그림을 그렸다. 미래를 배경으로 한 영화에나 나올 법한 서비스를 구상했고, 이제서야 그때 그렸던 그림들이 하나둘 현실화되고 있다. 그러나 그때는 실체가 없었고 완전하지도 않았다. 민간기업은 휴렛 팩커드의 쿨타운^{Cool Town}, 마이크로소프트의 이지리빙^{Easy Living} 등 소규모의 프로토타입을 구축하기 시작했다. 산업혁명기의 이상 도시가 작은 공장촌 개발에서 시작된 것에 비하면, 우리의 유시티는 너무 크게 시작했다. 지금 다시 한다면 단지나 커뮤니티 같은 작은 규모로 구축하고 싶다. 유시티가 만든 소통, 공유, 균형의 철학을 '작은 것이 아름다운 스마트시티'로 실현하고 싶다.

"이름을 잘못 지어서 유시티의 길이 험난한 걸까요?"

유시티 사업의 시작은 광대했으나 과정은 고통스러웠다. 유비쿼터스라는 용어가 어려워서 그렇다는 의견도 있었다. 자조적인 우스갯소리였다. 겪어보지 못한 미래 도시를 건설하겠다는 것이니 어려울 만했다. 개념도 용어도 방법도 새롭고 어려울 뿐 아니라, 정보통신 분야에서 시작된 유시티의 태생적 한계도 있었다. 유시티에는 '유^U'는 있는데 '시티^{City}'는 없었다. 당초 예상과 달리 정보통신 사업자와 건설 사업자의 협업이 잘 이루어지지 않았다. 유시티 회의에는 정보통신업계만 참석했고, 건설업계는 보기 힘들었다. 지금도 크게 다르지 않다. 스마트시티에도 '스마트^{Smart}'는 있는데 '시티^{City}'는 없다.

　　해프닝도 많았다. 네덜란드 암스테르담에서 스마트워크$^{Smart Work}$ 서비스가 시행되었다. 정부에서도 스마트워크 원격근무를 추격 서비스로 선택했다. 그러나 정작 스마트워크센터는 집이나 역에 가까운 곳이 아닌, 먼 국공유지나 국공유 건물에 설치했다. 공무원들은 실적을 만들려고 청사에서 원격 근무지로 차를 타고 다시 가야 했다. 건설 분야는 정보통신 분야의 필요성을 느끼지 못했고, 정보통신 분야는 건설 분야의 특성을 이해하지 못했기 때문이다. 서비스를 경험해보지 못한 시민들에게 시민체감형 서비스를 물어봤고, 건설 분야를 모르는 정보통신업자가 스마트워크센터를 건설했다. 스마트워크센터는 역 가까운 곳에 건설해서 통근 통행이나 근무 통행을 줄였어야 했다. 정보통신 분야에서는 지금의 줌^{Zoom}과 같은 화상회의 시스템을 개발했어야 했다. 하지만 당시에는 이러한 사실을 서비스를 누리는 수요자도 몰랐고, 공급자도 몰랐다.

**"핸드폰 밧데리가 나갈 정도로 통화하는 공무원들의 열정!
땀이 납니다."**

2008년 「유비쿼터스도시법」 제정과 더불어 국가 유시티 R&D를 시작으로, 한국은 우리 브랜드를 달고 스마트시티를 시작했다. 바르셀로나에서 개최하는 '스마트시티 엑스포 월드 콩그레스 Barcelona Smart City Expo World Congress' 같은 '스마트시티 월드 포럼 Smart City World Forum'도 열었다. 한국이 스마트시티를 시작했고, 열풍을 주도했다 해도 과언이 아니었다. 밤낮을 가리지 않고 논의했던 연구자들과 새벽이나 늦은 밤에도 전화를 잡고 한두 시간씩 유시티를 얘기했던 공무원들이 생각난다. 핸드폰 밧데리가 다 돼서 통화를 끝낸 적도 있고, 핸드폰이 뜨거워져 얼굴에 땀이 나 전화를 끊은 기억도 있다.

"이런 게 선진국이군요!"

세계가 유시티를 배우기 위해 한국을 찾았다. 한국의 유시티가 선진 사례였다. 영국, 미국, 호주, 일본, 중국, 인도 등 유시티를 함께 연구하는 외국 친구들이 생기기 시작했다. 우리의 연구자들은 논문을 발표하고, 유시티 이야기를 책으로 저술하고, 국제 컨퍼런스에 가서 유시티 네트워크를 만들었다. 우리는 '22@바르셀로나'라고 알려진 사무실에서 처음으로 바르셀로나 유시티 팀을 만났다. 그 후 바르셀로나 팀은 한국을 여러 번 찾았다. 한국에 와서 우리의 유시티가 진화하는 과정을 지속적으로 모니터링했다. 바르셀로나는 '유시티 서비스 솔루션 경기 Competition'에도 유시티 국제 네트워크의 학자들을 심사위원으로 초대했다. 해외의 선진 사례를 찾았던 우리에게는 익숙지 않은 상황이었다.

"스마트시티와 시티스마트는 가는 길이 다르군요!"

스마트시티와 시티스마트, 같은 듯 다른 개념이다. 지금 생각해보면 바르셀로나는 도시문제를 해결하는 차원에서 기존 도시의 스마트화 City Smart를 전략적 방향으로 삼았다. 신도시형 스마트시티의 개발과 수출이라는 우리의 전략과 다른 궤적이었다. 바르셀로나 팀을 처음 만났던 장소인 22@바르셀로나는 우리에게 도시재생 선진 사례로 잘 알려진 곳이다. 전통 산업단지 포블레노우를 미래 도시로 탈바꿈하는 프로젝트를 진행 중이었다. 바르셀로나는 '바이싱Bicing'이라는 자전거 공유시스템과 쓰레기 수거 시스템 등을 소개했고, 우리는 유시티의 개념과 인프라 그리고 법 등을 얘기했다. 바르셀로나는 인연을 실리적으로 잘 활용했고, 지속 가능하게 스마트시티를 추진했다. "당신들은 업무협약을 맺고도 왜 후속 작업을 안 합니까?" 외국인들이 의아해하는 부분, 우리의 지속하지 못하는 보여주기식 성과주의가 드러나는 뼈아픈 대목이었다.

"기업이 스마트시티 생태계를 만들어요."

미국은 기업 중심으로 원천 기술을, 유럽도 기업을 한 축으로 유시티를 추진했다. 기업의 창의적 아이디어와 상품화를 중요시했다. 국가는 서비스를 만들어 보급하기보다 서비스를 만들 판플랫폼을 벌였다. 기업 간에도 독점을 금했다. 다양한 기업 생태계를 목적으로 했다. 여러 면에서 우리와는 다른 길을 지향했다. 그들이 우리에게 '유시티 서비스 솔루션 경기' 국제 심사를 맡으면서, 비대면에 유선상으로 대회를 이어갔다. 국제 심사위원들은 심사부터 당선 결과 발표 그리고 우승자 시상까지 모두 컴퓨터를 통해 시행했다. 객관적이고 실리적인 추진에 무게를 두었다. 새로운 것을 만들기보다 이미 있는 것을 새롭게 만드는 도시 진화 전략 실행에 대한 기업의 역할을 중시했다. 새 아이디어를 가진 벤처기업을 비싼 가격으로 인수합병하도록 했다. 스마트시티 생태계는 누군가의 지시로 하루아침에 조성될 수 없다는 점을 기억할 필요가 있다. 정당한 대가를 지불하는 공정거래가 스마트시티 생태계를 만드는 첫걸음이다.

"스마트시티가 뭔지는 중요하지 않아요."

"스마트시티가 무엇인지를 정의하는 것은 중요하지 않아요." 우리보다 한참 늦게 스마트시티를 시작한 호주가 스마트시티 관련 토론에서 밝힌 입장이다. 놀라웠다. 유시티 초기부터 지금까지 귀에 못이 박힐 정도로 들었던 스마트시티의 정의가 불필요하다고 선언했기 때문이다. 호주는 답 없는 정의를 내리기 위해 미리 힘 빼지 말고, 스마트시티를 만들면서 정의를 내리자는 입장이었다. 호주가 유시티를 처음 접한 것은 2008년 브리즈번에서 열린 국제 컨퍼런스에서였는데, 그들은 우리의 유시티에 별 관심을 두지 않았다. 자연을 중시하던 호주에게 유시티의 기술적 접근은 익숙하지 않았고, 불편해하기까지 했다. 호주 학자들과 유시티를 함께 연구하고 책을 출판하며 연구해갔다. 호주는 자연을 중시하는 국가답게 '유에코'라는 용어에 더 관심이 많았다.

"상전벽해! 호주의 생각이 바뀌었어요."

여러 해 전, 시드니에서 차를 마시며 호주 교수들과 한 이야기다. 호주는 몇 번의 컨퍼런스를 거치면서 유시티를 적극적으로 받아들였고, 우리 정부와 정부 간 업무협약도 맺었다. 유시티 주무 부처의 이름을 '브로드밴드부'로 바꿀 정도로 태도도 적극적으로 변했다. 2019년 초청 방문에서는 스마트시티 세미나에 많은 청중이 모였다. 아이러니하게도 스마트시티 기술을 싫어하던 호주는 정보고속도로의 구축과 서비스 개발에 자원을 집중시키고 있었다. 스마트시티를 가야만 하는 길로 인식하고 있었다.

"핀란드는 유비쿼터스 리빙랩으로 부활합니다."

2009년 심천 컨퍼런스에서 노키아는 세계 스마트시티를 주도할 것만 같았다. 잘 만들어진 짧은 동영상을 통해 보여준 노키아의 비전은 대단했다. 문제에 대한 통찰도 이에 대한 해결책도 좋았다. 그런 노키아가 2013년 몰락했다. 휴대폰 시장 점유율 세계 1위였던 노키아가 매너리즘에 빠져 아이폰에 일격을 당했다. 이제 핀란드는 어항이었던 시골 항구를 미래 도시로 바꾸는 칼라사타마 스마트시티를 만들며 부활을 꿈꾸고 있다. 브리즈번 국제 컨퍼런스에서 핀란드는 놀랍게도 유비쿼터스 리빙랩을 주장했다. 유시티를 시민의 생활로 받아들이고, 시민을 유시티의 중심에 두고 있었다. 기술 공화국 핀란드는 리빙랩을 토대로 아날로그 공간과 스마트 공간의 융합을 시도하고 있었다. 선진 사례로 회자되는 칼라사타마는 유비쿼터스 리빙랩의 저력에서 시작되었다.

"당신들은 왜 유시티를 버렸나요?"

유시티를 추진하면서 알게 된 외국 친구들에게서나 국제 컨퍼런스에 가면 항상 받는 질문이다. "전폭적으로 추진해놓고, 전폭적으로 폐기한 이유가 궁금합니다." 이때가 가장 난감하다. 왜 그랬을까? 답은 간단하다. 정권이 바뀌면서 유시티를 버리고 저탄소 녹색도시로 전략을 바꾼 탓이다. 연구비는 줄어들고, 연구자들은 떠나고, 명맥만 간신히 유지했다. 유시티 실패론이 나오고 온갖 오해와 공격이 난무했다. 정권이 바뀌고 새 전략을 채택하는 정치 수순으로 보였다. 연구자도 정치화되었다.

유시티 관련 책을 만들면서 이런 이야기를 했다. "유시티가 계속 갈까?" "그래도 유시티는 계속될 거야." 그러나 정치가 유시티 실패론을 얘기했고 전문가들도 합세했다. 유시티가 새 전략으로 바뀐 지 10년 만에 문재인 정부가 스마트시티를 새 국가 전략으로 삼았다. 이 또한 정치 이벤트일까? 또 다른 정권이 들어서면 스마트시티 실패론이 나오고, 시행착오를 교훈으로 삼지 못한 채 똑같은 시행착오를 하는 지속 불가능한 스마트시티가 될까? 유시티 실패론이 나왔던 그때, 외국 친구와 나눴던 말로 그 답을 대신한다. "유시티가 스마트시티로 이름을 바꾸고, 또 다른 이름으로 바뀔지는 몰라도, 미래는 유시티의 흐름을 계속 이어 갈 거예요. 아이폰 12가 나왔다고 해서 아이폰 4를 실패한 모델이라고 하지 않잖아요. 우리는 학자이니 계속 열심히 연구합시다."

지속 가능한 스마트시티를 기대한다.

2

스마트시티
정책

2장 '스마트시티 정책'에서는 한국의 스마트시티 정책을 들여다본다. 한국의 스마트시티 정책이 어떻게 탄생했고, 어떠한 이유로 변화해왔는지에 대해 논의한다.

한국의 스마트시티 정책은 수출 품목으로도 손색이 없다. 앞선 기회 포착과 발 빠른 대응, 정부 주도의 사업 추진 속도와 힘에 세계가 놀라워한다. 정책의 스펙트럼도 기술에서 시스템으로, 공간정보에서 플랫폼으로, 서비스에서 산업으로 확대되고 있다. 공간정보 사업, 유비쿼터스 기술을 응용한 실시간 도시데이터와 녹색도시를 결합한 유에코시티, 유시티 통합 플랫폼 사업, 국가 시범도시, 스마트 챌린지 사업 등의 계획이 스마트시티 정책을 지렛대 삼아 실현되고 있다. 한국 스마트시티 정책은 다른 나라들에 비해 10년 이상 빠르게 추진되었다. 이로 인해 많은 시행착오를 겪고 사업이 무산되기도 했지만, 지금은 해외 스마트시티 정책과 비교해도 손색없는 혁신적인 정책 역시 추진 중이다.

이러한 이야기들이 담긴 2장은 정보통신망 구축과 유시티를 거쳐 스마트시티에 이르기까지, 짧지만 많은 것을 이룩한 한국 스마트시티 정책에 대한 기록이기도 하다.

스마트시티의 태동

시설물의 도시 데이터화, 공간정보 사업

한국의 정부 정책은 갑작스럽게 등장하는 경우가 많다. 때로는 국가적 대형 사고 및 위기에 대한 대응으로 수립되며, 때로는 상위 정책의 영향을 받아 등장한다.

한국 스마트시티 관련 정책 추진 역시 갑작스러운 측면이 있었다. 한국의 스마트시티는 다른 국가들에 비해 10년 이상 빠르게 구체적인 사업으로 추진되었다. 그리고 스마트시티 정책의 진화 역시 빠르게 진행 중이다. 하지만 이는 스마트시티 정책에 대한 장기적인 안목과 그 대응책으로 나타났다기보다, 연결될 것 같지 않은 여러 사건이 한국의 스마트시티 정책에 영향을 주면서 등장했다.

한국 스마트시티 등장의 토대는 1990년대 중반의 비극적 사건으로 거슬러 올라간다. 1994년 서울 지하철 공사장 도시가스 폭발사고와 1995년 대구 지하철 공사장 폭발사고 등 지하시설물 관련 대형 사고가 연이어 발생했다.

1994년 12월 7일 서울 아현동 사고는 도시가스 공사 중에 일어난 폭발로 사망자가 12명, 부상자가 101명이 나올 만큼 피해가 컸다. 그리고 이 사고가 수습되기도 전인 1995년 4월 28일에는 대구 달서구에서 지하철 공사 중 가스관 파손으로 인한 큰 폭발사고가 났으며, 사망자 101명, 부상자 202명이라는 엄청난 인명 피해가 발생했다.

폭발사고 후의 모습은 폭격을 맞은 것처럼 처참했으며, 특히 대구 지하철 폭발사고는 사망자 중 중학생이 42명에 이르는 등 등굣길 중고생의 피해가 컸기 때문에 전 국민의 공분을 샀다.

가스매설관의 위치를 정확하게 파악하지 않은 상태에서 중장비를 동원해 땅을 파헤치다 가스매설관을 건드려 파손되었고, 이로 인해 가스가 대량 유입되면서 대형 폭발 사고가 발생한 것으로 보도되었다. 가스매설관의 위치를 정확하게 알지 못해 비극이 발생한 것이다. 당연히 이에 대한 대책 역시 도시 내 시설물을 보다 효율적으로 관리하는 것이었으며, 정부는 도시 내 시설물을 데이터화하여 체계적으로 관리하기로 했다.

1995년 이후 도시 내 시설물을 데이터화하는 '공간정보 데이터 구축 사업'이 본격적으로 추진되었다. '공간정보'는 모든 데이터의 약 80퍼센트가 공간적 요소를 지니고 있다는 점에서 중요하다. 이 사업은 지형도, 지적도 및 지하시설물도 등의 종이지도를 디지털화하는 것에서 시작해, 현재는 실내 공간정보 및 3차원 공간정보까지 다양하게 구축하고 있다. 이러한 공간정보는 공간을 기반으로 하는 데이터화라는 측면에서 스마트시티의 가장 기본이자 중요한 데이터로 인식되고 있다.

도시 내 시설물의 디지털 데이터화는 스마트시티 추진을 위한 첫걸음이었다. 공간정보 데이터 구축 사업은 인재로 인해 추진된 정책이었지만, 이로 인해 다양한 측면의 도시 시설에 대한 데이터 디지털화가 본격적으로 이루어질 수 있었다.

해외의 경우 공간정보 간 연관성이 중요함을 인식하면서부터 공간정보에 관심을 갖기 시작했다면, 한국은 도시 시설물의 정확한 위치를 파악하기 위해 공간정보를 본격적으로 활용했다는 점이 흥미롭다.

1854년 영국 런던에서 콜레라가 창궐했다. 존 스노라는 의사는 콜레라 환자의 위치를 지도에 표시해 특정 급수 펌프와 밀접한 연관이 있음을 파악한 뒤, 이 펌프를 사용하지 못하도록 해 콜레라를 막았다. 이것이 공간정보에 대한 개념이 시작된 계기이다. 이때부터 공간정보는 공간에서 발생하는 여러 현상 간의 관련성을 분석하는 방식으로 이루어졌으며, 이로 인해 지리학을 중심으로 공간정보에 대한 연구가 시작되었다. 이후 해외의 공간정보 관련 연구는 개별적으로 구축된 공간정보가 아닌 서로 다른 분야의 공간정보가 융·복합되면서 공간상의 현상을 더 잘 이해할 수 있는 방향으로 발전했다.

반면 한국은 지하시설물의 정확한 위치를 파악하지 못해 발생한 비극에서 공간정보가 본격적으로 시작되었기 때문인지, 각 시설물의 정확한 위치 정보 구축을 중요하게 여겼으며, 공간정보 구축 역시 지적 및 측량을 중심으로 이루어지고 있다.

정확한 데이터 확보를 목표로 추진된 한국의 공간정보와 데이터화된 사물 및 현상의 관련성을 살펴보려는 목적으로 발전한 해외의 공간정보는 사업 추진 방향에서도 차이가 있었다.

몇 년 전 한국 공간정보의 3D 맵과 구글의 3D 맵을 비교하는 보도자료를 내보내면서, 한국 공간정보 3D 맵은 빌딩의 창문 수도 셀 수 있을 만큼 정교하지만, 구글의 3D 맵은 창문 수를 셀 수 없음을 예로 들며 한국 공간정보 기술이 우수하다고 주장한 적이 있었다. 당시 구글에서 일하는 지인은 필자에게 창문 수를 정확하게 세어서 제공할 수 있는 서비스가 무엇이냐고 반문했다. 보다 정확하게 데이터를 구축하다 보면 비용 및 시간이 과도하게 투입되고 그 결과물 역시 무거운 크기가 되어 서비스를 만드는 것이 제한적이기 때문에 바람직하지 않을 수 있다는 것이었다. 필자 역시 공간정보는 결국 데이터이고, 그 데이터를 활용하여 새로운 서비스를 만드는 것이 중요하다는 지인의 생각에 동의하게 되었다.

한국의 경우, 공간정보의 정확성에 대한 강박관념으로 오차 없는 데이터를 만드는 것에만 집중했다는 점이 아쉽기는 했다. 데이터를 어떻게 활용할 것인가에 대한 고민이 더 필요했다. 이러한 관점에서 2015년 공간정보 구축을 담당하는 공사의 명칭을 기존의 대한지적공사에서 한국국토정보공사로 변경하며 구축뿐 아니라 활용까지 고민하겠다는 의지를 보여준 점은 긍정적으로 볼 수 있다. 앞으로도 공간정보의 구축 단계에서부터 활용을 고려할 필요가 있다.

도시 데이터의 검색 및 관리,
도시정보 시스템 구축

지하시설물의 데이터뿐 아니라 도로 등 지상시설물의 데이터를 포함한 도시 시설물의 데이터화가 본격적으로 추진되면서 이들 데이터를 관리할 수 있는 시스템 구축의 필요성이 대두되었다. 그 결과 2000년을 전후하여 각 지자체에서는 구축된 공간정보 데이터를 관리할 수 있는 시스템을 구축해나갔으며, 이를 '도시정보 시스템Urban Information System, UIS'이라고 했다.

대표적으로 1998년 부산 서구에서 지상 및 지하의 각종 시설물 관련 대장 정보와 지형 및 지적 등의 도면 정보를 연계시켜 도시 기반시설물을 관리할 수 있는 시스템을 구축했으며, 이는 '도시정보 시스템 구축 사업'이라고 불린다. 도시정보 시스템 구축 사업은 지하시설물 데이터 관리를 중심으로 추진한 경기 과천 및 성남 사례, 도로 및 도시 계획 관리를 중심으로 발전한 충북 청주 및 경남 창원 사례, 토지정보 시스템을 중심으로 발전한 대구 남구 사례 등 관리 데이터에 따라 다양하게 발전하기 시작했다.

도시 내 물리적 공간에 존재하는 다양한 시설물을 데이터화하고 이를 관리 및 운영할 수 있는 시스템을 만든 것은 비극적 사고에서 출발했으며, 이는 해외 국가들의 지리정보 시스템GIS 및 도시정보 시스템 구축과는 다른 출발점이었다. 하지만 전 국민의 공분으로 사업 추진의 필요성이 절실했기 때문에 1995년부터 2005년까지 10년 동안 국비만

7200억 원 이상을 투입하는 대규모 투자가 이루어졌고, 비록 후발주자이기는 했지만 정부의 강력한 의지로 선진국 대열에 빠르게 진입할 수 있었다.

공간정보 데이터 구축 사업과 도시정보 시스템 구축 사업은 초기 국가 공간정보 정책의 중요한 방향이었으며 현재까지도 3D 공간정보, 실내 공간정보 등 다양하고 정밀한 데이터를 구축하고 있다. 또한 기존의 데이터 관리를 중심으로 하는 도시정보 시스템 역시 시뮬레이션 등 분석 기능 등을 강화해나가는 방향으로 그 영역을 확장하고 있으며 디지털 트윈 및 메타버스 등의 국가 정책으로 발전하고 있다.

실시간 도시 데이터 활용을 위한 유비쿼터스 기술 도입

도시 시설물의 디지털 데이터화 사업이 추진됐던 2000년대 초반 한국에서는 또 다른 중요 정책이 등장했고, 이들이 서로 긍정적인 영향을 미치면서 본격적인 스마트시티 사업의 계기가 되었다.

첫 번째는 고속인터넷 정책이다. 지금은 스마트폰으로 어디서나 인터넷을 사용할 수 있지만, 인터넷을 본격적으로 사용한 지는 20년이 되지 않았다. 필자 역시 1990년대에 대학교 수업 중 인터넷 사용법을 배우고 인터넷 검색 결과를 과제로 제출했던 적이 있었다. 하지만 짧은 시간 동안 인터넷 기반시설은 빠르게 발전했고, 2022년 현재 한국의 고속인터넷 서비스는 세계 최고 수준이며, 해외에서 인터넷을 사용하면 속도가 느려 답답해할 정도이다.

한국의 고속인터넷 정책은 1994년 정부가 2015년까지 전국에 초고속정보통신망을 구축하겠다는 「초고속정보통신망 구축 기본계획」을 수립하면서 본격적으로 시작되었다. 이 정책을 성공적으로 추진하기 위해 1994년 기존의 '체신부'를 폐지하고 '정보통신부'를 설립했다. 강력한 정부 지원으로 구축 사업은 초고속인터넷의 빠른 보급과 이를 위한 기반시설 확충을 통해 성공적으로 마무리되었다. 이때가 2005년이며 이는 초기 계획한 완공 일정보다 10년 정도 빠른 놀라운 성과였다.

하지만 아이러니하게도 정보통신부의 빠른 목표 달성은 정보통신부의 존립 이유에 대한 고민을 야기했다. 초고속정보통신망 구축은 정보통신부의 사명이었지만, 빠른 성공으로 정보통신부는 새로운 사업, 특히 초고속정보통신망을 활용할 수 있는 사업을 찾아야 했으며, 이로 인해 정보통신 기술을 활용하는 도시의 관리·운영, 다시 말해 현재의 스마트시티에 눈을 돌리게 되었다.

두 번째는 신도시 건설 정책이다. 지금도 정부는 집값을 잡기 위해 다양한 노력을 하고 있지만, 부동산과의 전쟁은 모든 정권의 가장 큰 숙제이다. 노태우 정부는 제6공화국 시절 주택 부족 문제를 해결하기 위해 '주택 200만 호 건설'이라는 프로젝트를 추진했으며, 이때 '신도시'라는 개념이 도입되었다. 이를 위해 분당, 일산, 중동, 평촌, 산본 등 다섯 곳에 1기 신도시를 건설했으며, 이는 1990년대 서울시의 집값을 잡는 데 도움을 주었다. 하지만 2000년대 이후 다시 집값이 뛰기 시작하자,

이에 대한 대응으로 노무현 정부 주도의 수도권 주변 2기 신도시에 대한 논의가 본격화되었다. 이 시기에는 2기 신도시 외에도 국토 균형 발전에 대한 논의가 활발하게 진행되면서 신행정 수도인 세종 행정중심복합도시 건설과 혁신도시 및 기업도시에 대한 논의 역시 본격적으로 이루어졌다.

2기 신도시, 행정중심복합도시 및 혁신도시, 기업도시의 성공 및 실패 여부에 대한 논의는 차치하고 스마트시티 관점에서 살펴본다면, 새로운 형태의 도시 건설이 가능한 물리적 공간이 다수 확보되었다는 점에서 스마트시티 모델 적용에 유리한 환경이 만들어졌음을 의미한다.

2기 신도시는 1기 신도시보다 더 나은 신도시여야 했다. 1기 신도시가 공급 위주의 양적 개발에 집중했다면, 2기 신도시는 유비쿼터스 기반의 정보통신 기술과 친환경적 신도시 조성이라는 목표를 포함하고 있었다. 대표적으로 파주, 수원, 용인, 화성, 대전 등은 초기부터 상상 속의 도시를 현실로 만들겠다는 목표 아래 유비쿼터스도시 추진이 이루어졌다.

우연하게도 초고속정보통신망 완공과 신도시 건설 계획이 동시에 이루어지면서 '정보통신 기술을 활용하는 새로운 형태의 도시 모델'에 대한 논의가 자연스럽게 이루어졌다. 하지만 '정보통신 기술을 활용하는 새로운 형태의 도시 모델'은 특정 부처에서 추진하기 어려운 사업이었으며, 2000년대 초반 건설교통부(현재 국토교통부), 행정자치부(현재 행정안전부) 및 정보통신부(현재 과학기술정보통신부)가 관계 부처 협의 등을 통해 '유비쿼터스도시'(이하 유시티)라는 전 세계 최초의 스마트시티 건설 사업 어젠다를 만들게 된 것이다.

　　유시티에서 사용되는 유비쿼터스 기술은 공간정보 정책과는 성격이 달랐다. 개별 컴퓨터로 구축된 데이터를 검색하는 기존의 공간정보 정책과는 달리, 각각의 도시 시설물에 센서를 부착해 시설물이나 시설물 주변의 상황을 실시간으로 파악하고 이를 정보통신망을 통해 필요한 사람이나 기관에 전송함으로써, 빠르고 정확하게 도시 시설물을 관리하는 방식이 채택되었다.

　　예를 들어 공간정보 분야에서는 지하 공사를 시작하기 전에 도시정보 시스템으로 지하시설물의 정확한 위치를 파악할 수 있도록 해 안전하게 공사를 추진하는 방식이라면, 유비쿼터스 기술은 지하시설물에 센서를 부착해 위치를 실시간으로 알려주고, 공사 중에 파손 위험이 있거나 파손되었을 경우 센서를 통해 상황을 인지하고 이를 관리자에게 실시간으로 알려주는 방식이다. '실시간'이라는 점이 가장 큰 차이라고 할 수 있다. 물론 센서를 통한 실시간 상황 정보를 수집하기 위해서는 정보통신망 등의 기반시설과 도시정보 시스템 등의 기존 시스템이 전제되어야 한다.

　　유시티 정책 추진에 가장 적극적이었던 부처는 정보통신부였다. 앞서 언급한 것처럼 정보통신부의 초기 존립 이유는 '초고속정보통신망 구축'이었으며, 이를 완성함으로써 큰 업적을 달성함과 동시에 새로운 사업을 마련해야 하는 숙제도 떠안게 됐다. 초고속정보통신망 구축 이후 새로운 정책 추진을 위해 정보통신부는 'IT 839 전략'을 우선 마련했다.

　　IT 839 전략은 도시 내 시설물과 센서를 연결해 지능형 기반시설 도입 기반을 마련했고, 무선통신 및 기술과 관련한 내용을 포함하면서 스마트시티에 대한 기술적 논의와 스마트시티 서비스의 실현성을 높여 줄 기반을 마련하게 되었다. 이후 논의를 발전시켜 2006년 「세계 최초의 유비쿼터스 사회 실현을 위한 u-KOREA 기본계획」(이하 「u-KOREA 기본계획」)을 수립, 발표했다. 「u-KOREA 기본계획」은 기술 및 인프라 구축 계획에서 벗어나, 첨단 기술 및 인프라 기반의 실시간 센서 작동을 중심으로 한 계획으로, 사회 전반에 영향을 미칠 수 있는 다양한 활용을 강조했다. 이 계획을 시작으로 한국에서는 스마트시티에 대한 논의가 본격적으로 이루어졌다.

　「u-KOREA 기본계획」은 인프라 구축 계획 및 기술 개발에서 나아가 사람의 활동과 살아가는 공간에 직접적으로 영향을 미칠 수 있는 서비스로의 전환이라는 점에서 중요하다. 정보통신 기술이 실제 물리 공간에서의 활동에 영향을 미칠 수 있음을 파악하고 이에 대응할 수 있도록 정책을 추진하기로 한 것은 지금의 4차 산업혁명 시대에는 매우 당연하지만, 이 계획이 마련된 시점이 2006년임을 고려해볼 때 해외 선진국과 비교해보더라도 빠른 대응이었음을 알 수 있다.

　「u-KOREA 기본계획」에는 'u-인프라'라는 첨단 기반시설을 수단으로 더 나은 사회를 실현하겠다는 비전도 담겨 있다. 이는 한국 「스마트도시법」상의 '스마트시티' 정의와도 맞물려 있다. 인프라를 가장 중요한 수단으로 명시하며, 이후 사업 추진에서도 지속적인 인프라 구축 및 확장을 내세움으로써, 한국 스마트시티의 중요한 특징으로 현재까지 자리 잡고 있다. 또한 u-IT가 기여할 부분으로 스마트시티의 가장 큰 특징인 정보의 실시간성과 분야 간 융·복합 촉진을 명시하며, 정책적으로 활용하고 있다는 점도 중요한 특징이다.

「u-KOREA 기본계획」에서는 이전의 초고속정보통신망 구축과 함께 많은 성과를 달성했던 전자정부 분야와 공간정보 정책에서 중요하게 다뤘던 첨단 지능형 국토 건설 분야가 큰 축이 되고 있으며, 이를 통한 경제 활성화, 시민 편의 및 안전을 추구했다.

「u-KOREA 기본계획」이 마련되던 2006년 당시 제시했던 2015년 미래 서비스를 살펴보면, 우리는 이미 스마트시티에 살고 있다. 도로 상황 등을 실시간으로 파악해 길을 안내해주는 내비게이션, 화재 감시 센서, 교량 등의 시설물에 대한 자동 모니터링, 환경오염 관련 정보 제공, 홈 CCTV를 통한 부재 시 집안 상황 모니터링 등 「u-KOREA 기본계획」에서 제시했던 미래 모습 대부분은 실현되었다.

이때는 스마트폰의 등장을 예측하지 못했기 때문에 대부분의 서비스가 PDA 등 개별 서비스를 위한 단말기를 사용하고 있다는 점 정도가 다르며, 지금은 스마트폰 사용으로 당시 예상했던 것보다 더 다양하고 수준 높은 서비스를 향유하고 있다.

하지만 아이러니하게도 2008년 신정부가 출범하면서 「u-KOREA 기본계획」을 주도하던 정보통신부가 폐지됐고 「u-KOREA 기본계획」의 주요 분야 중 하나인 지능형 국토 부문은 국토교통부의 '유시티'로 계승되었다. 국토교통부는 2008년 「경제활성화와 세계시장 선점을 위한 유시티 실천계획」(이하 「유시티 실천계획」)을 마련했다. 정보통신부의 계획은 미래 모습을 예견하고 정책 방향의 전환을 제시했지만, 실천에는 한계가 있었다. 반면 국토교통부의 계획은 실제 사업화를 위한 실천 계획이었고, 이후 국토교통부를 중심으로 스마트시티 정책을 본격적으로 추진하면서 한국에 스마트시티가 이륙했다.

여기서 한 가지 재미있는 점을 발견할 수 있다. 정보통신부와 국토교통부의 자존심 때문이었는지 각자의 사업에 차별점을 두기 위해서인지는 알 수 없지만, 유비쿼터스를 상징하는 알파벳 'U'를 사용하는 데 있어서 정보통신부는 소문자 'u'를 사용했고, 국토교통부는 대문자 'U'를 사용했다. 이 시기에는 부처 간 협력이 현재보다 보편화되어 있지 않았기 때문에, 융·복합 사업의 명칭을 달리하는 등 그 사업이 어느 부처의 사업인지를 알 수 있도록 했다.

한국의 스마트시티 정책 추진 기반을 마련할 수 있었던 계획 및 사업을 살펴보면, 스마트시티의 필요성과 명확한 비전을 가지고 스마트시티 자체로 출발했다기보다, 대형 사건 발생과 이를 수습하기 위한 대책 마련, 우연히 맞아떨어진 정책의 이해관계와 정치적 변화로 인해 이루어졌음을 알 수 있다. 정보통신 기술이 세계 최고 수준이라는 자부심역시 높았던 시기였기 때문에 스마트시티를 정보통신 기술 및 인프라발전의 연장선에서 고려한 측면도 있다. 이처럼 필요에 의해 체계적이고장기적으로 추진한 것이 아니다 보니, 스마트시티 추진의 필요성에 대한의문 또한 사업 추진 이후에도 지속적으로 나타났다.

한국의 스마트시티 정책은 해외의 선진 사례를 참조해 만들어진것이 아닌 새로운 시도라는 측면에서 다른 정책들과 다르게 많은 시행착오를 겪었지만, 세계 최초로 실제 사업으로까지 연결되었으며 긴 시간 동안의 다양한 경험은 한국 스마트시티의 큰 자산이기도 하다. 더불어 해외보다 10년 이상 빠르게 추진된 스마트시티 사업 경험이 향후 스마트시티 선진국으로 발돋움하는 원동력이 될 것이라는 점에 대해서는 대부분의 전문가가 동의하고 있다.

국가 정책으로 자리 잡은 스마트시티

유시티 제도 및 사업 추진

정보통신부와 국토교통부가 추진했던 스마트시티 초기 단계의 「u-KOREA 기본계획」 및 유시티 정책은 이명박 정부의 정보통신부 해체로 인해 국토교통부 주도로 추진되었다.

특정 분야가 국가 정책으로 확고하게 자리 잡기 위해서는 독립된 법을 제정하여 이를 주관 부처에서 관리하는 것이 중요하다. 앞서 언급한 것처럼 정보통신부는 초고속정보통신망 구축 사업 이후 신규 사업이 필요해 「u-KOREA 기본계획」을 활용했고, 국토교통부는 당시 수도권 주변과 전국 각지에서 추진되던 신도시 건설의 새로운 모델로 유시티를 활용하게 되었다. 국토교통부가 유시티 추진 주체가 되면서 신도시 건설은 유시티 사업에 가장 중요한 동력이 되었다.

국토교통부가 2008년 수립한 「유시티 실천계획」에는 국가 정책의 구체적인 추진을 위해 법적 기반과 국가 계획 수립 및 지침 등을 마련하는 제도 기반 마련, 통합 플랫폼 등을 포함하는 R&D 추진을 위한 핵심 기술 개발, 인력 양성을 위한 교육 훈련, 산업 육성을 지원하는 내용 등이 포함되어 있다. 또한 부문별 사업 추진을 위한 정부 예산을 확보하는 동시에 신도시 유시티 도입을 위해 신도시 개발시 개발이익을 건설비로 활용하는 것 등을 명시하고 있다. 제도 마련, 지원 프로그램 마련, 재정 확보 등 신도시를 대상으로 제도 기반을 마련함으로써 유시티를 본격적으로 추진할 수 있었던 것이다.

국토교통부는 2008년 우선적으로 신도시와 연계해 유시티 건설 추진을 위한 법제도적 기반인 「유비쿼터스도시의 건설 등에 관한 법률」(약칭: 「유비쿼터스도시법」)을 제정했다. 법 제정 이전에는 화성 동탄을 비롯한 용인 흥덕, 파주 운정, 성남 판교, 세종 행정복합중심도시, 인천 송도 등 여러 사업 지구에서 2기 신도시 사업의 일부로 유시티 사업을 추진하고 있었으며, 「유비쿼터스도시법」 제정 이후 유시티 사업은 이 법에 근거해 추진됐다.

한국 최초의 유시티 사업은 화성 동탄신도시다. 화성 동탄 지역은 첫 번째 2기 신도시였다. 2기 신도시에 정체성을 부여하기 위해 2005년 2월 화성 유시티 구축 계획을 확정한 후 2006년 착공했다. 초기 유시티 사업은 첨단 인프라 구축을 중심으로 추진했기 때문에 사업비 약 450억 원을 투자하여 공공정보 통신망, 도시통합운영센터 및 공공정보 서비스 제공을 위한 인프라를 2008년에 구축했다.

2기 신도시의 유시티는 도시통합운영센터를 중심으로 방범 CCTV 및 교통 CCTV 등을 중앙에서 관리하고 모니터링했다. 2기 신도시의 도시통합운영센터는 대규모로 구축되어 수많은 모니터가 벽의 전면에 배치되었고, 모니터링 요원들이 범죄 및 교통 상황을 관제했다. 2000년대 말 센터를 방문했을 때는 도시 관제 모습 덕분에 영화에서나 볼 수 있었던 미래 도시를 보는 듯한 착각이 들기도 했다. 이러한 도시 통합운영센터의 모습은 현재까지도 한국 스마트시티의 전형으로 남아 있다.

하지만 유시티 사업 지구는 일반적인 도시 건설과 다르게 첨단 정보통신 인프라를 동시 구축하는 과정에서 여러 부처에 승인을 받아야 하는 등 여러 어려움이 있어, 2008년 유시티 건설을 보다 빠르게 추진할 수 있도록 지원하는 「유비쿼터스도시법」이 제정되었다.

「유비쿼터스도시법」에는 국가의 종합 계획 수립, 지자체의 도시계획 수립 및 사업자의 건설 사업 계획 수립을 통한 계획의 체계화를 포함해 다른 법률에 의한 인허가 등의 의제 등의 내용을 담았는데, 덕분에 정보통신 기술과 융·복합된 건설이라는 새로운 형태의 사업 추진을 빠르게 진행할 수 있었다.

「유비쿼터스도시법」에서는 유시티의 정의를 "도시의 경쟁력과 삶의 질의 향상을 위하여 유비쿼터스도시기술을 활용하여 건설된 유비쿼터스도시 기반시설 등을 통하여 언제 어디서나 유비쿼터스도시서비스를 제공하는 도시"로 규정했다. 정의에서 알 수 있는 것처럼 유시티는 '유비쿼터스도시 기반시설'을 통해 이루어지며 유시티 기반시설은 정보통신망, 도시통합운영센터 및 지능화된 시설로 규정한다.

2009년 「유비쿼터스도시법」을 근거로 유시티 실천 계획을 체계적으로 작성한 최초의 스마트시티 관련 법정 국가 계획인 「제1차 유비쿼터스도시 종합계획」이 수립되었다. 「제1차 유비쿼터스도시 종합계획」은 유시티의 개념에서부터 시작된다. 앞서 언급한 것처럼 유시티는 도시 기반시설을 구축하고 이를 활용해 각종 서비스를 제공하는 기술 및 인프라의 관점에서 제시되었다. 2009년은 스마트폰이 보급되기 전이었기 때문에 움직이는 객체에 센서를 활용하기보다는, 신도시에 센서를 추가 도입하는 방식으로 도시 기반시설을 지능화했다. 이렇게 지능화된 도시 기반시설을 통해 도시 관리를 효율화하겠다는 관점에서 한국 최초의 스마트시티가 시작되었다.

「제1차 유비쿼터스도시 종합계획」은 「유시티 실천계획」을 계승하면서 유시티 추진을 위한 기반 조성에 중점을 두었다. 먼저 유시티 추진 목표로 도시 관리의 효율화, 신성장동력으로 육성 및 도시서비스의 선진화를 제시하고 있으며, 세부 추진 전략은 앞서 소개한 「유시티 실천계획」과 동일하지만, 세부 실천 과제는 보다 구체화했다.

첫째, 제도 기반 마련과 관련한 실천 과제에서는 2008년 제정된 「유비쿼터스도시법」을 세부적으로 규정하기 위한 각종 지침이 필요했으며, 도시통합운영센터로 각종 수집 정보 및 서비스를 연계해야 했기 때문에 정보 및 서비스, 기술 등에 대한 각종 표준 마련을 제시하고 있다. 또한 정보의 유통 기반 및 활용 방안 등을 마련하는 등의 내용 역시 포함되어 있었다.

둘째, 핵심 기술 개발과 관련하여 정보 수집, 가공, 활용 및 기타 기술을 개발하기 위해 1200억 원 규모의 유에코시티 R&D 사업을 추진했다.

셋째, 「유시티 실천계획」에서는 구체화되지 않았던 산업 육성 지원 부문들을 보다 구체화했다. 성공적인 유시티 모델 구축을 위한 지자체 대상의 시범도시 지원, 해외 수출 기반 마련 및 인력 양성을 제시했으며, 개별 사업 주체와 재정 확보로 사업이 추진될 수 있도록 했다. 그리고 '국민체감 U-서비스 창출'을 위해 법에서 규정하는 11대 서비스의 세부 전략을 마련했다.

「제1차 유비쿼터스도시 종합계획」 기간인 2009~2013년에는 종합 계획에 기반한 중앙정부의 재정 투자와 신도시 건설과 연계된 유시티 건설이 전국적으로 일어나면서 유시티에 대한 많은 기대와 관심이 집중됐다. 하지만 지금 다시 그 시절을 돌아본다면 초기 사업 추진에 대한 경험 부족과 개별 전략의 독립적 추진으로 기대한 만큼의 목표를 달성하기에는 미흡했다.

통합 플랫폼 기반 연계 서비스

2010년 전후로 스마트시티와 관련해 두 가지 큰 외부 환경의 변화가 일어났다.

첫째, 대규모 택지 개발 사업에 대한 거부감이 빠르게 확산됐다. 2010년 초부터 인구 감소로 대규모 택지 공급이 필요 없다는 인식이 확대되었고, 이로 인해 택지 개발 지구 지정이 해제되거나 취소되었다. 대규모 강제 토지 수용으로 원주민의 삶이 파괴되고 기존 도심 낙후화를 가중시키는 등 택지 개발 사업의 문제점 역시 공론화되기 시작했다. 앞서 언급한 것처럼 유시티 사업 구조는 대규모 택지 개발의 개발이익을 통해서만 추진할 수 있었기 때문에 상위 도시 개발 정책의 전환은 유시티 사업 추진이 불가능함을 의미했다.

둘째, 2009년 한국토지공사와 한국주택공사가 합병하여 한국토지주택공사가 탄생했다. 한국토지주택공사는 합병 이후 부채가 100조원 이상으로 증가했다. 그로 인한 외부 비판과 내부의 위기의식 등으로 사업 개편을 추진했고, 유시티 사업 추진에 대한 예산 절감 등도 추진했다. 유시티 건설 추진 주체인 한국토지주택공사의 투자 축소 등은 유시티 사업 추진에 직격탄이 되었으며, 이로 인해 2010년 전후로 유시티 사업이 급격하게 축소되었다.

유시티 사업 결과물과 유시티에 대한 일반 시민의 기대와 괴리역시 유시티 사업 추진에 장애가 되었다. 더 많은 개발이익을 기반으로하는 비즈니스 모델인 유시티는 새로운 신도시의 아파트 분양이 더 잘되고 비싸게 팔리는 것이 중요했다. 따라서 초기 유시티 홍보는 과대 포장된 측면이 있다. '명품 신도시, 유시티'는 2기 신도시에서 자주 사용한 슬로건이었으며, 홍보 동영상은 지금도 구현할 수 없는 과도한 서비스를 보여주면서 이 도시에 입주하면 이러한 서비스를 제공받을 수 있다는 착각을 불러일으키기도 했다. 물론 신도시 아파트에 입주하면 파격적인 서비스를 받을 수 있다는 것은 어려운 일이었고, 유시티 사업 자체가 서비스 제공보다는 서비스 제공을 위한 통신망 및 센터 등과 같은 인프라 구축에 중점을 두고 있었기 때문에 입주자 입장에서는 기대했던 것과의 괴리감이 클 수밖에 없었다.

또한 유시티 사업에서 '명품'이라는 단어를 사용하면서 이를 필수재가 아닌 사치재라고 판단하는 계기가 되기도 했다. 때문에 한국토지주택공사가 재정적 어려움을 해결하기 위해 투자를 축소하기로 계획했을 때 유시티 사업은 그 1순위가 됐으며, 이로 인해 사업은 급격하게 축소되었다.

현재의 스마트시티는 도시문제를 보다 효율적으로 해결하기 위해 필요한 서비스라는 관점에서 접근함으로써 필수재적 성격이 강해졌지만, 당시에는 사치재적으로 접근해 유시티 사업이 빠르게 몰락하는 빌미를 제공한 것이다.

2009~2013년 「제1차 유비쿼터스도시 종합계획」 기간 초반에는 큰 기대에 힘입어 유시티 사업이 빠르게 확산됐지만, 외부 요인과 사업의 한계로 계획 기간 후반에는 빠르게 축소 및 쇠퇴하는 흥망성쇠를 거치게 되었다. 기간이 끝날 무렵에는 유시티 사업 모델이 붕괴되었기 때문에 더 이상의 사업 추진이 어려웠다. 따라서 「제2차 유비쿼터스도시 종합계획」 수립 시기에는 「제1차 유비쿼터스도시 종합계획」 수립 및 추진 시기보다 유시티에 호의적이지 않았으며, 국가 정책 역시 전면적인 전환이 필요했다.

이때 등장한 새로운 개념이 플랫폼과 연계 서비스였다. 기존의 유시티가 물리적 인프라를 건설하는 사업이었다면, 대규모 택지 개발 사업 폐지라는 외부 요인으로 대규모 예산을 조달할 방법이 없었던 이 시기에는 예산 투입을 최소화하면서 효과가 있는 방안을 검토했다.

이를 위해 건설 인프라보다 예산이 적게 들어가는 정보통신 기술 기반의 소프트웨어적 관점에서 접근했다. 초창기 유시티의 도시통합운영센터는 교통, 방범 등 지자체에 흩어진 센터를 물리적 건물에 합치는 방식으로, 현재 이야기되는 플랫폼 중심의 기능적 통합 방식이 아니었다. 다행스럽게도 이 시기에 유시티 R&D 사업의 성과물로 서비스를 연계, 통합하는 개념의 통합 플랫폼이 개발되었고, 흩어진 센터들을 통합한 도시통합운영센터라는 물리적 인프라가 있었기 때문에 '통합 플랫폼 기반의 연계 서비스 도입'이라는 새로운 정책을 추진할 수 있었다.

초기 '통합 플랫폼 기반의 연계 서비스 도입' 추진은 일부 지자체에서 추진되던 사업 내용을 모니터링하는 과정에서 시작되었다. 이때 많이 회자됐던 연계 서비스는 세금 체납 차량을 적발하는 서비스와 주차 차량의 침수 피해를 막는 서비스 등이었다.

한 예로 행정 서비스를 통해 세금 체납 차량의 차량번호를 알 수 있었지만, 차량 위치 확인은 불가능해 적발에 어려움이 많았다. 그래서 일부 지자체에서는 자체적으로 세금 체납 차량의 차량번호를 교통 분야 차량번호 인식 서비스와 연동해 세금 체납 차량의 위치를 파악하고 이를 통해 다수의 세금 체납 차량을 적발할 수 있었다.

또 다른 예로 지자체 대부분의 공공주차장은 하천변에 있어 장마철만 되면 물이 넘쳐 다수의 주차 차량이 수해를 입었다. 주차 차량의 수해 방지를 위한 서비스는 공공주차장에 물이 넘치기 전 주차 차량 소유주에게 연락함으로써 수해를 방지하는 방법으로 제공됐다.

이와 같은 사례를 통해 보유하고 있는 세금 체납 차량 데이터를 관리하는 행정 시스템과 교통 시스템의 연계로 효율적인 서비스가 가능하고, 하천 모니터링 시스템과 공공주차장 시스템의 연계로 차량 수해방지 서비스를 제공할 수 있음을 확인했다. 이를 기반으로 2014년 이후 개별 지자체가 추진하는 다양한 연계 서비스를 검토하고 도입 가능성 또한 본격적으로 논의하기 시작했다.

앞서 언급한 것처럼 통합 플랫폼 개발은 유시티 R&D 사업의 성과물로 완성되었다. 하지만 실제 R&D 사업 성과물인 통합 플랫폼을 인천 청라 지역 및 세종 도시통합정보센터에 직접 설치하여 테스트한 결과, 지자체의 요구와 플랫폼 성능 간 괴리가 있었고, 이로 인해 실제 적용이 어려워 플랫폼에 대한 비판이 있었다. 2014년 처음 플랫폼 보급 사업을 추진했을 때는 지자체의 호응이 크지 않았다. 그러나 지자체의 요구 사항을 반영하고 지자체가 직접 활용 가능한 연계 서비스를 접목하여 보급 사업을 추진한 이후부터는 지자체의 관심으로 플랫폼이 전국으로 빠르게 확산되었다. 중앙정부의 지자체 지원 예산 역시 크게 증가하여 2020년 108개 지자체 보급이 확정되었고, 2023년까지 지자체 전역으로 확산하는 것이 목표이다.

통합 플랫폼은 도시통합운영센터에서 운영하는 개별 서비스 시스템을 기능적으로 연결해 새로운 서비스를 지속적으로 발굴하고, 개별 서비스 연계 방식을 표준화해 이후 새로운 서비스가 도입될 때 플랫폼을 중심으로 쉽게 연계될 수 있도록 하는 목표가 있었다.

　2014년 연계 서비스 및 통합 플랫폼 정책 마련을 위해 처음 추진한 것은 지자체가 보유하는 센터, 시스템, 센서 및 데이터베이스 등을 파악하는 것이었고, 이렇게 개별적으로 운영되는 서비스를 활용한 연계 서비스 시나리오를 작성했다. 연계 서비스 시나리오를 작성하며 기존의 시스템, 센서 및 데이터베이스만으로 다양한 서비스 제공이 가능함을 알았으며, 이를 추진하기 위한 검토 역시 병행했다. 특히 안양시 등 일부 지자체의 성공적인 연계 서비스 운영 사례를 면밀히 검토하여 이를 국가 정책으로 만들어나갔다.

　대표 사례로 지자체의 연계 서비스 운영 사례 및 보유 시스템 등을 검토하여 제시한 '119 긴급출동 지원 서비스'를 살펴보자. '119 긴급출동 지원 서비스'는 화재 발생 시 소방차가 빠르게 화재 현장에 도착할 수 있게 지원하는 서비스였다. 화재가 발생했을 때 주변에 있는 방범 CCTV를 통해 화재 현장을 실시간으로 소방본부 및 소방차에 전송하는 식이었다. 당시 대다수 주거 지역에 이미 방범 CCTV가 있었고, 목소리로 화재 현장을 설명하는 것보다는 영상으로 전달할 수 있는 정보가 훨씬 많기 때문에, 소방서 입장에서도 서비스 효과가 높다고 판단했다. 그리고 소방차 출동 시 최단 시간 내에 현장에 도착할 수 있도록 실시간 교통 상황을 반영해 빠른 경로를 안내하고, 여기에 더하여 소방차가 멈추지 않고 갈 수 있도록 신호 주기를 조작하는 방식을 시나리오에 도입했다. 실시간 교통 상황 파악은 도시통합운영센터의 업무였으며 신호 주기를 조작하는 것도 시설물 관리 서비스의 하나로 도시통합운영센터에서 이미 활용하고 있는 서비스였다. 마지막으로 화재 현장으로의 소방차 진입을 원활히 하기 위해 화재 현장 주변의 불법주차 차량의 번호판을 읽고 차량 주인에게 연락해 소방차 도착 전에 차량을 다른 곳으로 이동할 수 있도록 안내하는 서비스를 포함시켰다. 서비스 시나리오를 다시 살펴보면 방범 CCTV(방범 서비스), 실시간 교통 상황을 반영한 길 안내(교통 서비스), 교통신호 제어(시설물 관리 서비스), 불법주차 차량 단속(불법 주차 관리 서비스), 차량 주인 연락처 획득(행정 서비스) 등 이미 존재하는 다섯 가지 개별 서비스를 연결하여 새로운 '119 긴급출동 지원 서비스'를 만들었음을 알 수 있다. 개별 서비스는 이미 있었기 때문에 많은 예산을 투입하지 않고도 효과적인 연계 서비스를 만들 수 있었고, 이는 서로 다른 분야의 연계 및 통합이 이루어지는 계기가 되었다.

하지만 이러한 서비스를 검토하고 실제 도시 공간에 적용하며 여러 난관에 봉착하게 된다. 개인정보가 담긴 방범 CCTV를 소방서 등과 같은 타 기관에 전송하는 것은 「개인정보보호법」에 위배되었다. 또한 교통신호 제어는 그 권한이 경찰에 있기 때문에 경찰의 협조 없이는 불가능했다. 특히나 경찰은 소방차가 화재 현장에 빨리 도착하게 하기 위해 교통신호를 제어하는 것이 아닌, 교통사고를 방지하기 위해 교통신호를 제어한다는 시설물 운영 목표가 명백했다. 일정한 패턴으로 작동하는 신호 주기를 소방차가 진입한다고 해서 갑자기 파란불로 변경하면 교통사고의 위험성이 급격히 높아지기 때문에, 경찰의 입장에서는 동의하기 어려운 연계 서비스였다. 또한 불법 주차 차량 주인의 연락처 획득은 가능했지만, 해당 차주가 자신의 개인정보 제공에 동의하지 않았기 때문에 연락을 하는 일은 불법이 될 여지가 있었다.

이처럼 시스템 간 기능적 연계에는 문제가 없었지만, 법제도적 문제와 유관기관 간 협력 문제가 연계 서비스 정책을 시도하는 과정에서 수면 위로 떠오르게 되었다. 이러한 문제를 해결하기 위해 정부는 개인정보보호와 관련하여 '긴급 상황 시'에는 개인정보를 활용할 수 있도록 했고, 유관기관 간 협력 체계도 마련했다. 이 시기 '긴급 상황 시' 개인정보를 활용할 수 있도록 한 것은 코로나19 팬데믹 상황에서 개인정보 활용을 통해 대응할 수 있는 기반이 되었다.

통합 플랫폼과 연계 서비스라는 새로운 스마트시티 정책은 지자체 보급에 머무르는 것이 아닌, 기술적 융·복합과 제도 개선 및 유관기관 간 협력이 함께해야 실질적 운영이 가능하다는 큰 교훈을 남겼다. 이후 스마트시티 정책은 기술 부문에 대한 집중뿐 아니라 규제 개선과 거버넌스 확립이라는 새로운 요소를 도입했다.

세계 최초로 스마트시티 개념을 도시 건설에 도입하여 기반 인프라 시설 구축 및 통합 플랫폼을 통한 서비스의 기능적 연계까지, 자체적으로 스마트시티 정책을 수립 및 추진했던 2015년을 전후해 글로벌 스마트시티 분야에는 거센 바람이 불었다. 이로써 한국의 스마트시티에는 다양한 정책이 본격적으로 도입됐다.

스마트시티 정책의 르네상스

세계적인 스마트시티 열풍

디지털 전환 및 4차 산업혁명 등에 대한 논의가 공간으로 확장되면서, 2010년 이후 스마트시티에 대한 논의가 모든 선진국 및 개발도상국에서 이루어졌다. 그 결과 각국의 주요 정책으로 스마트시티를 채택하면서 세계적인 스마트시티 열풍이 시작됐다.

유럽연합EU에서는 2012년 7월 '스마트시티 및 커뮤니티 혁신 파트너십'을 출범시키면서 유럽 스마트시티 정책의 방향을 설정하고 유럽 내 도시에 스마트시티 개념을 본격적으로 도입했다. 유럽의 스마트시티 정책은 초기부터 기후변화 대응을 위한 수단으로 스마트시티를 활용하겠다는 목표를 명확히 했다. 또한 스마트시티를 통한 혁신 강화를 위해 첨단 기술만을 활용해서는 스마트시티의 최종 목표를 달성할 수 없다는 점 역시 명확히 했다. 유럽의 스마트시티는 시민 참여 강화 및 혁신에 장애가 되는 정책 및 규제 개선, 단절된 분야 및 중앙정부 간 통합 및 협력에 의한 의사결정 프로세스 확립, 지식 및 경험의 공유와 성과 진단 지표 활용, 개방형 데이터 구축 및 확산을 위한 표준화 추진, 비즈니스 모델 확립 및 재원 조달 방법 제시 등 성공적인 스마트시티 추진을 위한 다양한 방안을 제시했다.

스마트시티에 대한 유럽의 이러한 개념 설정은 이후 한국뿐 아니라 세계 각국의 스마트시티 정책 추진에 큰 영향을 미쳤다. 2021년 유럽연합은 스마트시티를 통해 유럽 내 100개 도시를 혁신 허브로 전환하겠다고 발표했다. 미국의 오바마 정부 역시 2015년 '스마트시티 이니시에이티브 Initiative'를 발표하면서 본격적으로 스마트시티를 추진했다. 2014년 중국은 전역에 500개 스마트시티를 건설하겠다고 발표했고, 인도 역시 100개 스마트시티 건설을 공표하면서 스마트시티는 전 국가와 기업의 관심을 받는 분야가 되었다.

스마트시티의 세계적 열풍과 함께 2016년 다보스포럼에서는 '4차 산업혁명'이 핵심 키워드로 등장했고, 4차 산업혁명의 핵심 공간으로 스마트시티는 다시 한번 주목을 받았다.

해외 각국의 스마트시티 추진 정책을 살펴보면 세계의 도시인구 증가, 선진국 도시 기반시설 노후화, 경제성장을 위한 도시 간 경쟁 급증, 4차 산업혁명으로 인한 디지털 전환, 기후변화 위기 대응에 대한 노력 증대 및 최근 코로나19 팬데믹 대응 등을 들어 스마트시티 추진의 필요성을 강조한다. 스마트시티는 상상할 수 있는 모든 도시문제를 해결하는 데 중요한 역할을 할 것이라는 기대감이 높아졌고, 이로 인해 스마트시티의 세계시장은 확대될 것이라고 전망한다.

스마트시티의 세계적인 열풍이 불어닥친 2015년을 전후하여 한국의 스마트시티 정책 역시 그 논의가 풍부해졌다. 유시티 정책으로 추진되었던 기반시설 구축과 통합 플랫폼 중심의 사업만으로는 스마트시티에 대한 세계적인 논의를 모두 수용할 수 없었고 이러한 한계를 인지해 2017년 기존의 「유비쿼터스도시법」을 「스마트도시 조성 및 산업진흥 등에 관한 법률」(약칭: 「스마트도시법」)로 개정했다. 여기서 흥미로운 점은 이전 법이 '건설 등'에 관한 법률로 초기 유시티 모델에 필요한 기반시설 구축에 대한 사항을 중심으로 구성되었다면, 「스마트도시법」은 '건설' 대신 '조성'이라는 단어를 사용해 건설뿐 아니라 운영 등과 같은 더 넓은 개념의 법으로 활용할 것을 암시했으며, 여기에 더하여 4차 산업혁명 등과 연계해 산업 진흥의 역할까지 스마트시티에 부여했다.

스마트시티 및 4차 산업혁명 등과 관련한 논의에서 해외 각국은 스마트시티의 구성 요소를 본격적으로 이야기했으며 스마트시티 정책을 어떤 방식으로 추진할 것인지에 대한 논의 또한 진행되었다.

한국 스마트시티의 구성 요소 역시 해외의 논의들과 함께 확대되었다. 특히 스마트시티 대상 지역을 신도시에 국한하지 않고 기존 도시로까지 확장하는 것을 중요한 방향으로 설정하면서, 기존 도시의 스마트화에 대한 논의를 지속적으로 추진했던 유럽의 방식을 적극적으로 반영했다.

먼저 디지털 기술은 연계적·통합적 성격을 띠며 기술 발전 속도가 매우 빠르다. 기존의 아날로그 기술은 구현되었을 때의 결과를 어느 정도 예측할 수 있었지만, 정보통신 기술은 기존의 것들을 연계 및 통합해서 새로운 것을 만들기 때문에 상대적으로 예측이 어려웠다. 이전에는 카메라, 워크맨, 전화기, DMB, 내비게이션, 보험 및 은행 등 다양한 제품 및 서비스가 서로 연결되어 있지 않았기 때문에 이들이 서로 시너지를 일으킬 거라고 예상하기 어려웠던 것이다. 하지만 현재의 스마트폰은 서로 다른 제품의 기능을 모아놓는 것에서 그치지 않고, 그 기능을 연동해 새로운 서비스를 제공하고 있다. 때로는 스마트폰의 카메라 기능을 활용해 사진을 찍고 그 위에 메모를 해 다른 사람에게 전송하고 자신의 인터넷 블로그에 올리기도 하는 등 각각의 기능을 연동해 새로운 서비스를 만들 수 있다. 이처럼 기존 아날로그 기술로는 연결이 불가능했지만, 현재의 디지털 기술은 블록 장난감과 같이 서로 다른 기능을 결합해 무수한 서비스를 제공할 수 있고, 여기에 더하여 새로운 서비스가 등장하는 시간 역시 매우 짧다.

따라서 스마트시티에서는 개별 제품이나 개별 기술의 성능 개발보다 도시문제 해결에 대한 목표 지향적·정량적 성과 지표를 중요한 구성 요소로 여긴다. 예를 들어 GPS 오차를 10미터에서 1미터로 줄이는 기술적 우수성보다는 도로 정체를 10퍼센트 해소하겠다는 도시문제 해결에 대한 정량적 성과의 초기 설정을 중요하게 생각한다. 어떤 기술이나 방법을 사용해도 좋으며, 최종 성과로 도로 정체가 10퍼센트 해소되었다면 성공한 서비스로 판단하는 식이다. 이러한 방식은 디지털 전환으로 각각의 기능을 연계 및 통합하여 시너지를 일으킬 수 있으며, 기능 간 연계 및 통합의 결과를 예측할 수 없기 때문에 최종 목표를 지표로 설정한다. 블록 장난감에 비유하자면 '자동차'를 만들라는 목표만 제시하고 어떤 블록을 사용해도 무방하다는 식이다. 성과 중심 지표 활용은 한국에서도 익숙하지 않은 방식이다. 이전에는 스마트시티 추진 성과를 이야기할 때 '방범 CCTV 200기 설치' 등과 같은 방식으로 추진했지만, 이후 사업에서는 정량적 성과 지표를 제시하고 이를 모니터링하여 어느 정도 성과를 달성했는지 제시하는 방식으로 전환되었다.

스마트시티는 디지털 전환으로 서로 다른 분야 간 기능이 연계 및 통합되는 방식이기 때문에 기존 대량생산 체계에서의 수직적 통합 방식보다는 다른 분야 간 수평적 통합이 더 중요하다. 따라서 서로 다른 분야 간의 거버넌스 체계 마련을 중요하게 여긴다. 더 많은 분야 간 협력은 다양한 모양의 블록을 가진 것에 비유할 수 있으며 정사각형 블록만 있는 것보다는 직사각형, 십자형, 원형 등의 다양한 블록이 있을 때 더 많은 것을 만들 수 있다.

또한 스마트시티에서는 많은 사람이 모여 사는 공간에 서비스가 제공되어야 한다. 사람이 모여 살수록 지켜야 할 규칙도 많아진다. 도시 공간에 규제가 집중되는 이유이다. 그러나 기존 규제로는 새로운 서비스가 제공되기 어렵다. 특히 한국은 미국 등과 다르게 포지티브 방식으로 규제가 이루어져 법에 제시되지 않은 서비스는 추진하기 어렵다. 그만큼 새로운 시도를 하기 어려운 환경이다. 또한 도시 공간에는 기존 산업군 역시 존재하기 때문에 보다 효율적이고 편리한 서비스가 등장할지라도 기존 산업군과의 갈등으로 추진하기 어렵게 되기도 한다.

스마트시티의 최종 수혜자는 시민일 수밖에 없으며 서비스는 시민이 사용해야만 의미가 있다. 스마트시티는 운영적 측면이 강조된 서비스 산업이 중심이기 때문에 더 많은 시민이 이용해야 한다. 따라서 서비스 발굴 및 운영 과정에서 시민의 의견을 수용할 수밖에 없는데, 시민 참여 리빙랩Living Lab 등과 같은 방식은 스마트시티에서 필수다.

현재 스마트시티 정책은 기존의 기술 인프라 중심 스마트시티 구축 사업에서 더 나아가 거버넌스 및 혁신성으로까지 확대하고 산업 창출 또한 고려한다. 거버넌스 및 제도 개선과 관련해서는 기존 플랫폼 및 연계 서비스 관련 논의에서 나아가 유관기관 간 협력뿐 아니라 민간기업 및 시민의 참여까지 논의한다. 제도 개선은 필요한 규제를 개선하는 형태에서 발전해 규제에 일정 기간 유예를 포함하는 규제샌드박스 적용까지 논의하고 있다. 여기에 더하여 혁신성을 도시 공간에 도입하기 위해 기존의 기술적 실증에서 나아가 사회적 갈등 조정과 같은 사회적 실증, 수익 창출 여부를 판단할 수 있는 경제적 실증 등의 복합적 실증 방식의 도입 역시 본격적으로 논의하고 있다.

스마트시티 추진 전략

세계의 스마트시티 관련 논의는 한국의 스마트시티 정책 개편 과정에 새롭게 도입되며 스마트시티 개념 및 정책 대상, 정책 프로그램 등을 확장시켰다.

문재인 정부 출범 이후 '대통령직속 4차산업혁명위원회'가 등장
했고 그 산하에 '스마트시티특별위원회'가 구성돼 기존에 국토교통부 중
심으로 추진되던 스마트시티 사업이 범부처 사업으로 논의되는 기반이
되었다. 스마트시티특별위원회는 2018년 1월 '도시혁신 및 미래성장동력
창출을 위한 스마트시티 추진전략'을 발표하며 제한된 방식으로 추진되
던 기존의 스마트시티 사업을 확장시켰다.

　　스마트시티 사업 세부 추진 전략의 가장 큰 특징은 유시티 사업
을 확장하여 도시 유형별로 차별화된 전략을 채택했다는 점이다. 기존
택지 개발 사업 지구는 백지상태에서 국가 시범도시 조성을 목표로 신기
술의 테스트베드를 육성하겠다고 했으며 논의에서 제외되었던 기존 도시
의 스마트화 및 스마트시티형 도시재생 등의 논의 역시 본격화되었다.

　　그리고 앞서 언급한 것처럼 기술 부문뿐 아니라 민간기업의 창의
성 활용, 시민 참여, 정부 지원 등 주체별 역할을 규정하고 이에 맞는 전
략을 갖춤으로써 이전의 기술 및 기반시설 중심의 스마트시티에서 탈피
할 수 있는 계기가 되었다.

　　스마트시티특별위원회의 스마트시티 추진 전략은 이후 「제3차 스
마트도시 종합계획」에 직접적인 영향을 주었다. 2019년 6월 「스마트도
시법」 개정 이후 첫 번째 스마트시티 국가 계획 수립이 공표되었다. 「제
3차 스마트도시 종합계획」의 추진 전략은 스마트시티특별위원회의 스마
트시티 전략을 보다 구체화했다.

　　첫 번째 추진 전략으로 성장 단계별 맞춤형 모델 조성을 설정했
다. 성장 단계별 맞춤형 모델 조성으로 백지상태인 지역을 국가 시범도

시로 지정해 주요 사업을 추진하고, 기존 도시 지역은 스마트시티 챌린지 사업을 추진하며, 노후 도시는 스마트시티형 도시재생 사업을 추진하는 세부 전략을 마련했다. 국가 시범도시로는 세종 5-1생활권과 부산 에코델타시티를 지정했다. 기존 도시 지역은 유럽 및 미국의 스마트시티 추진 전략을 개선해 스마트 챌린지 사업을 마련함으로써 민간기업과 지자체가 공동으로 실증 사업을 추진할 수 있도록 전략을 마련하고, 이에 대한 재정 지원 방안을 마련했다. 또한 노후 도시를 대상으로 한 스마트도시형 도시재생 사업 추진을 명시하고 구체화했다.

둘째, 2023년까지 통합 플랫폼 및 연계 서비스 사업의 전국 확산을 목표로 사업을 구체화했다. 더불어 혁신성장동력 R&D 프로젝트를 통해 지속적으로 스마트시티 기술을 개발하는 동시에 국내 여섯 개 대학을 중심으로 석박사 과정을 지원하는 인력 양성 사업을 추진하며, 기존에 흩어져 있던 스마트시티 사업 관련 정보를 하나의 포털사이트에 통합하는 등 단일 통로를 이용한 홍보 전략 역시 마련했다.

셋째, 스마트시티 혁신 생태계 조성을 위해 규제샌드박스를 도입하고 각 유관기관의 협력을 도모하기 위해 민간기업, 지자체, 시민 등을 대상으로 하는 거버넌스 체계를 확립했다. 또한 스마트도시 인증 및 표준 제도를 추진하고 스타트업 창업 지원 및 혁신 제품에 대한 조달 방식 개선, 솔루션 마켓 구축 등에 대한 구체적인 전략을 마련했다.

마지막으로 한국 스마트시티의 성과를 바탕으로 글로벌 네트워크를 강화하기 위한 다양한 프로그램을 마련해 추진할 것을 계획했다.

2022년 「제3차 스마트도시 종합계획」은 기존의 기술 및 서비스를 중심으로 하는 계획에서 대폭 확장된 내용을 포함한다. 한국은 짧은 기간 동안의 경제성장으로 백지상태에서 추진되는 신도시 사업에서부터 낙후 도시 사업까지 도시 유형이 다양하기 때문에 유형에 맞는 정책을 추진해야 한다. 일례로 유럽은 대규모 신도시 구축이 제한적이라 기존 도시형 스마트시티 사업 추진만 가능하고, 개발도상국은 신도시형 스마트시티를 주로 추진하는 데 반해, 한국은 모든 유형의 도시에 스마트시티 접목이 가능해 맞춤형 스마트시티 정책 추진이 가능하다는 장점이 있다. 이를 반영해 스마트시티 확산 기반을 마련하기 위한 통합 플랫폼 사업, 인재 육성 사업 및 연구 개발 사업을 확대해 추진할 수 있도록 재정을 확보하고 사업을 구체화했다. 더불어 규제 혁신과 거버넌스 부문은 하나의 독립된 사업 영역으로 두고 지표 기반으로 스마트시티 사업을 관리할 수 있도록 인증제를 시행하는 동시에 스마트시티 표준화 역시 추진했다. 그 외 창업 지원 및 해외 진출 등과 같은 혁신 산업 기반도 마련해 도시문제를 해결하기 위한 수단으로 스마트시티를 추진하는 동시에 새로운 산업으로 육성하는 정책 역시 진행 중이다.

「제3차 스마트도시 종합계획」 수립으로 한국 스마트시티 정책은 스마트시티 추진에 필요한 중요 개념을 대부분 포함하며 이전과 비교되지 않을 정도로 다양한 프로그램을 갖췄다. 이에 따라 스마트시티와 관련한 정부 예산 역시 2021년에는 2017년 대비 60배 이상 증가했으며, 이러한 국가 지원 및 다양한 프로그램을 기반으로 한국의 스마트시티가 글로벌 리더로 발돋움하는 단초가 마련되었다. 해외 스마트시티 선진국 역시 아직은 스마트시티에 대한 실증 사업을 추진하며 시행착오를 겪고 있기 때문에, 한국의 스마트시티가 계획한 대로 실천해나간다면 빠른 시일 안에 스마트시티 선두 국가로 도약할 것이다.

국가 시범도시 사업

국가 시범도시 사업은 한국 스마트시티 정책 개편의 신호탄 역할을 하며, 현재까지도 대표적인 스마트시티 사업으로 자리 잡고 있다.

국가 시범도시는 스마트도시특별위원회에서 입지를 검토했고 2018년 1월 세종 5-1생활권 및 부산 에코델타시티를 대상지로 선정했다. 이후 2018년 8월에는 국가 시범도시 지정 및 지원을 위한 사항을 포함하는 내용으로 「스마트도시법」이 개정되었다.

국가 시범도시에서는 신도시 택지 개발 사업을 추진했다. 이전의 유시티 건설 사업이 택지 개발 사업의 한 부분으로 추진됐다면, 국가 시범도시는 스마트시티가 중심인 건설 사업이라는 점에서 차이가 있다. 국가 시범도시 사업은 민간기업 총괄계획가와 민간기업·정부 합동의 특수목적법인[SPC]을 선정하고, 이를 중심으로 구축 및 운영을 추진하며, 드론 및 자율주행차를 포함한 다양한 혁신 서비스 운영에 문제가 없도록 각종 규제 특례 및 규제샌드박스 등을 적용하여 최고 수준의 스마트시티가 조성될 수 있도록 지원하는 등 새로운 혁신 방안을 도입, 추진하고 있다. 다만 2021년 주민 입주를 계획했지만, 세종의 경우는 시행착오 등으로 입주 계획이 2023년으로 미루어져 새로운 혁신 도입의 어려움을 간접적으로 보여주었다.

민간기업과 정부가 협력하는 스마트 챌린지 사업

국가 시범도시가 신도시 건설 사업 형태의 대표적인 스마트시티 정책이라면, 기존 도시를 대상으로 하는 스마트시티 정책은 스마트 챌린지 사업을 중심으로 추진되었다. 이는 우리가 경험하지 못한 사업이었으며 유럽 및 미국 스마트시티 정책의 장점을 수용하여 추진한, 혁신을 기반으로 한 사업이었다.

스마트 챌린지 사업은 각 지역 여건과 수요에 맞는 다양한 유형의 스마트시티 모델을 발굴하기 위한 사업이며, 2022년 현재 스마트시티 챌린지, 스마트타운 챌린지, 스마트캠퍼스 챌린지, 스마트솔루션 확산 사업으로 구성되어 있다. 스마트 챌린지 사업은 매년 그 사업 부문을 확장하며 발전 중이다.

스마트 챌린지 사업은 2018년 '테마형 특화단지'라는 이름으로 처음 추진되었다. 테마형 특화단지 조성 사업은 미국의 '스마트시티 챌린지' 사업과 유사한데, 예비 사업 단계에서 네 개 지자체를 우선 선정한 후, 세부 계획 예산을 지원하고 제출된 계획을 재평가하여 우수한 계획에 구축비를 지원하는 형태로 추진되었다.

2019년 테마형 특화단지 조성 사업은 '스마트타운 챌린지'로 이름이 개편되었고, '스마트시티 챌린지' 사업이 새롭게 도입되었다. 스마트시티 챌린지 사업은 지자체가 아닌 지자체와 민간기업, 대학 등의 컨소시엄이 중심이 되는 스마트 챌린지의 대표 사업이다. 또한 이들 컨소시엄에 비용을 지원하여 계획뿐 아니라 대표 솔루션의 구축과 운영까지 진행하고 최종 선정 단계에서 대표 솔루션의 운영 과정상 실제 성과를 평가하도록 해 컨소시엄의 서비스 운영 능력도 입증하도록 유도했다. 서비스 운영의 정량적 성과를 평가 지표로 설정함으로써 컨소시엄은 실제 서비스 운영을 위해 규제 개선, 갈등 조정 등의 기술 외적 장애 요인까지 해결할 수 있는 능력을 보여줘야 했고, 그 결과 단시간에 여러 서비스에서 성과를 거둘 수 있었다. 2020년에는 단일 솔루션을 보급하고 확산하기 위한 솔루션 확산 사업이 추가되었고, 2021년에는 대학 중심의 '스마트캠퍼스 챌린지' 사업이 추가되었다.

스마트 챌린지 사업은 혁신을 통한 도시문제 해결과 도시 내 새로운 산업 창출 지원을 목표로 삼았다. 기존 도시가 대상이기 때문에 복잡한 도시 상황을 고려해야 하다는 점은 큰 부담이었다.

새로운 혁신을 도시 공간에 부여하기 위한 고려 사항은 다양했다. 첫째, 첨단 정보통신 기술 및 기반시설이 필요하다. 둘째, 민간기업과 지자체 등 공공기관의 거버넌스 체계 구성이 필요하다. 셋째, 규제의 제약 없이 새로운 실증을 추진할 수 있는 환경이 마련되어야 한다. 넷째, 수요자인 시민의 참여가 전제되어야 한다. 다섯째, 도시문제 해결 정도 등 분명한 목표 달성 성과 모니터링 및 정량적 성과 결과를 제시하여야 한다. 여섯째, 기존 산업군의 갈등을 조정할 수 있어야 한다. 이와 같은 고려 사항을 반영해 추진한 사업은 스마트 챌린지 사업 중 가장 규모가 큰 스마트시티 챌린지 사업이었다.

스마트시티 챌린지 사업에 지원하기 위해서는 지자체 및 민간기업, 대학 등이 컨소시엄을 형성하고 지원해야 했다. 이는 공공기관과 민간기업의 거버넌스 체계를 구성하여 스마트시티 추진을 유도하기 위함이었으며, 이들 컨소시엄은 공공기관과 민간기업의 역할을 사업 제안서에 명시하도록 했다. 그리고 어떤 스마트솔루션을 도입하여 어느 정도의 도시문제를 해결할 것인지 제시하는 방식으로 정량적 목표 성과를 설정했다.

그리고 기존 정부의 지원 사업과 다르게 두 단계로 나눠 예비 사업 단계와 본 사업 단계로 구성했다. 예비 사업 단계에서는 각 컨소시엄의 사업 제안서를 평가하여 지원 사업을 선정하고, 선정된 컨소시엄은 1년 이내의 예비 사업 기간 동안 대표 솔루션을 선정하여 이를 구축 완료하며, 2~3개월 동안 솔루션을 시민 대상으로 직접 운영하여 그 결과를 바탕으로 도시문제 해결 정도 등의 솔루션 운영 성과를 제시하도록 했다. 그리고 각 컨소시엄의 실제 솔루션 운영 성과 등을 재평가하여 그 중 우수한 컨소시엄에 본 사업 예산을 지원했다. 예비 사업과 본 사업의 이중구조로 사업을 구성한 이유는 첫째, 단순히 서류상으로 컨소시엄 역량을 평가하기보다 솔루션 자체를 구축하고 운영하는 능력을 예비 사업에서 보기 위함이다. 둘째, 본 사업 평가 참여를 위한 예비 사업 참여는 컨소시엄 간 경쟁으로 사업의 수준이 높고 빠른 성과 달성을 유도할 수 있기 때문이다.

스마트시티 챌린지 사업을 추진함에 있어 예비 사업 단계에 컨소시업당 15억 원의 예산을 지원해 컨소시엄의 재정적 부담을 줄였으며, 본 사업에 진출한 컨소시엄은 국비 100억 원을 포함하여 200억 원 이상의 지원금으로 사업을 추진할 수 있었다. 또한 본 사업에 포함되는 솔루션은 규제샌드박스를 우선 적용할 수 있도록 정책적으로도 지원했다. 경쟁에서 이기는 경우 대규모 재정 지원 및 정책적 지원의 혜택을 받을 수 있기 때문에 각 컨소시엄은 치열하게 경쟁했고 짧은 시간에 수준 높은 성과를 달성했다.

　　각 컨소시엄의 구성원들은 본 사업의 강력한 인센티브와 경쟁 방식을 통한 탈락의 두려움으로 적극적 행정, 민간기업과 정부의 강력한 네트워크, 빠른 솔루션 구축과 지속적 성과 평가 모니터링, 시민들의 의견 청취, 이해관계자 설득 및 갈등 조정 등 최선의 노력을 했다. 예비 사업 종료 후 일부 컨소시엄이 탈락했지만, 탈락한 컨소시엄 역시 공무원, 민간기업, 대학, 시민 모두 얼마나 많은 노력을 했는지 옆에서 지켜보았기 때문에, 너무 잔인한 방식이지 않는가에 대한 고민이 있었다. 더 안타까웠던 것은 예비 사업 탈락 컨소시엄이 사업 종료 후 해체되면서 1년 동안 고생했던 경험 및 솔루션이 사장되었다는 점이다. 상대 평가로 어쩔 수 없이 탈락했지만, 그 컨소시엄의 경험 및 솔루션이 우수하지 못했던 것은 아니었기 때문에 탈락 컨소시엄의 경험 및 성과를 지속적으로 살려나갈 수 있는 방안이 미흡했다는 점은 개선해야 할 숙제로 남았다.

　　2019년 스마트시티 챌린지 사업에서는 여섯 개 컨소시엄을 예비 사업에 선정했고, 2020년 이 중 세 개 컨소시엄이 본 사업에 선정되었다.

　　인천시 컨소시엄의 대표 솔루션은 현대자동차 등과 함께하는 수요응답형 버스였다. 영종 지역은 매우 넓은 데 반하여 인구밀도가 낮아서 버스 운영이 비효율적으로 이루어졌다. 지역이 넓어 운행 거리는 매우 긴 반면 승객 수는 적기 때문에 빈 버스로 운영되는 경우가 많고, 승객 입장에서도 넓은 구역을 운행하는 버스노선으로 배차 간격이 길며 버스 탑승 시간 역시 길어지는 문제가 발생했다. 버스가 불편한 시민은 자가용을 이용했고 이는 다시 버스 승객을 감소시키는 악순환으로 이어졌다. 인천시에서는 솔루션으로 승객이 있는 버스정류장으로만 버스가 이동하여 승객을 탑승시키는 수요응답형 버스를 제시했다. 수요응답형 버스는 사람들이 타고 내리는 정류장으로만 운행하기 때문에 버스의 운행 거리가 짧아 시간을 절약할 수 있고 더 자주 버스를 운영할 수 있어 해당 지역에 적합한 솔루션이었다. 승객 입장에서는 버스를 기다리는 시간과 이동하는 시간을 줄일 수 있기 때문에 편리하고, 지자체 입장에서도 중복된 배차 운행이나 빈 버스 운행을 줄일 수 있기 때문에 대중교통 지원을 위한 재정 절감을 할 수 있었다.

하지만 수요응답형 버스 운영을 위해서는 다양한 문제를 극복해야 했다. 먼저 지자체의 새로운 솔루션 도입을 위해서는 현대차 등 민간기업의 기술력이 필요했다. 수요응답형 버스에는 인공지능을 기반으로 버스노선을 실시간으로 생성하는 기술이 필요했고, 이는 민간기업이 해결할 수 있었다. 또한 비고정 노선을 운영하기 위해서는 제도 개선이 필요했으며, 그 역할은 인천시에서 했다. 수요응답형 버스 운영 시 발생할 수 있는 택시 회사와의 갈등 조정 역시 지자체의 역할이었다. 예비 사업 기간 동안 솔루션을 확보한 후 시민의 이용률을 높이기 위해 홍보했고,

이용에 대한 피드백 정보를 통해 운영 서비스의 문제점을 개선했다. 두 달 내외의 짧은 솔루션 실증 기간이었지만, 약 2만 5천 명의 승객을 수송했고 승객의 버스 대기시간 및 이동시간을 단축시키는 효과를 정량적으로 보여주었다.

부천시 컨소시엄의 대표 솔루션은 카카오모빌리티 등과 주민이 중심이 되어 주차 문제를 해결하는 것이었다. 원도심이었던 신흥동 지역은 기반시설 노후화로 심각한 주차난을 겪고 있었다. 이를 위해 거주자 우선 주차 면과 공영주차장 및 민간부설주차장을 연계하는 방식으로 문제를 해결하고자 했다. 거주자 우선 주차 면은 낮에 비어 있는 경우가 많으며 주변의 공영주차장과 민간부설주차장은 밤에 비어 있는 경우가 많기 때문에, 두 지역의 시간대별 주차장 이용 불균형을 해소하기 위한 통합적인 스마트주차장 솔루션을 제시한 것이다. 그리고 다양한 서비스를 통합하여 지역 간 이동의 편의성도 제공했다. 특히, 이 사업들을 주민이 설립한 사회적기업이 운영할 수 있도록 해 주민의 소득 역시 향상되는 부가 효과도 달성하게 되었다. 이러한 솔루션을 제공하기 위해 부천시에서는 주민을 대상으로 거주자 우선 주차 면 공유와 사회적 기업 설립 등에 대한 설득과 지원을 추진했다. 공영주차장 및 민간부설주차장 확보 역시 부천시의 역할이었다. 스마트주차장, 차량 공유, 킥보드 공유, 대리 주차 등 개별 서비스가 하나의 앱으로 통합되면서 개별 기업이 서로 신뢰할 수 있도록 블록체인을 활용해 서비스를 통합 및 운영했다. 그 결과 주거 지역의 불법 주차 등은 감소했고 주차장 수급률은 증가하는 등 신규 주차장을 공급하는 것과 동일한 효과를 보여주며 정량적으로 주차 문제가 개선되었음을 입증했다.

현재 스마트시티 챌린지 본 사업은 앞서 예시로 든 인천, 부천 외에 대전, 제주, 부산, 강릉 등의 여섯 개 도시 컨소시엄에서 추진하고 있다. 스마트시티 챌린지 사업은 정량적 문제 해결 목표를 초기에 설정하고 이를 솔루션 운영으로 입증하는 새로운 시도를 했다. 이러한 방식은 사업 제안서에 기초한 기존의 재정 지원 사업에 비하여 컨소시엄의 역량을 직접적으로 확인할 수 있으며, 솔루션의 우수성 역시 정량적 문제 해결 정도를 제시하도록 해 사업 효과를 보다 명확하게 이해할 수 있었다. 지자체는 본 사업에 선정되기 위해 적극적으로 제도를 개선하고 이해관계자를 설득하는 주체로 활약하며, 민간기업 역시 사업에서 수익을 창출하기보다 더 큰 성과를 달성하기 위해 솔루션 개선에 최선을 다했다. 이를 통해 민간기업과 지자체가 적극적으로 협력하면 더 나은 성과를 달성할 수 있으며, 시민의 참여 및 피드백 역시 솔루션을 개선하고 이용률을 높이는 데 중대한 기여를 한다는 사실을 알 수 있었다.

한국에서 처음 시도했던 스마트시티 챌린지 사업은 기술적 실증 방식이 아닌 도시문제 해결을 위한 종합적 실증 방식을 채택했다. 이를 통해 스마트시티 챌린지 사업은 빠른 성과 달성이 유리한 사업임을 증명했다. 반면 경쟁 방식을 통해 대도시 컨소시엄이 주로 선정되어 지자체 간 스마트시티 수준 격차가 벌어지는 부작용과 예비 사업에 탈락한 지자체 컨소시엄 지원 비용에 대한 매몰, 실증 솔루션을 확산하기 위한 방안 부족 등 향후 개선이 필요한 사업임 또한 입증되었다.

규제샌드박스와 스마트도시 인증

규제샌드박스, 스마트도시 인증, 시민 참여 등은 도시에 혁신을 불어넣겠다는 새로운 서비스로 2019년 발표된 「제3차 스마트도시 종합계획」에 처음 등장했다.

규제샌드박스는 디지털 전환으로 인한 빠른 기술 발전과 융·복합으로 기존 규제 체계에 어떤 서비스 및 기술이 등장할지 예측해 제도에 반영하는 것이 어렵다는 한계에서 출발했다. 새로운 산업이나 기술 및 서비스 도입을 우선 허용하고 도입에 따른 부작용이 발생하는 경우 이를 규제하는 방식의 규제샌드박스가 본격적으로 논의된 것이다. '샌드박스'는 마음껏 뛰어놀 수 있는 모래놀이터에서 유래한 개념으로 '규제샌드박스'에는 규제 없이 새로운 기술 및 서비스를 마음껏 적용하라는 의도가 담겨 있다. 규제샌드박스는 2016년 영국의 금융 분야에서 최초로 시행되었고, 한국은 2019년 본격적으로 추진되었으며, 2022년 현재 과학기술정보통신부, 산업통상자원부, 중소벤처기업부, 금융위원회 및 국토교통부에서 운영하고 있다.

국토교통부는 스마트시티형 규제샌드박스를 2020년 2월에 도입했다. 한국의 규제샌드박스는 규제 혁신을 위해 규제의 신속 확인, 임시허가, 실증을 위한 특례 세 가지로 구성되어 있다. '규제의 신속 확인'은 기업이 신기술 및 신사업과 관련하여 관련 규제가 존재하는지 또는 허가가 필요한지 관계 부처에 문의하면 30일 이내에 회신을 받을 수 있으며, 회신이 없다면 관련 규제가 없는 것으로 간주하는 행정 제도이다.

'임시 허가'는 안전성과 혁신성이 검증된 제품이지만 관련 규정이 모호하거나 불합리하여 시장 출시가 어려울 경우 임시 허가로 시장 진출을 허용하는 제도이며, 스마트시티 규제샌드박스에서는 이를 '스마트혁신사업'이라 지칭한다. '실증을 위한 특례'는 관련 법령이 모호하거나 불합리한 경우나 금지 규정으로 실증이 필요한 기술 및 서비스의 경우, 제한된 구역 및 규모 등의 일정 조건하에서 이에 대한 실증을 허용하는 우선 시험적 성격의 제도이며, 스마트시티에서는 이를 '스마트실증사업'이라 규정한다. 다만, 신기술 및 신산업이라는 미명하에 무분별하게 규제샌드박스를 활용하는 것을 방지하기 위해 첫째, 국민의 생명, 안전 또는 환경 분야를 저해하는 요인이 있는 경우 규제샌드박스 적용을 금지하고 있으며 둘째, 실증 과정상 지속적으로 문제가 발생하는 경우에도 규제샌드박스 적용을 취소할 수 있고 마지막으로, 타인 등에 손해를 끼칠 경우를 고려하여 손해배상과 관련한 책임보험 가입을 의무화하는 등 손해배상 책임 수준을 강화하는 방식을 채택했다.

스마트시티 규제샌드박스는 4년 동안 적용할 수 있고, 1회에 한하여 최대 2년까지 연장할 수 있으며, 실증할 수 있는 최대 기간은 6년이다. 하지만 2021년 3월 「스마트도시법」 개정으로 실증 기간에 기술 및 서비스 성과를 입증한 경우 국토교통부 장관은 법제도를 관할하는 해당 부처에 법제도 변경을 요청할 수 있으며, 이 경우는 6년이라는 기간 제한과 상관없이 법제도 변경 절차가 진행되는 동안 실증할 수 있게 해 사업의 연속성을 확보할 수 있도록 했다.

2021년 6월 기준 스마트시티형 규제샌드박스 제도를 활용한 수요응답형 버스, 자율주행 경비 로봇, 무인드론 활용 도시안전 서비스 등 총 25건의 사업이 승인되어 실증 중이다.

규제샌드박스는 매우 적극적인 행정 제도이다. 위험성이 없다는 것이 입증되면 신규 솔루션 실증을 최대한 허용하는 방식으로 운영돼야 한다. 기존 규제 내에서만 새로운 솔루션 도입이 가능했던 환경에 비하면 많이 발전했지만, 규제샌드박스 적용 솔루션에 대한 허용 절차는 여전히 까다롭다. 앞으로는 규제샌드박스의 취지가 실증을 통해 솔루션의 실제 성과를 확인하기 위한 시범적 성격이 강함을 명확히 해, 최대한 많은 솔루션이 규제샌드박스의 혜택을 받을 수 있어야 할 것이다.

지표를 기반으로 하는 '스마트도시 인증제'는 2017년 「스마트도시법」을 개정하며 처음 도입되었다. 스마트시티 도입 수준 파악 및 도시 간 비교가 가능한 지표 시스템이 있어야 맞춤형 스마트시티 국가 지원 정책 및 계획 조정 등이 가능하지만, 스마트시티의 융·복합적 성격으로 각 지자체 역시 자신의 도시에 대한 스마트시티 추진 사업 현황을 파악하지 못하는 상황이었다. 이는 지자체 내 개별 부서가 동시 다발적으로 디지털 관련 사업을 추진하면서 서로의 추진 사업을 파악하지 못하는 등 거버넌스 체계를 구성하지 못해 생긴 문제이기도 했다. 지자체별 스마트시티 추진 현황 집계의 어려움으로 중앙정부 역시 지자체 지원 사업 마련에 어려움이 있었다.

스마트도시 인증제는 이러한 문제를 해결하기 위해 도입된 서비스로 지자체의 스마트시티 추진 현황 파악에 용이하다. 이는 크게 정량 지표와 정성 지표로 구분된다. 정량 지표는 객관성을 확보하는 데 유리하지만, 스마트시티의 분야가 광범위하다 보니 전반적인 스마트시티 수준을 살펴보기에는 한계가 있을 수밖에 없어 정성 지표 역시 동시에 활용한다.

스마트시티 관련 서비스는 다양하며 새로운 서비스가 계속 등장할 것이다. 이때 정량 지표만 활용하면 스마트시티 서비스를 열 개 운영하는 지자체와 한 개 운영하는 지자체 중 열 개 운영하는 지자체가 더 우월하다고 판단할 수 있다. 하지만 열 개를 운영하는 지자체는 LED를 활용하는 공원 내 조그만 서비스 등이며, 한 개 서비스를 운영하는 지자체는 실시간 통행량을 측정하여 신호를 제어하는 서비스를 지자체 전역에 제공한다면, 오히려 한 개 서비스를 운영하는 지자체의 기술 및 서비스 수준이 더 높다고 할 수 있다. 따라서 정성 지표와 정량 지표를 혼합하여 지자체 수준을 측정하는 것이 바람직할 것이다. 반면 해외에서는 수준 측정의 어려움으로 정량 지표보다 정성 지표를 적극 활용한다.

스마트도시 인증제에서 활용되는 지표는 혁신성, 제도 및 거버넌스, 기술·인프라의 세 개 부문으로 구성되며, 이는 스마트시티가 성공적으로 조성되기 위해서는 첨단 기술, 인프라뿐 아니라 혁신성과 제도 및 거버넌스를 모두 갖추어야 한다는 현재 스마트시티의 세계적인 추세를 포괄한다.

정량 지표는 63개의 세부 지표를 사용한다. 혁신성 부문은 공공 역량, 민간·시민 역량, 정보 공개 및 활용으로 다시 구성되며, 제도 및 거버넌스 부문은 추진 체계, 제도 기반, 참여 네트워크, 재원 조성으로, 기술 및 인프라 부문은 지능화 시설 및 서비스, 정보통신망, 도시통합운영센터로 구성된다.

정성 지표 역시 동일하게 구성되며, 각각의 부문은 착수 단계, 일부 요건 충족 단계, 요건 충족 단계, 발전 단계, 최적화 단계 등 5단계로 지자체 수준 정도를 평가한다. 이는 스마트시티와 관련해 국제표준기구에서도 사용하는 방식으로, 향후 한국 지자체가 스마트시티 국제표준 획득을 위해 인증을 활용할 수 있도록 연계성을 고려하고 있다.

이와 같은 정량 지표 및 정성 지표를 마련한 후 2021년 5월 스마트도시 인증 부여를 위한 첫 번째 지자체 공모를 했다. 스마트도시 인증 획득 역량을 보유한 한국의 우수한 광역·기초 지자체 30곳이 지원했으며, 9월 10일 최종적으로 서울, 대전, 대구, 안양, 부천 및 서울 구로구, 강남구 및 성동구 등 여덟 곳의 광역·기초 지자체가 스마트도시 인증을 부여받았다.

스마트도시 인증제 시행을 통해 종합적이고 정확한 지자체 현황 파악을 할 수 있게 된 것이다. 제도 및 거버넌스 부문에서는 한국 지자체 특성상 중앙정부가 추진하는 정책을 따르기 때문에 상대적으로 높은 수준을 보여주었지만, 혁신성 부문에서는 상대적으로 낮은 수준을 보여주었다. 또한 지방 도시는 스마트시티 인프라 환경 부문에서 수도권 지역에 비해 낮은 수준으로 나타나 스마트시티 조성에 불리한 여건임이 확인되었다. 더불어 스마트 챌린지 사업 등 새로운 방식에 참여한 지자체는 혁신성 등의 부문에서 상대적으로 높은 수준을 보여주어, 혁신을 고려하는 지자체 지원 사업의 성과가 빠르게 나타나고 있음을 알 수 있었다.

인증을 부여받은 지자체는 인공지능 및 빅데이터 기반 예측 시스템, 통합 데이터 허브, 도시 기반 IoT 플랫폼 운영, 정부와 민간기업의 데이터 공유 체계 마련 등 다양한 혁신 서비스를 운영하는 등 높은 수준의 스마트시티를 조성 및 추진하고 있음을 확인할 수 있었지만, 수도권과 비수도권의 격차 해소라는 중요한 숙제를 남겼다.

한국 스마트시티의 세계화

한국 스마트시티의 해외 진출은 2009년 「제1차 유시티 종합계획」 추진 시기부터 중요한 정책이었다. 「제1차 유시티 종합계획」에서는 추진 전략 중 하나인 산업 육성 지원의 세부 실천 과제로 '유시티 해외 수출 기반 마련'을 명시하고 있다. 그 내용을 자세히 살펴보면 구체적인 해외 수출 지원 사업은 아니었으며, 글로벌 마케팅 강화 등과 같은 홍보 지원과 월드 포럼 구축 등과 같은 글로벌 네트워크 구축에 중점을 두었다. 그러나 이 당시 제시되었던 내용은 몇 차례 추진 이후 이렇다 할 성과를 달성하지 못했고, 현재는 중단된 상태다.

「제2차 유시티 종합계획」에서는 해외시장 진출 강화를 추진 전략으로 내세우며, 세부 실천 과제로 민간기업의 유시티 해외 진출 지원과 유시티 해외 홍보활동 강화를 제시했다. 또한 그 내용으로 해외 진출 관련 전담 및 통합 지원 체계를 구축하고 수출 핵심 분야를 선정 및 육성하겠다는 것과 홍보활동 지원 및 해외 진출 지원을 위한 R&D 수립 등을 제안했지만, 대부분의 정책이 추진되지 못하고 선언에 그쳤다.

해외 진출과 관련해 구체적인 전략을 마련하고 추진한 것은 2019년 7월 관계 부처 합동으로 만든 '스마트시티 해외 진출 활성화 방안'이 등장하면서부터이다. 정부의 추진 전략이 등장하기 전, 한국 유시티와 유사한 건설과 정보통신 기반시설을 동시에 구축하고, 여기에 더하여 스마트 서비스까지 한국에서 운영하는 종합적인 선단 방식의 스마트시티 해외 진출을 논의했다. 하지만 이는 공급자의 입장에서나 가능한 얘기였다. 세계 어느 도시, 어느 국가에서도 이러한 방식으로 스마트시티 건설을 다른 나라에 맡기려 하지 않았다. 수요자가 없이는 해외 진출 실현이 불가능했다.

2016년 국토연구원에서는 스마트시티의 해외 진출을 위한 대상이 모호함을 인지하고, 계획 및 제도 부문, 건설 중심 부문 및 솔루션 중심 부문으로 분리하여 접근할 것을 제안했으며, 부문별 맞춤형 접근 방식 또한 제시했다.

제도, 건설, 정보통신 등 모든 부문을 통합 수출하겠다는 선단형 구조를 유형에 따른 차별화 접근 방식으로 전환하겠다는 해외 진출 전략 방향을 반영해 2019년 관계 부처 합동으로 '스마트시티 해외 진출 활성화 방안'을 발표했다.

'스마트시티 해외 진출 활성화 방안'에는 금융 지원, 스마트시티 네트워크 구축, 대·중소기업의 동반 진출 지원 및 수주 지원 강화 등 구체적이고 실천적인 내용을 포함했다. 이러한 내용은 「제3차 스마트도시 종합계획」에도 반영되었고, 현재도 이를 기반으로 해외 진출을 추진하고 있다.

세부 실천 내용을 살펴보면, 금융 지원 방안으로는 '글로벌 플랜트·건설·스마트시티'(이하 PIS) 펀드를 1.5조 원 규모로 조성하고, 그중 5천억 원 내외를 스마트시티 해외 사업에 투자할 계획이다. PIS 펀드는 정부 및 공공기관 출자금 6천억 원에 민간자본 9천억 원을 합하여 조성한다. 대부분의 해외 건설 관련 사업이 투자 개발형 사업으로 전환되는 상황에서 펀드 조성으로 재정을 지원하는 방식은 바람직하며, 지원 체계역시 외형을 갖추었다고 볼 수 있다. 다만 이제 막 조성된 펀드이기 때문에 향후 펀드 운용을 효과적으로 추진하여 해외 수출 성과를 달성해야 하는 과제가 남아 있다.

스마트시티 네트워크 구축 방안으로는 2020년 '케이시티 네트워크K-City Network 글로벌 협력 프로그램'을 조성했고 해외 프로젝트 지원 사업 역시 2020년 11개국 12개, 2021년 11개국 11개 등 총 23개 프로젝트를 지원하고 있다. '케이시티 네트워크 글로벌 협력 프로그램'은 많은 국가의 관심으로 어느 정도 성과를 거두었다고 볼 수 있지만, 향후 1회성 지원 프로그램이 아닌 지속적인 협력 체계 구축과 해외 진출이라는 실질적 성과 달성에 대한 고민은 필요하다.

대·중소기업의 동반 진출 지원 방안으로는 2019년 스마트시티 관련 민간기업 중심의 거버넌스 체계인 '스마트시티 융합 얼라이언스'가 출범했다. 2021년 8월 총 528개의 기업이 참여하는 등 큰 호응을 얻었지만, 역할 및 지원 방식 등이 구체화되지 못해 한계로 남아 있다. 앞으로는 이들이 실질적인 산업 생태계를 구축할 수 있도록 지원 방안을 구체화해야 한다.

해외 진출은 한국에서 성공해야 하는 스마트시티 사업 분야이다. 하지만 성과를 달성하기 어려운 분야이기도 하다. 스마트시티 논의 초기부터 추진한 정책임에도 가시적 성과를 거두지 못한 분야이며, 4차 산업혁명에 따른 디지털 전환으로 기업의 생산 방식 및 비즈니스 모델이 크게 변화하고 있고, 수출 패턴 역시 오프라인 제조업 중심인 물류 위주의 무역에서 디지털 중심의 서비스 방식으로 빠르게 전환되고 있다. 따라서 기존의 해외 수출 방식에 더하여 우버 등과 같은 솔루션 기업의 해외 진출 방식 등도 참조해 새로운 방식의 해외 진출 지원 추진 방안을 고민할 필요가 있다.

스마트시티 정책을 위한 제언

발굴·실증·확산 사업의 연계

스마트시티의 가장 중요한 정책 사업은 발굴 및 실증 사업이다. 스마트시티 혁신 솔루션의 발굴 및 실증 방안으로 목표 성과[KPI] 설정과 목표 성과 모니터링, 혁신적 아이디어 도출을 위한 상향[Bottom-up]식 사업 제시와 우수 솔루션 확보를 위한 상호 경쟁 시스템 도입, 규제샌드박스 적용을 통한 자유로운 혁신 솔루션 실증, 민·관 거버넌스 협력 체계 확립, 시민 참여 리빙랩 활용의 구체화, 새로운 방식의 재원 조달 방안 마련, 기존 이해관계자와 신규 사업 참여자 간의 갈등 조정 등이 있다. 이처럼 도시 공간 내 혁신 솔루션 적용 과정에서 고려해야 하는 사항은 체계적이고 구체적으로 정리되고 있으며 기술 중심의 스마트시티 관련 논의는 경제적·사회적·정책적 관점으로 크게 확대되었다.

혁신 솔루션에 대한 발굴 및 실증 방안이 체계적이고 구체적으로 정리되면서 국내외에서는 다음 단계로 발굴 및 실증된 솔루션의 확산 방안을 본격적으로 논의하고 있다. 로널드 해블록Ronald Havelock은 발굴과 실증에서 끝나는 것이 아니고 확산까지 이루어져야 혁신이 완성된다고 말했다. 혁신 솔루션이 발굴 및 실증에서 멈춘다면 그것은 일회성 사업에 머무를 수밖에 없다. 스마트시티 솔루션의 확산은 혁신의 지속 가능성에 국한된 것이 아니다. 지역별 디지털 격차 해소나 새로운 혁신 산업 시장 창출을 위해서도 반드시 필요하다. 다만 발굴 및 실증 사업과 추진 및 확산 사업은 상호 연계하되, 사업 추진 기준은 달라야 한다.

기존의 스마트시티 발굴 및 실증 사업은 혁신적인 솔루션을 창출할 수 있도록 지자체와 민간기업이 협력하여 그 지역의 솔루션을 상향식으로 제안하고 추진 주체 간 무한 경쟁으로 가장 우수한 솔루션과 그 추진 주체가 지원받을 수 있도록 했다. 이렇듯 발굴 및 실증 사업의 가장 큰 특징은 상향식 솔루션 제안과 무한 경쟁 시스템이다. 이러한 예로는 한국의 스마트 챌린지 사업과 미국, 호주, 캐나다 등의 챌린지 방식 실증 사업이 있다.

발굴 및 실증 사업의 가장 중요한 가치는 무한 경쟁 시스템을 지탱하는 공정성이다. 이를 위해 솔루션 발굴 및 실증에 대한 아이디어와 역량을 지닌 주체가 선정될 필요가 있으며, 여기에서는 지역 균형 등 다른 기준이 적용될 필요가 없다. 솔루션의 우수성과 추진 주체의 역량에 대한 공정한 경쟁 외의 기준이 적용된다면, 동일한 비용을 투입하고도 최고의 성과 달성이 어려워진다.

그리고 중앙정부에서 채택한 솔루션과 사업 주체에 대해서는 상향식 사업이라는 특성을 반영하여 최소한의 간섭만 해야 한다. 또한 과정이 아닌 최종 성과 평가와 우수 성과에 대한 강력한 인센티브 등을 활용해 자발적으로 사업 성과 수준을 최고로 끌어올릴 수 있도록 해야 한다. 채찍이 아닌 당근을 활용해 성과를 최고로 끌어올리는 방식이 혁신 창출에서는 더욱 바람직한 정책 방향일 것이다. 스마트시티 챌린지 사업에 도입했던 2단계 평가 체계 등은 자발적으로 사업에 최선을 다할 수 있는 구조라는 측면에서 참조할 만하다. 반면 공정성이 훼손되고 중앙정부가 사업에 과도하게 간섭하면 혁신 발굴 및 실증 사업의 성과는 제한적일 수밖에 없다.

또한 확산 사업으로의 연계 없이 발굴 및 실증 사업만 추진하면 역량 있는 지자체만 선택받을 것이고, 이는 시간이 지날수록 지역 간 디지털 격차가 확대될 수밖에 없는 구조이다. 그렇다고 그러한 부작용에 대한 우려로 발굴 및 실증 사업 선정 과정에서 균형 발전 등을 고려한다면 혁신은 제한적일 수밖에 없다.

디지털 지역 격차 해소를 위해서는 발굴 및 실증 사업 활용이 아닌 확산이라는 새로운 사업을 도입해야 한다. 확산 사업을 효과적으로 도입하기 위해서는 '허브 앤 스포크Hub & Spoke' 방식을 고려할 필요가 있다. 광역권별로 광역권을 대표하는 역량 있는 지자체를 한 개 이상 선정한 뒤 광역권의 허브 역할을 부여한다. 광역권의 허브 도시는 어려운 솔루션을 우선 실증하는 역할을 하며, 성공한 실증 솔루션이 타 지역에 도입될 수 있도록 솔루션의 표준을 만드는 동시에, 광역권 내 지자체에서 실증된 솔루션을 확산시키는 역할도 할 수 있어야 한다. 이때 중앙정부는 각 광역권 내 도시들이 허브 역할 및 스포크 역할로 상호 연계되어 스마트 지역^{Smart Region}으로 발전할 수 있도록 지원해야 한다. 광역권별 스마트 지역이 상호 연계된다면 최종적으로는 스마트 국토를 조성할 수 있으며, 한국의 모든 지역과 시민이 스마트시티의 혜택을 고루 누릴 수 있을 것이다. 스마트시티가 스마트 지역으로 발전하고 다시 스마트 국토로 성장한다면, 확산되는 솔루션의 시장이 충분히 창출돼 수익 창출 역시 가능할 것이다. 이처럼 중앙정부는 디지털 지역 격차 해소와 새로운 산업 시장 창출을 위해 발굴 및 실증 사업이 확산 사업으로 이어질 수 있도록 지원해야 하며, 이는 향후 스마트시티의 핵심 정책이 되어야 한다.

계획·실행·점검·개선 사업의 연계

한국은 「스마트도시법」에 기반하는 스마트도시 계획, 신도시를 대상으로 하는 국가 시범도시 및 기존 도시 스마트화를 위한 스마트 챌린지 사업 등의 다양한 실행 사업, 각 지자체의 수준 평가를 위한 「스마트도시법」에 기반하는 인증 사업 등 계획, 사업 실행, 성과 평가라는 스마트시티 조성 단계에 맞는 개별 정책을 추진 중이다. 하지만 이들 사업은 상호 연계되지 않고 독립적으로 운영돼 선순환 체계를 만들지 못하고 있다.

국제표준기구인 ISO에서 제시하는 스마트시티 국제표준은 계획

Plan, 계획에 따른 수행 사항에 대한 실행Do, 실행한 상황 및 성과에 대한 점검Check, 점검 후 개선Act을 기반으로 하는 'PDCA 모델'을 스마트시티 추진 사업의 중심에 두고 있다. 스마트시티는 지속적으로 발전 및 성장하는 모델이기 때문에 계획에 기반한 수행과 수행 사항을 점검한 후 개선 사항을 도출하고 도출된 개선 사항은 다음 계획에 반영하는 선순환 구조가 중요하다. 이는 개선 사항이 다음 계획에 지속적으로 반영되면서 스마트시티의 수준이 점진적으로 향상될 수 있도록 하는 구조이다.

앞서 언급한 것처럼 한국의 스마트시티 사업 역시 계획, 실행, 점검을 위한 개별 사업이 있다. 하지만 스마트도시 계획과 스마트 챌린지 사업 등의 실행 사업은 상호 연계되지 못하고 있고, 스마트도시 계획 및 실행 사업 성과와 상관없이 스마트도시 인증제가 운영되고 있다. 이로 인해 점검 이후 개선 사항을 도출하고 계획을 세우는 것이 불가능하며, 이러한 현실에서 중·장기적 관점의 스마트시티 사업 추진은 제한적으로 이루어지고 있다.

한국 역시 ISO 국제표준에서 제시하는 PDCA 모델을 적극 반영할 필요가 있다. 계획에 해당하는 '스마트도시 계획', 실행에 해당하는 '통합 플랫폼 보급 사업', '스마트 챌린지 사업' 등 스마트시티 주요 사업, 점검에 해당하는 '스마트도시 인증', 개선 사항 도출 및 계획 반영에 해당하는 '개선 사항의 지자체 송부와 개선 사항의 계획 반영' 등 이미 PDCA 모델을 구성하는 각 사업이 추진되고 있기 때문에 상호 연계가 이루어지도록 정책적으로 지원한다면 한국의 스마트시티 수준은 빠르게 향상될 것이다.

이를 위해서는 우선적으로 법에서 제시하는 계획 구성 요소와 평가를 위한 인증 평가 요소가 상호 부합될 수 있도록 개선해야 하며, 지자체에서 새로운 스마트시티 사업을 추진하는 경우 계획에 반드시 포함할 수 있도록 유도해야 한다. 계획, 실행, 점검이라는 스마트시티 정책 추진 단계를 상호 연동한다면 그 안에서 개선 사항을 제시할 수 있으며, 이러한 개선 사항이 다시 계획에 반영된다면 스마트시티의 체계적·점진적 수준 향상 및 발전이 가능할 것이다. 또한 국제 기준에 부합하는 스마트시티 추진으로 해외 진출에서도 유리한 고지를 선점할 수 있을 것이다.

스마트시티 산업 생태계를 위한 스마트지구 도입

한국 스마트시티 산업 정책의 어려움으로는 정책 결정권자들의 제조업 신봉이 여전하다는 점을 들 수 있다. 스마트시티 산업은 특정 제품을 개발하고 팔아서 수익을 창출하는 제조업이 아니다. 스마트시티는 솔루션으로 대표되며, 솔루션은 제품의 판매가 아닌 도시 공간 내 효율성을 높여나가는 실시간 서비스업이다.

정책 결정권자들은 어떤 회사가 우수한 제품을 생산하고 그 제품을 얼마나 많이 팔았고 해외 수출은 가능한지를 중요하게 여긴다. 하지만 스마트시티에서는 원격으로 제어할 수 있는 스마트 가로등이 있다 하더라도, 그 제품 자체의 우수성만으로 좋은 성과를 내기는 힘들다. 오히려 스마트 가로등을 어떤 방식으로 운용하고 제어할 때 가장 많은 에너지를 절약할 수 있는지가 더 중요하다. 좋은 제품의 보급보다 가장 효율적으로 운용할 수 있는 서비스 방식을 찾는 것이 스마트시티에서는 더욱 중요하다. 그렇기 때문에 스마트시티 산업에서는 도시 공간 내 시민들을 대상으로 한 지속적인 실증이 필요하다.

그 결과, 스마트시티 산업 생태계 창출 지원을 위해 기존의 산업공단처럼 제품 생산업체를 밀집시키거나 혁신 지구처럼 새로운 아이디어가 나올 수 있도록 환경을 조성하는 것에서 나아가 도시 공간 내 실증 지구를 포함하는 스마트지구Smart District가 새롭게 논의되고 있다.

스마트시티 및 4차 산업혁명 시대의 새로운 기업들은 상상했던 서비스가 정말로 작동하는지 실제 도시 공간에서 빠르게 실증할 수 있어야 하고, 여기서 나오는 개선 사항들을 반영하여 서비스 효율성을 높여나가야 한다. 하지만 도시 공간 내에서 민간기업이 단독으로 실증을 추진하기에는 규제나 사회적 갈등 측면에서 어려움이 있을 수밖에 없으며 시간과 비용의 소모 역시 클 수밖에 없다. 이러한 어려움을 반영해 세계적으로 논의되고 있는 것이 빠른 실증이 가능한 공간을 제공하는 스마트지구이다. 스마트지구는 빠른 실증으로 시장에 서비스가 쉽게 등장할 수 있도록 하는 개념인데, 스마트시티 관련 기업의 빠른 경쟁력 확보를 위해서도 이제는 기존과 다른 방식의 스마트지구 도입을 고려해야 한다.

우리의 스마트시티 산업 경쟁력은 제조업보다 첨단 서비스업에서 나와야 한다는 것을 인지해야 한다. 스마트시티 산업을 대하는 태도 또한 제조업이라는 생각에서 벗어나 첨단 서비스업이라는 생각으로 전환할 필요가 있다.

스마트시티 뒷이야기

"유비쿼터스 컴퓨팅은 무슨 뜻이에요?"

「유비쿼터스도시법」을 제정할 때부터 스마트시티 정책 및 법제도, 주요 사업에 참여했다. 이와 관련해 매년 새로운 기술 용어가 튀어나온다. 그렇기 때문에 '임베디드 소프트웨어', '플랫폼', '빅데이터', '인공지능', '블록체인', '크라우드 소싱', '디지털 트윈', '사물인터넷' 등 더 많은 기술 용어를 이해하고 이야기할 수 있어야 한다.

"이건 또 어디서 나온 조항이에요?"

새로운 기술을 이용해 서비스가 만들어지고 운영된다. 갑작스러운 규제로 서비스를 운영할 수 없게 되기도 한다. 기술 및 서비스 종류가 다양하다 보니 관련 법이 너무나 많다. 무질서하게 낭비된 현수막을 '스마트 현수막'으로 변경해 설치까지 완료했지만, 갑자기 「옥외광고법」

에서 이를 금지하고 있다고 한다. 새로운 기술 및 서비스가 도입된 후 문제가 발생하는 경우가 많아 모든 법에서 제한하는 것을 찾아봐야 한다. 하지만 그렇게 해도 놓치는 부분이 생긴다.

"그건 우리 거예요."

모두가 편리하고 안전한 스마트시티를 만들기 위해 새로운 서비스나 시설물을 설치하려고 한다. 다른 부처에서 그건 우리가 할 일이라고 한다. 스마트시티 담당 부서에서는 이야기한다. "그건 우리가 할 게 아니에요." 스마트시티의 융·복합적 장점을 유지하기 어려워진다. 새로운 기술 및 서비스가 등장할 때마다 이건 누가 해야 할 일인지 검토해야 한다. 때로는 누가 해야 할 일인지를 놓고 논쟁이 벌어지기도 한다.

"시민이 꼭 참여해야 하는 거예요?"

기존의 기술 중심 사업이 수요자인 시민 중심 사업으로 빠르게 전환되고 있다. 이로 인해 시민 참여는 스마트시티의 필수 요건으로 자리 잡았다. 시민들의 진솔한 목소리를 듣고 사업이 개선될 수 있도록 해야 하는데, 공익적 목적보다 자신의 사유재산 등과 직접적으로 연관된 시민만 적극적으로 참여하며 목소리를 높인다. 지자체 공무원도 시민 참여는 오히려 사업을 어렵게 한다고 하소연한다.

"왜 아직도 성과가 안 나오는 거예요?"

다른 나라에서는 스마트시티를 실증하기 위해 5년 이상을 투자

한다. 하지만 한국은 다르다. 특유의 '빨리빨리'에 의존하여 1년 만에 실증 성과를 만들어낸다. 해외에서는 이미 접목한 훌륭한 이론적 배경을 한국에서는 뒤늦게 적용하지만, 실제 성과는 더 빠르게 만들어낸다. 세계는 한국의 빠른 변화와 성과에 놀란다. 하지만 한국에서는 너무 느리다며 더 많은 성과를 만들어내야 한다고 이야기한다.

이상은 스마트시티 정책 사업에 참여하면서 한 번 이상 들었던 말이다. 다행히 지금은 이러한 문제들이 많이 개선되었다. 기술 부문의 빠른 전환은 스마트시티 사업이 자리 잡게 되면서 각 분야 전문가가 다수 참여해 체계적으로 추진할 수 있는 발판이 되었다. 기존의 법제도 제약은 규제샌드박스의 적용으로 어느 정도 해소되었으며, 부처 간 소통의 어려움 또한 많이 개선되어 부처 간 협력이 획기적으로 확대되었다. 시민 참여 또한 특정 시민이 중심이 되지 않도록 시민 참여 리빙랩 정책이 체계화되고 있다. 빨리빨리 일회성 성과를 만들기보다 각 사업 성과를 성과 목표 및 성과 달성 정도로 파악하는 방식으로 전환하고 있다.

세계적으로 스마트시티 열풍은 여전하다. 도시 공간의 복잡성은 스마트시티 모델에 대한 논의를 계속해서 확장해나가도록 한다. 최근 2~3년 동안 한국 역시 스마트시티에 대한 논의가 풍부해졌다. 기술 중심 접근이 아닌 도시문제 해결의 관점에서 실증 사업 등은 스마트시티 솔루션의 다양성 및 혁신성을 확보해왔다.

하지만 스마트시티에 대한 논의는 여전히 쉽지 않다. 정책 결정 과정 및 재정 지원 방식 등은 스마트시티의 구축 및 제조에만 집중하고 있으며, 상향식의 민간기업과 지자체 중심의 사업 추진은 중앙정부의 간섭으로 그 의미가 퇴색되기도 한다. 민간기업과 지자체 간 갈등 역시 여전하고, 때로는 파트너로 인정하지 않기도 하며, 의견 조율이 되지 않기도 한다.

그러나 이전의 방식만 고집한다면 우리가 원하는 성과를 얻을 수 없다는 점 역시 인지하고 있으며 변화에 적응하려 노력하고 있다. 스마트시티는 지속적으로 성장해나가는 사업이다. 한국의 스마트시티 정책 사업 역시 많은 어려움이 있었지만, 이전의 문제점이 개선되는 것을 보면서 일하는 보람을 느낀다. 세계 최고의 스마트시티 보유국이 되는 날도 머지않았다.

3

스마트시티
운영

3장 '스마트시티 운영'에서는 기존 도시가 스마트시티로 전환되는 도시의 스마트화를 다룬다. 물리적 변화가 거의 없는 대도시가 스마트시티로 변화하는 모습을 통해, 지방정부가 끌어가는 스마트시티, 기업이 적극 참여하는 스마트시티, 궁극적으로 시민이 주도하는 스마트시티의 운영 사례를 살펴본다.

도시는 다양한 모습만큼이나 문화나 가치 또한 다르다. 도시별 스마트시티는 운영 주체는 물론 행정에서부터 기술, 데이터 그리고 에너지에 이르기까지 스펙트럼도 다양하다. 전자정부 서울시의 '위고'와 교통 플랫폼 '토피스', 데이터 기반 도시 운영의 선두 주자 런던, 리빙랩으로 스마트시티를 만들어가는 암스테르담 등 세계는 맞춤형 스마트시티를 만들기 위해 다양한 전략과 방향을 고민하고 있다. 하지만 이들에게도 공통점은 있다. 최적의 스마트시티를 만들기 위해 시민과 함께하는 리빙랩을 우선적으로 채택한다는 점이다.

스마트시티 흐름과 평가

스마트시티의 시작

유엔^{UN}은 세계 도시 인구가 1950년 7억 7500만 명에서 2018년 42억 명으로 증가했으며, 2050년까지 전 세계 인구의 68퍼센트인 77억 명이 도시 인구가 될 것이라고 전망했다. 그 연속선에서 2016년 에콰도르에서 열린 '유엔 해비타트 3차 총회'를 통해 도시의 발전적인 전략을 논의했으며, 새로운 도시 의제를 발표했다. 유엔 차원에서 스마트시티를 도입하고 의제로 발표한 것은 처음이었다.[1] 유엔은 미래 도시로 스마트시티를 소개하고, 도시 인구의 급격한 증가에 대응하여 도시 인프라 효율성과 도시민의 편의를 제공하기 위해 정보통신 기술을 활용하는 스마트시티에 주목했다. 신개발을 배제하고 기존 도시 및 주거지 정비에 치중했던 과거의 관점에서 벗어나, 도시화와 스마트시티를 새로운 기회로

스마트시티 패러다임 변화

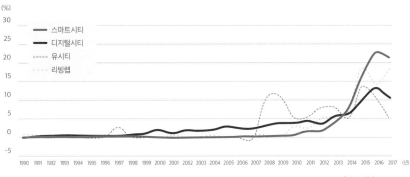

출처 조영태, 2017

삼아 도시문제를 해결하고자 한 태세 전환이다. 스마트시티는 기술 및 데이터 사용을 통해 도시화로 인한 다양한 도시문제를 해결할 수 있는 합리적인 방법을 제시할 수 있을 것이라고 기대했다.

2010년 전후로 스마트시티와 디지털시티에 대한 논의가 세계적으로 활발해졌다. 유럽에서는 2010년을 기준으로 이전에는 정보통신 기술 중심의 디지털시티가 대세였다면, 이후에는 정보통신 기술과 더불어 지속 가능성과 커뮤니티를 강조하는 스마트시티로 전환하고 있다. 한국에서는 2000년대 초반 유시티에 대한 논의가 시작되었으므로, 유럽의 스마트시티보다 다소 앞선다. 더욱이 한국에서는 스마트시티에 대한 논의가 도시 계획 및 도시 개발로 연결됐다는 점에서 좀 더 실천적이었다.[2] 2000년대 초반 한국의 유시티에 대한 논의는 신도시 대상이었고, 서울, 부산 등 기존 도시에서의 적용은 그 이후이므로 유럽의 디지털시티와 한국의 유시티는 시기적으로 비슷하다.

유럽 스마트시티 실행 계획

유럽연합은 2007년 세계적인 도시화 및 에너지 소비 급증에 따른 기후변화 위기에 대응하기 위해 '20-20-20 전략'을 수립했다. 1990년대 대비 2020년 온실가스 배출량을 20퍼센트 감축하고, 재생에너지 비중을 20퍼센트 확대하며, 에너지 효율을 20퍼센트 높이자는 전략이다. 유럽은 안정된 도시 구조로 인구 변화가 크지 않을 것이라고 생각하지만, 실제로는 대도시를 중심으로 인구가 꾸준히 유입되고 있다. 인구 60만 명의 코펜하겐은 매월 1천 명 정도의 새로운 인구가 유입되고 있고, 이러한 도시화에 대응하기 위해 바다를 매립하여 뤼네테홀멘과 같은 도시를 개발하거나, 기존의 쇠퇴 지역과 미개발 지역을 재정비하고 있다. 2010년 '20-20-20 전략'은 '에너지 2020 전략'으로 구체화되었다. '에너지 2020 전략'의 5대 정책 과제는 유럽의 에너지 효율 개선, 통합 에너지 시장 구축, 안정적인 에너지 공급, 에너지 기술 및 혁신에 있어 유럽연합의 주도적 위치 확보, 유럽연합 에너지 시장의 대외적 측면 강화 등이다. 이 중 에너지 기술 및 혁신에 있어 유럽연합의 주도적 위치 확보를 위한 구체적인 실천 전략이 '유럽의 혁신 파트너십^{European Innovation Partnership}'(이하 EIP)이다. EIP는 천연자원, 수자원 등 다섯 개 분야가 있으며, 유럽연합 스마트시티 협력 체계인 '스마트시티 및 커뮤니티 혁신 파트너십'(이하 EIP-SCC)은 2012년 7월에 구축되었다. 유럽연합의 스마트시티는 에너지 효율화를 통해 지속 가능성을 추구하는 '에너지 2020 전략'의 실천 수단이며, EIP-SCC는 유럽 스마트시티의 추진 체계인 셈이다. 2013년 10월에 유럽연합은 유럽 스마트시티에 대한 구체적인 가이드라인으로 「EIP-SCC 실행계획」을 발표했다. 한국에서는 도시 차원의 스마트시티에 주목하여 도시 관제 안전, 시설물, 교통 등에 집중하는 반면, 유럽은 커뮤니티 즉 생활권을 중심으로 한 교통, 에너지 서비스가 상대적으로 많은데, 그 차이는 실행 계획의 목표가 스마트시티와 커뮤니티를 위한 것이기 때문에 발생한다.

「EIP-SCC 실행계획」은 스마트시티 시스템 및 인프라 확장을 위해 유럽 도시 간 전략적 파트너십 구축을 목표로 하며, 3×3 매트릭스를 기본 구조로 한다. 성과 달성 목표인 세 개 영역은 지속 가능한 모빌리티^{Mobility}, 지속 가능한 도시 환경 지역 개발, 에너지·모빌리티·ICT의 통합적인 기반시설과 프로세스이며, 성과 달성을 위한 요구 사항은 의사결정(시민 중심, 정책·규제, 통합 계획), 통찰력(지식 공유, 매트릭스·지표, 오픈데이터, 표준화), 재원(비즈니스 모델, 실행, 기금) 등이다.

유럽 스마트시티의 주요 재원 중 하나는 「유럽 2020 연구혁신 중점계획^{Europe 2020 Flagship Initiative on Innovation Union}」을 실현하기 위한 '호라이즌 2020'^{Horizon}이다. '호라이즌 2020' 이후 '호라이즌 유럽'를 통해 2030년까지 R&D를 지원하고 있다. '호라이즌 2020'은 2020년까지 총 770억 유로(약 106조 원)를 투자하는 프로그램으로 과학 경쟁력 강화, 산업 리더십 강화 및 사회적 과제 해결이라는 3대 목표를 설정하고 있다. 스마트시티 분야는 사회적 과제 해결을 위한 도시 실증을 중심으로 이루어지고 있다. EIP-SCC 도시 실증은 [SCC1] 시범도시 구축 모델인 선도 도시와 후속 도시, [SCC2] 실증 사업의 모니터링 및 평가 체계 시티키

「EIP-SCC 실행계획」 추진 체계

		지속 가능한 모빌리티	지속 가능한 도시 환경	기반시설 통합
의사결정	시민 중심	시민을 혁신 프로세스의 핵심적인 역할을 하도록 참여 독려		
	정책·규제	혁신을 가속화시키기 위한 법제도적 환경 마련		
	통합 계획	부처·지자체 등 각 섹터 간 경계를 넘어 공통의 목표를 지향		
통찰력	지식 공유	양질의 지식 공유를 통해 혁신 역량 제고		
	매트릭스·지표	도시의 역량 및 성능을 정량적인 방식으로 측정		
	오픈데이터	데이터 활용의 잠재력을 이해하고, 프라이버시를 지키는 선에서 개방		
	표준화	혁신의 보편성, 일관성 및 반복성 확보를 위한 프레임워크 마련		
재원	비즈니스 모델	한국 솔루션을 세계시장에 비즈니스 모델로, 투자 및 조달 통합		

호라이즌 2020: 스마트시티 및 커뮤니티에 대한 유럽 혁신 파트너십

[SCC2] 시티키즈	SCC1 2014	SCC1 2015	SCC1 2016-2017	SCC1 2018-2020
[SCC3] 에스프레소				
[SCIS] 스마트시티 정보 시스템	SCIS			

출처 European Commission, 2013

즈^{CITYKeys}, [SCC3] 유럽 및 기타 지역의 도시 확산을 위한 표준화 에스프레소^{ESSPRESSO}, [SCIS] 스마트시티 실증에 대한 정보 공유 플랫폼으로 구성된다.

EIP-SCC 도시 실증은 '선도 도시^{Lighthouse Cities}'라는 이름으로 2021년 6월 기준 18개 프로젝트가 있다. 도시 및 기업 매칭률은 10퍼센트로 프로젝트당 1800만~2500만 유로(약 244억 1790만~339억 1375만 원)가 지원되었다. 이를 통해 매년 두세 개의 새로운 프로젝트를 발굴하며, 선도 도시에서 실증된 프로그램은 후속 도시^{Follow Cities}로 도시 및 기업 매칭률 90퍼센트를 달성하며 확산되고 있다.

'호라이즌 2020'에서 기금을 지원받는 '트라이앵글럼^{Triangulum}'은 선도 도시로 노르웨이의 스타방에르, 네델란드의 에인트호번, 영국의 맨체스터가 참여하는 스마트시티 협력 프로젝트다. 2015년부터 2020년까지 총 29개의 솔루션과 69개 유스케이스^{Use Case}가 실증되었다. 유스케이스는 사용자(시민) 관점에서의 스마트시티 서비스를 의미하며, 시민이 체감하는 생활밀착형 서비스 개발에 초점을 맞추고 있다. 아시아 도시인 중국 텐진은 초기에는 참관 도시^{Observer City}였다가 최근에는 후속 도시로 참여하고 있다.

선도 도시 프로젝트에는 유럽연합진행부^{EC}의 대규모 예산이 투입되는데, 이에 대한 사업 성과, 운영 관리 등의 성과 검증 체계가 '시티키즈^{CITYkeys}'다. 시티키즈는 사람, 지역과 환경, 경제성장, 거버넌스, 확산 등 스마트시티의 다섯 개 분야를 평가한다. 이를 위해 실증 도시들은 116개에 이르는 기초 분석 자료를 제공하며, 시각화된 분석 결과는 스마트시티 정보 시스템^{Smart Cities Information System}(이하 SCIS)에 게시된다. 현재 [SCIS]는 스마트시티 이해관계자 간의 협치 플랫폼인 'EIP-SCC 마켓플레이스^{Marketplace}'와 통합되어 '스마트시티 마켓플레이스'로 운영되고 있

스마트시티 협력 프로젝트 '트라이앵글럼'

다. 솔루션 확산을 위해 스마트시티와 공동체를 강화하기 위한 체계적인 표준화 접근을 '에스프레소^{systEmic Standardisation apPRoach to Empower Smart citieS and cOmmunities, ESPRESSO}'라고 한다. 에스프레소는 커피의 기본을 의미하므로 쉽고도 적절한 표현인 듯하다.

EIP-SCC와 '호라이즌 2020'을 계기로 스마트시티가 유럽 전역에 확산되고 있으며, 스마트시티의 구체적인 실증 방법으로 리빙랩이 활용되고 있다. 실제 도시 공간에서 사용자와 공급자인 기업과 행정가가 적극적으로 참여하는 사회문제 해결형 실험을 일컫는 '리빙랩'은 2000

년대 중반 유럽에서 활성화되었다. 2006년에 설립된 '유럽리빙랩네트워크^{European Network of Living Labs}'(이하 ENoLL)에는 2020년 말 세계 450여 개 리빙랩이 참여하고 있으며, 대구와 부산의 리빙랩도 2019년에 가입했다. 현재 ENoLL 본부는 벨기에에 있으며, 교육 학습 실험실 운영, 도시 혁신 생태계 구축 지원, 비즈니스 모델링 컨설팅, 프로토타입 및 테스팅, 국제 교차 실증, 시민 패널 관리 등을 지원하고 있다.

스마트시티 평가와 인증

스마트시티에 대한 국제적인 평가는 평가기관에 따라 다르다. 싱가포르의 이든 전략 연구소^{Eden Strategy Institute}는 2018년 스마트시티의 비전, 예산, 정책 등을 평가하여 50개 우수 도시를 웹사이트^{smartcitygovt.com}에 소개했다. 서울은 런던, 싱가포르에 이어 세 번째다. 그 뒤로 뉴욕, 헬싱키, 몬트리올, 보스턴, 멜버른, 바르셀로나, 상하이 등이 상위 10개 도시로 선정되었다. 서울은 이든 전략 연구소 평가에서는 대시민앱, 와이파이 핫스팟^{Hotspot}, 스마트시티 예산 등에서 높은 점수를 받은 반면, 스위스 국제경영개발연구원(이하 IMD)의 스마트시티지수^{Smart City Index}에서는 미세먼지, 교통 체증, 녹지 공간 부족, 저소득층 배려 부족, 일자리 부족, 높은 부재지수와 주택 가격 등이 부정적 요인으로 평가받았다. 주니퍼 리서치와 이든 전략 연구소의 관리자 관점의 평가에서는 서울시가 대체로 우수한 평가를 받은 반면, IMD 산하 세계경쟁력센터^{World Competitiveness}

^{Center}의 이용자 관점 평가에서는 순위가 뒤처졌다. 이는 한국 그리고 서울시의 스마트시티가 아직은 공급자 위주의 하향^{Top-down}식으로 진행되고 있음을 단적으로 보여준다. 서울디지털재단의 2019년 연구 결과물[3]에서는 서울시가 강점을 보이는 분야로 IT, 경제, 안전, 교통 등을 들었고, 약점을 보이는 분야로 환경, 디지털 보안, 거주성 및 삶의 질 등을 들었다.

스마트시티는 도시의 수많은 요소가 통합 운영되므로, 요소별 기술과 더불어 도시 차원에서 표준 기반의 상호 운용성이 뒷받침되어야 한다. 2013년부터 세계적으로 스마트시티 표준화는 국제표준화기구^{ISO}, 국제전기기술위원회^{IEC}, 국제전기통신연합^{ITU} 등 세 개 국제표준화기구를 중심으로 추진되고 있으며, 2019년에는 JSCTF^{Joint Smart Cities Task Force}를 설립해 기구 상호 간 정보 교류, 표준화 연계, 표준 활성화 등을 수행하고 있다. 이러한 스마트시티 국제표준화기구에는 유럽연합, 중국, 일본이 활발하게 참여하고 있다. 한국은 2008년부터 R&D를 통해 스마트시티 핵심 기반인 통합 플랫폼 '유에코 R&D'를 개발했고, 통합 플랫폼의 표준화를 통해 2020년 112곳의 공모 사업 108개, 기타 네 개 지방정부에 확산 사업을 추진했다. 2018년 시작된 스마트시티 혁신성장동력 R&D 프로젝트와 2020년 시작된 스마트시티 국제표준화 기반 조성 사업을 통한 국제표준화 참여가 활발해질 것이다.[4]

한국 지방자치단체가 스마트시티 국제인증을 추진하는 표준은 주로 'ISO 37106'와 'ISO 37120'이다. 세종은 한국토지주택공사와 협력하여 2018년 12월 도시 단위의 스마트시티 인증을 통해 세계 최초로

스마트시티 국제 평가

기준 년도		2017	2018	2019	2020
평가		글로벌 도시 성과	세계의 우수 스마트시티 50	IMD 스마트시티 인덱스	
발표 기관		주니퍼 리서치	이든 전략 연구소, OXD(ONG&ONG)	스위스 국제경영개발연구원 산하 세계경쟁력센터	
상위 10개 도시	1	싱가포르	런던	싱가포르	싱가포르
	2	런던	싱가포르	취리히	헬싱키
	3	뉴욕	서울	오슬로	취리히
	4	샌프란시스코	뉴욕	제네바	오클랜드
	5	시카고	헬싱키	코펜하겐	오슬로
	6	서울	몬트리올	오클랜드	코펜하겐
	7	베를린	보스톤	헬싱키	제네바
	8	도쿄	멜버른	빌바오	타이페이
	9	바르셀로나	바르셀로나	뒤셀도르프	암스테르담
	10	멜버른	상하이	암스테르담	뉴욕
서울 순위		6위	3위	47위	47위
평가 관점		관리자 관점	관리자 관점	이용자 관점	
• 평가 영역		• 이동성 • 헬스케어 • 안전 • 생산성	• 비전 • 리더십 • 예산 • 재정적 인센티브 • 지원 프로그램 • 인재 준비 • 사람 중심성 • 혁신적인 생태계 • 스마트 정책 • 실적	• 건강과 안전 • 이동성 • 활동성 • 기회(일자리와 교육) • 거버넌스	
평가 대상 도시 수		20	140	102	109

출처: Juniper Research(2017), Eden Strategy Institute(2018), IMD World competitiveness center(2019, 2020), 서울디지털재단(2019), SH도시연구원(2020)

국토교통과학기술진흥원의 스마트시티 표준화 R&D

'레벨 3 성숙'을 획득했다. 당시 함께 인증에 참여했던 케임브리지, 두
바이, 멜버른, 모스크바 중 유일하다. 이어서 세종은 2020년 그 등급을
'레벨 4 선도'로 상향했다. 'ISO 37106'은 국제표준화기구의 지속 가능
한 스마트시티 운영 모델에 관한 기준으로, 도시 전체의 성숙도를 종합
적으로 평가한다. 인증 심사는 전략 관리, 기술과 디지털 자산 관리, 시
민 중심의 서비스 관리, 시민 이익 등 네 개 분야 22개 부문을 평가하
여 5단계로 인증을 부여한다. 2020년 세종은 도시 비전, 데이터 투자,
리더십, 디지털 소통 및 채널 관리 등 여섯 개 부문에서 '레벨 5 탁월'
로 평가받은 반면, 시민·민간 참여, 거버넌스 등에 대해서는 좀 더 보

완해야 할 부문으로 평가받았다. 향후 세종이 '레벨 5 탁월'을 획득하기 위해서는 시민 편익 중심으로 서비스 지표를 설정하고 성과를 평가해야 하며, 한국토지주택공사나 특수목적법인 등 다양한 공공·민간기업 주체들과 협력할 수 있는 거버넌스 체계를 구축하는 것이 무엇보다 중요하다. 세종 이후 화성, 고양, 대구, 양주, 과천 등이 'ISO 37106' 인증을 받았다.

스마트 서울

전자정부와 토피스

서울시를 대표하는 스마트시티 사업은 '전자정부', 교통정보 시스템 '토피스' 그리고 스마트서울 플랫폼 '6S'로 설명할 수 있다.

한국은 1999년부터 IT 행정 체계 구현을 시도했으며, 서울시는 2002년 세계 최초로 전자정부^{e-Government} 서비스를 시작했다. 인터넷으로 민원을 신청하거나 민원 정보를 공람할 수 있는 전자정부는 이제 일상화되었다. 한국은 전자정부 분야에서 세계 최고 수준을 유지하고 있으며, 2010년 서울시를 중심으로 50곳의 창립 멤버가 세계 도시 전자정부 협의체 '위고'를 발족했다. 위고^{WeGO}는 세계전자정부기구^{World e-Governments Organization}의 약어이며, 2018년에는 '모두를 위한 지속 가능한 스마트시티^{Smart Sustainable Cities for All}'를 비전으로 하는 '스마트 지속 가능 도시 협의체'로 전환했다. 2020년 기준 세계 200곳 이상의 회원을 보유하고 있으며,[5] 스마트 지속 가능한 도시로 전환하기 위해 노력하는 국가 및 지역 기관의 국제 플랫폼 역할을 하고 있다. 2021년 한국에서는 안양, 김포, 고양, 제주, 세종, 성남, 서울이 가입했다.

2005년 정식 출범한 서울시 토피스[TOPIS]는 종합 교통 서비스[Transport Operation & Information Service]이자 교통관제센터의 이름이다. 1990년대 말 도심 내 터널의 교통정보를 제공하는 것에서 시작해 버스 관리 시스템[BMS] 및 교통카드, 버스 중앙차선제, 공공자전거 등으로 토피스 서비스를 발전시켰다. 최근에는 교통 혼잡을 예측해 시민에게 그 정보를 제공하는데, 버스 관리 시스템 및 교통카드 시스템 정보와 서울교통방송, 서울경찰청 및 한국도로공사 등에서 교통정보를 수집하여 이를 수행한다. 서울시 토피스 서비스는 세계적인 수준으로 많은 도시의 벤치마킹 대상이 되고 있다.

스마트시티 및 정보화 계획

통상적으로 지방자치단체에서는 「스마트도시법」 및 지방 조례를 기반으로 스마트시티 기본 계획을 수립할 수 있다. 스마트시티 기본 계획은 국토교통부의 승인을 받는 데 반해, 서울시는 지방자치단체의 자체 계획으로 중앙정부의 승인을 받지 않는다. 서울시는 「스마트도시 및 정보화 조례」에 의거 5년마다 정보화 기본 계획을 수립하고, 그 기본 계획에 근거해 매년 사업 시행을 위한 시행 계획을 수립한다. 이는 시정에 디지털을 적용하는 「서울 디지털 기본계획 2020」을 확장하여 체계적으로 스마트시티를 추진하기 위한 중·장기 로드맵이다.

　　서울시는 전자정부 세계 1위 도시를 넘어 시민, 기업과 함께 '글로벌 혁신 스마트시티'로의 도약을 추진하고 있다. 서울시의 비전은 '시민의 삶을 바꾸는 스마트시티 서울'이다. 2019~2023년 국가의 「제3차 스마트도시 종합계획」 및 2018년 스마트시티 추진 전략과 같은 맥락으로 기존 중앙관제 중심의 유시티 방향에서 벗어나 스마트시티를 통해 생활의 질을 바꾸고자 하는 철학이 포함되어 있다. 그러나 아직은 일상을 바꾸는 주체로서의 시민의 역할이 다소 모호하고 미흡하다는 평가를 받고 있다.

서울시 스마트시티 및 정보화 계획

계획 기간	계획명	비전
1999~2002년	「서울정보화 기본계획」	손끝으로 이어지는 열린 정보 도시
2003~2006년	「서울정보화 마스터플랜」	시민이 만족하는 최고의 정보 도시
2006~2010년	「U-서울 마스터플랜」	유비쿼터스 기반의 국제 비즈니스 도시
2011~2015년	「서울정보화 마스터플랜」	시민과 함께하는 행복한 스마트 서울 2015
2016~2020년	「서울 디지털 기본계획 2020」	새로운 연결, 다른 경험 글로벌 디지털 서울 2020
2021~2025년	「서울 스마트도시 및 정보화 기본계획」	시민의 삶을 바꾸는 스마트시티 서울

서울시 스마트시티 및 정보화 시행 계획

목표		시민의 삶을 바꾸는 스마트시티 서울
핵심 가치		사람 중심, 서비스 중심, 협치, 지속 가능, 혁신 성장
정책 과제	스마트 교통	• 미래 교통 혁신 • 스마트 주차 • 스마트 대중교통
	스마트 안전	• 안전 사각지대 해소 • 스마트 화재 예방 • 스마트 인프라 관리
	스마트 환경	• 스마트 도시 관리 • 대기질·수질 개선 • 지역 특화 스마트시티 조성
	스마트 복지	• 사회적 약자 지원 • 스마트 헬스케어 • 와이파이 소외 없는 서울
	스마트 경제	• 스마트시티 기업 지원 • 스마트 산업 육성 • 스마트시티 산업 생태계 조성
	스마트 행정	• 데이터 기반 스마트시티 • 지능형 정부 혁신 • 스마트서울 거버넌스

스마트서울 플랫폼 6S

서울시는 2019년 스마트시티 정책 총괄로 스마트도시정책관을 신설했다. 2020년 말, 서울시 본청 538명은 다섯 개 담당관 24개 팀과 한 개 사업소(데이터센터)로 구성되었으며, 25개 자치구에도 650명의 스마트시티 관련 인력이 있다. 본청 스마트도시정책관의 부서별 주요 업무를 살펴보면 현재의 서울시 정책을 이해할 수 있다.

　　본청 기준으로 2020년 서울 스마트시티 예산은 서울시 예산 39조 원의 1.17퍼센트 수준인 4639억 원으로 2010년 0.8퍼센트 수준에서 꾸준히 증가했다. 2019년 말, 서울시 초고속통신망은 행정업무용 e-서울넷e-Seoul Net 225킬로미터(6Gbps)와 대민 서비스 통신망 u-서울넷 u-Seoul Net 196킬로미터(5Gbps)가 구축되었으며, 공공 와이파이가 21,426대, CCTV가 11만 대가량 설치되어 있다. 2019년 스마트서울 네트워크S-Net 정보화 전략 계획에 따르면, 시 및 자치구 소속 기관 29개 개별망을 통합 및 연계하여 단일망(2,883km) 운영 체계를 마련하고, 2022년까지 1056억 원을 투입하여 공공 정보통신망을 4,237킬로미터, 공공 와이파이를 28,500대, IoT 기지국을 1,100대로 확장할 계획이다. 서울시 '디지털 시민시장실'은 정보통신 기술 인프라와 행정의 빅데이터를 결합해 다양한 시정정보를 실시간으로 제공하는 대시보드로 '국제전자제품박람회Consumer Electronics Show, CES 2020'에서 선보여 해외 도시의 많은 관심을 받았다.

　　2020년 9월 '제2차 서울 스마트시티 서밋'의 주제는 '포용적 스마트시티'였다. 이를 통해 고령화 및 사회계층 간 정보 격차 심화 등 공통된 사회문제를 다뤄 스마트시티에 대한 공감과 관심을 이끌어냈다. 행사에서 서울시는 포용적 스마트서울을 위한 인프라로 스마트서울 플랫폼 '6S'를 강조했다. 6S는 첨단 정보통신 인프라와 기술을 기반으로 다양한 도시문제를 해결하고 사람과 도시를 연결하는 미래 스마트서울의 기반

2020년 서울시 스마트도시정책관 주요 업무

부서(기관)별	주요 업무
스마트도시 담당관	• 스마트시티 및 정보화 사업 계획 수립 및 조정 • 스마트시티 민간·기업 협력 추진 • 스마트시티 홍보·마케팅 및 해외 교류 협력, '위고' 운영 지원 • 사물인터넷 계획 수립, 조정 및 서비스 추진 • 블록체인 계획 수립 및 응용서비스 추진 • 에스플렉스센터, 서울디지털재단 운영 지원 및 지도·감독
빅데이터 담당관	• 빅데이터 수집·저장·활용 총괄 조정 • 빅데이터 거버넌스 및 통합 저장소 구축 • 빅데이터 분석 및 민·관 공동 빅데이터 플랫폼 구축 • 열린데이터 광장 운영 및 빅데이터 개방, 빅데이터캠퍼스 운영 • 통계 조사계획 총괄 조정, 통계 간행물·통계 조사보고서 발간
정보 시스템 담당관	• 인공지능 전략 계획 수립·조정 및 과제 발굴 • 정보화사업 예산 심사·기술 검토 • 시도·시군구 행정 시스템 운영 및 관리 • 행정포털, 공통 행정, 메일, 문자 전송 정보 시스템 운영 및 고도화 • 공공서비스 예약 시스템 운영 및 고도화 • 개인정보 보호 관리체계 구축 및 보호 활동 강화
공간정보 담당관	• 공간정보 시스템 구축 계획 수립 및 조정 • 3D 기반 버추얼 서울 구축·운영 • 항공사진 촬영·관리·활용 • 지하시설물 및 지반 통합 관리 체계 구축·운영 • 공간정보 플랫폼 및 스마트 불편신고 구축·운영 • 통합 공간정보 시스템(SDW) 운영 관리
정보통신 보안 담당관	• 서울시 정보통신 기본 계획 수립 및 조정 • 스마트서울 네트워크(S-Net) 구축 및 공공 와이파이 확대 • 스마트도시 CCTV 안전망·안전센터 구축·운영 • 정보 보안 계획·정책 수립 • 서울사이버안전센터 및 서울시 침해사고대응팀 운영 • 초고속정보통신망 및 행정정보통신망 운영 및 관리
데이터센터	• 정보자원 통합 구축 및 운영 계획 수립·조정 • 정보 시스템(서버, 스토리지 등 IT 하드웨어 자원) 운영 관리 • 데이터센터 정보통신, 정보보호 시스템 운영 • 정보 취약 계층 정보화 교육 및 장애인 정보통신 보조기기 보급 • 클라우드센터(서버, 스토리지 등 IT 하드웨어 자원) 운영 관리

스마트서울 플랫폼 6S

도시 현상과 시민 행동을
데이터화, **시민에게 가치**로 전달

S-DoT

서울시 전역 SD 기반
가상의 서울 구현　　S-Map　　S-Net　　미래 스마트시티 기반
인프라, 함께 누리는
격차 없는 서울 조성

6S

AI 기반 지능형 정부
구현을 통해　　S-Brain　　S-Data　　데이터 활용 체계 마련,
맞춤형 서비스 제공　　　　　　　　　　　**데이터를 가장 잘**
활용하는 도시

S-Security

언택트 사회, **첨단기술 기반 사람과**
도시가 안전한 서울 구현

출처: 서울시·서울디지털재단, 2020

이다.

　　6S 중 S-Net은 서울시가 구축한 유무선 광통신망으로 공공 와
이파이 등 다양한 통신 인프라를 말한다. 한국의 2019년 가계 통신비
는 총 36조 원이고 가구당 통신비는 월 평균 15만 원 규모로 소비지출
액의 5.1퍼센트에 이른다. 또한 이동통신 가입자 중 제한 요금제를 사용
하는 소비자는 70퍼센트로, 무제한 요금제 간 데이터 격차가 23기가바
이트에 이른다. 코로나19 팬데믹으로 인해 디지털 생활이 가속화되고
있는 상황에서, S-Net은 가계 통신비 부담을 완화하고 통신 격차를 줄
여 시민의 통신기본권을 보장하기 위한 조치다. 서울시는 1027억 원을

투입하여 전역에 '까치온'이라는 공공 와이파이 서비스를 추가 설치하고 자가 광통신망을 확대할 계획으로, 성동구, 구로구 등 다섯 개 자치구에 우선 추진한다. 서울시민의 연간 통신비 총액은 7조 3천억 원으로 수도 요금의 아홉 배에 이르며, 서울시는 공공 와이파이 설치에 대한 기대 편익이 연간 3조 4천억 원에 이를 것으로 예측하고 있다.[6] 그러나 서울시 공공 와이파이 확대는 국가나 지방자치단체의 기간 통신 사업을 금지한 「전기통신사업법」(제7조, 제65조)과 상충될 수 있다. 서울시는 이에 대해 서울시민 절대다수의 요구이며, 공공서비스를 제공하는 것이 규제 대상 이 되지 않아야 한다고 주장하고 있다. 그러나 이미 광역적으로 기반시 설을 설치한 민간기업의 입장에서는 공공의 통신망이 기업의 사업성을 약화시킬 것을 우려하고 있다. 공공 와이파이를 확충하되 민간기업의 통신망을 적정 비용으로 활용하는 등 기업의 사업성과 시민의 공공편 익 사이에서 타협이 필요한 상황이다.

스마트 런던

데이터 중심의 스마트시티와 미래 도시

'데이터 기반의 도시 운영'이라는 스마트시티의 정의에 가장 부합하는 나라는 영국이다. 영국 정부의 정책 방향에 따라 각 지방정부 및 기간 통신 사업자인 BT[British Telecom], 대학, 기업 등이 긴밀히 협력하고 있다. 중앙정부는 정보통신 기술과 도시 운영을 접목한 스마트시티 구축에 직접 나서기보다 데이터 개방을 통해 민간기업과 시민이 주도하도록 지원하고 있다. 2017년 스마트시티 기술과 데이터의 활용을 평가하는 화웨이의 '영국 스마트시티 지수 평가[UK Smart Cities Index]'에서 브리스틀, 런던, 맨체스터, 버밍엄, 리즈 등이 상위 다섯 개 도시로 선정되었다. 이들은 공통적으로 데이터 수집 인프라와 데이터 공유 플랫폼을 구축하고 데이터의 개방적인 활용을 지원한다.

스마트시티를 추진하고자 하는 영국 정부의 선제적인 시도로 '미래 도시 프로젝트^{Future Cities Project}'와 '캐터펄트^{Catapult}'가 있다. 영국 정부는 2013년 기술전략위원회를 통해 미래 도시 프로젝트를 추진했으며, 시범도시를 공모했다. 시범 사업 공모에는 50여 개의 지방정부가 참여하여 1차로 30개가 선정되었으며, 이들에게 타당성 및 제안서 수립 비용 5만 파운드(약 8천만 원)를 제공했다. 그중 29개의 제안서가 접수되었으며, 최종적으로 글래스고가 2400만 파운드(약 390억 원)를 지원받는 시범도시로 선정되었다. 런던, 브리스틀, 피터버러도 우수 지역으로 선정되어 각 300만 파운드(약 48억 원)를 지원받았다. 글래스고 스마트시티 개발의 핵심 기업으로 IBM이 선정되어 에너지 기술, 자원절약형 주거단지, 난방 절약 등 지속 가능한 커뮤니티를 구축했다. IBM은 '시티 포워드^{City Forward}'라는 자체 운영 웹사이트를 활용하여 도시의 안전, 환경, 인구, 경제 정보를 수집 및 분석하는 데이터 기반 스마트시티를 추진했다.

미래 도시 공모는 다른 나라의 공모 사업과 큰 차이가 없지만, 공모 과정에 참여한 도시의 타당성 조사 보고서와 제안서를 종합 분석한 보고서 「솔루션 포 시티^{Solutions for Cities}」는 스마트시티 추진에 큰 도움이 되고 있다. 「솔루션 포 시티」에는 도전 목표 및 추진 전략, 애플리케이션 분류 및 연계 분석, 예상 효과, 위험 요소 등이 제시되어 있다. 이를 통해 미래 도시 시범 사업 공모로 발견된 도시문제와 관심 사항을 공유함으로써 스마트시티 구축을 위한 기본 정보를 제공해 스마트시티를 추진하는 밑거름으로 사용하고 있다.[7] 해당 보고서에서는 스마트시티 성공을 위한 주요 요소로 지방정부의 비전과 리더십에 따른 혁신, 지속적인

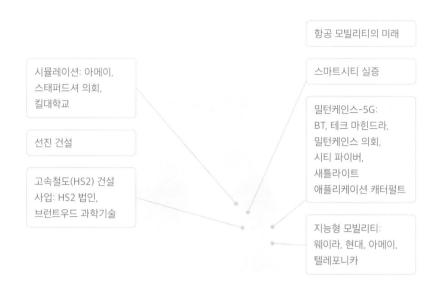

항공 모빌리티의 미래

시뮬레이션: 아메이,
스태퍼드셔 의회,
킬대학교

스마트시티 실증

밀턴케인스-5G:
BT, 테크 마힌드라,
밀턴케인스 의회,
시티 파이버,
새틀라이트
애플리케이션 캐터펄트

선진 건설

고속철도(HS2) 건설
사업: HS2 법인,
브런트우드 과학기술

지능형 모빌리티:
웨이라, 현대, 아메이,
텔레포니카

출처: 커넥티드 플레이스 캐터펄트(https://cp.catapult.org.uk)

'커넥티드 플레이스 캐터펄트'의 액셀러레이터 프로그램

역량 개발, 글로벌 개발 및 기회 확보 등 세 가지를 제시하고 있다. '퓨처 시티 캐터펄트Future Cities Catapult'도 해당 보고서에서 제안한 개념이다.

영국의 캐터펄트는 산産·학學·관官을 연결하는 비영리 기술·혁신 기구다.[8] 캐터펄트는 항공모함과 같은 짧은 활주로에서 함재기의 이착륙을 가능하게 하는 혁신적인 장치를 의미한다. 캐터펄트 센터는 새로운 아이디어를 시장성 있게 전환할 수 있도록 다양한 지원 서비스를 제공한다. 기업의 초기 단계 혁신에 대한 리스크를 감당하며, 시장·클러스터·네트워크 등을 구축하기 위한 촉매 역할을 한다. 2020년 기준으로 아홉 개 분야의 캐터펄트 센터가 전국 40곳에 설치되어 있다. 캐터펄트 중 스마트시티와 관련이 깊은 것은 '커넥티드 플레이스 캐터펄트Connected Places Catapult'로, 2019년 '퓨처 시티 캐터펄트Future Cities Catapult'와 '트랜스포트 시스템 캐터펄트Transport Systems Catapult'를 편입시켰다. 같은 해 4월 '커넥티드 플레이스 캐터펄트'의장인 니컬라 예이츠Nicola Yates는 이러한 편입을 계기로 기존 캐터펄트의 강점과 지혜를 결합해 새로운 기회를 만들며, 디지털 도시 환경과 교통의 미래에 대한 혁신적인 프로젝트를 만들겠다는 포부를 밝혔다. 2021년 7월 '커넥티드 플레이스 캐터펄트'의 주요 프로젝트와 프로그램 키워드는 '포스트팬데믹Post-pandemic', '넷제로Net Zero', '에어모빌리티Air Mobility', '클린에어Clean Air', '스마트홈Smart Home' 등이다.

스마트, 스마트 런던 투게더

런던은 2013년 스마트런던이사회Smart London Board를 구성하고, 「스마트 런던 플랜Smart London Plan」을 발표했다. 이후 2016년 사디크 칸Sadiz Khan 시장은 스마트시티의 새로운 전략으로 '스마트 런던 2.0Smart London 2.0'이라는 비전을 발표했다. 이러한 내용은 2018년 스마트한 런던을 함께 일궈나가자는 의미의 「스마터 런던 투게더Smarter London Together」라는 보고서로 발표되었다. 「스마터 런던 투게더」는 상호 연결되고, 협력하고, 시민의 요구에 잘 대응하는 도시를 추구한다. 런던은 시민의 다양한 요구에 도시 데이터의 스마트한 활용으로 대응할 계획이며, 이를 위해 다음과 같은 다섯 가지 주요 과제를 제시했다. ① 사용자 중심 서비스 디자인, ②

도시 데이터의 새로운 활용, ③ 세계적 수준의 연결성과 스마트 도로, ④ 디지털 리더십과 기술 향상, ⑤ 도시 전반 협력 강화 등이다. '스마트 런던 2.0'은 2013년의 '스마트 런던'을 계승하면서도 사용자 중심의 생활 서비스를 확대하고, 다양한 주체 간 협력 거버넌스를 강화하는 내용으로 구체화했다.

'스마트 런던'과 '스마트 런던 2.0' 주요 과제

2013년 '스마트 런던' 주요 과제	
① 런던 핵심 서비스	• 의료, 교육을 포함한 도시 서비스 개선을 위한 디지털 기술 적극 활용 • 디지털 기술 보급과 활용을 통한 시민의 시정 참여 유도
② 개방 데이터 접근성	• 런던 데이터스토어(London Datastore)를 통한 공공 데이터 개방 확대 • 공공 데이터의 투명성과 신뢰도 확보 • 다른 기관과의 협력 관계 강화와 데이터 표준화 작업 진행
③ 연구·기술 및 창의적 인재 활용	• 런던을 유럽의 디지털 기술 중심 도시로 육성 • 대학, 연구기관, 기업 지원 강화
④ 네트워크 협력	• 기존 스마트시티 활동과 새로운 프로그램 융합 추진 • 런던의 중소기업과 지역 커뮤니티 지원
⑤ 런던의 적응과 성장	• 도시 기반시설 운영 첨단화 추진 • 도로 환경 개선과 시민 안전을 위한 기술 개발
⑥ 런던 시민 요구에 부응하는 시청	• 런던시 산하 기관 데이터 공유 확대 • 런던시 운영에 데이터 활용 극대화 • 공공 분야 사업에 중소기업 진출 확대
⑦ 모두를 위한 '더 스마트한' 런던 경험 제공	• 디지털 화폐 도입과 활용 • 공공장소 초고속 와이파이 운영 등 생활환경에 디지털 기술 도입 강화

2018년 '스마트 런던 2.0' 주요 과제	
① 사용자 중심 서비스 디자인	• 사용자를 최우선으로 생각하는 디자인 기준 도입 • 공공서비스 접근성 개선을 위한 새로운 디지털 기술 개발 • 시민 혁신 챌린지 프로그램 실행으로 기술 분야 혁신 유도 • 시민 참여와 커뮤니티 활성화를 돕는 새로운 소통 플랫폼 구축 • 기술 분야 다양성 증진으로 불평등 해소
② 도시 데이터의 새로운 활용	• 데이터분석기구(London Office for Data Analytics) 프로그램 시행으로 데이터의 공유, 협력 강화 • 산업·금융·공공서비스와 시민을 해킹 등 사이버 위협에서 보호하기 위한 사이버 안전 전략 개발
③ 세계적 수준의 연결성과 스마트 도로	• 도시 연결성과 5G 기술을 접목하는 '커넥티드 런던(Connected London)' 계획 발표 • 초고속인터넷 등 스마트 인프라 구축을 도시 개발 계획에 포함해 도시 연결성 제고 • 도로와 공공건물에 공공 와이파이 확대 • 스마트 기술을 일반화하여 시민 혜택 극대화
④ 디지털 리더십과 기술 향상	• 공공서비스 혁신을 위해 디지털·데이터 리더십 강화 • 시정부 직업 훈련 프로그램을 통해 업무에 필요한 디지털 능력 향상 • 컴퓨터와 디지털 분야에 재능 있는 학생 교육 지원 • 디지털 세계의 문화적 규범과 역할 인지
⑤ 도시 전반 협력 강화	• 런던기술혁신기구(London Office of Technology & Innovation) 설치, 미래 혁신 기준 마련과 역량 강화 지원 • 의료기술 분야 혁신 지원으로 사회적 의료 서비스 역량 강화 • 기술과 사업 간의 새로운 파트너십 모델 탐색 • 스마트 기술을 활용한 런던시 행정 효율성 제고 • 다른 국내외 대도시와 스마트 기술 적용 노하우 공유 및 협력

런던은 스마트시티 세부 추진 상황을 프로젝트 관리 플랫폼인 '트렐로Trello'의 성과 카드[9]와 블로그를 통해 공개하고, 새로운 프로젝트, 협업 기회 및 결과에 대한 진행 상황을 업데이트하고 있다. '트렐로'의

프로젝트 관리 플랫폼 '트렐로'의 성과 카드

성과 카드를 보면 2018년 계획에서 추가된 새로운 세부 과제도 보이는데, 주로 ②번과 ⑤번 과제이다. 스마트시티의 추진 상황은 정보 시스템을 통해 체계적으로 관리하고 공유하는 게 효과적이다. 한국의 '대구 스마트시티 혁신성장동력 R&D 프로젝트'에서도 검증포털 '시그널SIGNAL'을 구축하여 2022년부터 운영 예정이다.

영국은 스마트시티 투자 제안서를 작성해 중앙정부의 스마트시티 정책과 기업 유치 전략을 소개했고, 런던에 혁신 허브인 '히어 이스트Here East'와 '플렉살Plexal'을 설치했다. 이는 800개 혁신 스타트업의 입주 공간으로 런던의 신산업 발전을 주도한다. 런던 시장은 영국 기업뿐 아니라 유럽의 모든 기업에 개방해 경쟁력 있는 스타트업을 유치하고자 노

혁신 스타트업 입주 공간인 히어 이스트

력하고 있다. 스마트시티 산업 생태계 활성화를 위해 스타트업을 유치하는 정책 방향은 런던뿐만 아니라 유럽 대도시의 공통점이다. 대표적인 사례로는 프랑스 파리의 '스테이션F Station-F', 노르웨이 오슬로의 '메시 MESH', 독일 베를린의 '팩토리 베를린 미테 Factory Berlin Mitte' 등이 있으며, 스타트업 창업가가 선호하는 도시로는 덴마크 코펜하겐과 네덜란드 암스테르담을 꼽는다.

런던은 디지털 환경에 소외되는 시민이 없도록 디지털 포용 정책의 일환으로, 'Mi 와이파이' 시범 사업을 추진하여 시민과 기업 그리고 커뮤니티의 디지털 기술 활용 능력을 향상시키고 있다. 시범 사업은 2017년 4월에서 2018년 3월까지 런던 내 디지털 소외현상이 가장 크게 발생하는 루이샴 자치구에서 5만 파운드(약 8023만 원)를 지원받아 진행되었다. 공공도서관과 커뮤니티센터 등에서 와이파이 접속이 가능한 스마트폰, 태블릿 PC, 모바일 디바이스를 고령자, 장애인 등 200여 명의 시민에게 6개월 이상 무료로 빌려주고, 기본적인 디지털 기술 교육 서비스를 제공했다. 'Mi 와이파이' 시범 사업은 고령자와 취약계층에게 인터넷 이용에 대한 자신감을 심어주었으며, 디지털 활용 능력을 기본 이상[10]으로 향상시켰다. 그 결과 참여자 중 44퍼센트는 자기 소유의 기기를 구매할 의사가 있음을 밝혔고, 77퍼센트는 교육이 매우 효과적이었다고 응답했다.[11]

런던은 중앙정부의 지원과 지방정부, 아홉 개의 관련 기관이 스마트시티 조성 주체로 참여한다.[12] 한국도 이처럼 중앙정부 및 지방정부, 그리고 전문 기관에서 스마트시티 주체의 역할을 정리할 필요가 있다.

| 중앙정부

- 기업혁신기술부Department for Business, Innovation and Skills: 과학부 장관, 시장, 대학 학장이 중심이 되어 영국의 학계, 산업부처, 정부 간의 협력을 토대로 다양한 활동을 진행한다. 스마트시티 현황 보고서를 발행하고, 스마트시티 포럼 개최 등 다양한 지원 활동을 수행한다.

- 영국연구진흥기관Research Council UK: 지능형 교통 시스템, 의료 시스템 첨단화 등 스마트시티 구축을 위해 도입 가능한 다양한 분야의 연구를 수행한다. 정부에서 스마트시티 관련 연구비 9500만 파운드(약 1524억 8천만 원) 이상을 지원받아 스마트미터Smart Meter 도입 등에 대한 투자 및 연구를 수행한다.

- 영국혁신청Innovated UK: 2013년 미래 도시 프로젝트를 추진했으며, 런던, 브리스틀, 글래스고를 비롯한 영국의 30여 개 도시에서 스마트시티와 관련된 아이디어 구현을 위한 지원 활동 및 공모 사업을 추진한다.
- 커넥티드 플레이스 캐터펄트: 2019년 '퓨처 시티 캐터펄트'와 '트렌스포트 시스템 캐터펄트'를 병합했다. 영국 정부의 주도로 만든 기관으로 도시 전문가, 데이터 기술자, 디자이너, 개발자 등으로 구성됐다. 도시 혁신과 기업 성장을 지원하며, 기존의 도시들을 더 나은 도시로 만드는 것을 목표로 다양한 사업을 수행한다.

| 지방정부

- 스마트런던위원회Smart London Board: 2013년 설립해 「스마트 런던 플랜」과 '스마트 런던 2.0'을 수행 중이다.
- 스마트 런던 혁신 챌린지Smart London Innovation Challenge: 기업, 연구기관, 시민 간의 협력을 향상시키며, 런던의 도시문제를 해결할 수 있는 다양한 솔루션을 수행한다.
- 스마트 런던 혁신 네트워크Smart London Innovation Network: 런던 내 첨단기술을 갖춘 중소기업과 지역 커뮤니티 협력 등 지원 활동을 수행한다. 다른 유럽 도시와의 스마트시티 관련 활동 사례를 공유하고 새로운 혁신 사례의 홍보 활동을 수행한다.
- 토크 런던Talk London: 런던 시민이 주요 정책에 대한 다양한 의견을 런던시 등 정부에 전달할 수 있는 온라인 커뮤니티를 개설하고 관리한다.
- 런던 데이터스토어: 2010년 런던이 구축한 오픈 데이터 공공서비스로

시민, 기업 등 민간에 각종 데이터를 무료 개방하는 시스템이다. 교통 정보, 대기질, 공공자전거 대여소 위치 서비스, 와이파이 등 실시간 데이터 서비스를 제공한다.

스마트 암스테르담

암스테르담 시티 데이터 포털

네덜란드 암스테르담은 유럽 최대 상업도시이자 금융 중심지로
그 역사가 700여 년이 넘는다. 또한 데이터 개방과 창업 지원 등 다양
한 스마트시티 정책을 추진하면서 유럽의 가장 미래적인 도시로 부상하
고 있다. 더불어 도심 지역의 적주성을 높이고 지속 가능한 경제성장과
신시장 개척을 목표로 2009년부터 스마트시티를 본격적으로 추진하고
있다. 그 첫 번째 전략은 암스테르담에서 축적한 도시 빅데이터를 개방
해 제공하는 것이고, 두 번째 전략은 창업가가 서로 협업하면서 도시에
서 아이디어나 프로젝트를 실증할 수 있도록 개방형 플랫폼을 제공하
는 것이다.

암스테르담은 공공 주도로 '시티 데이터(City Data)[13]라는 데이터 포

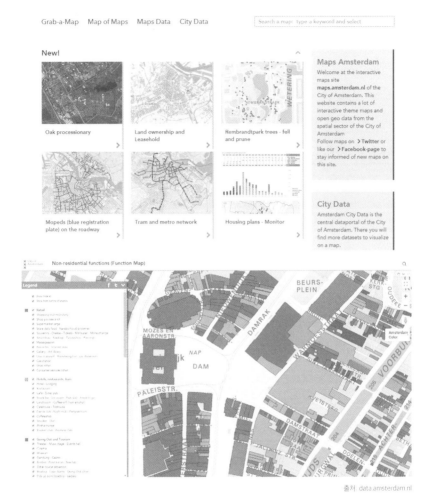

출처: data.amsterdam.nl

암스테르담 '시티 데이터' 홈페이지

털을 구축해 건물, 교통, 에너지, 관광·문화, 환경 등 다양한 분야의 빅
데이터를 제공한다. 또한 개인이나 민간기업에서 직접 구축하거나 가공
한 데이터도 공유할 수 있어 데이터의 종류가 다양하고 품질도 높다.
'시티 데이터'는 이용자가 데이터를 검색하고 내려받을 수 있도록 하는 검색포털 형식이다. 제공 데이터는 도시 환경에 대한 원 데이터이며, 지도 서비스를 통해 시각화한 이미지 정보도 제공한다. 시티 데이터를 통한 도시 정보 확산은 암스테르담 지역에 필요한 도시 서비스 창업을 유도하여 사회적·경제적 가치를 높이는 효과를 동반한다. 나아가 시민들이 단순히 정부의 사업이나 정책을 인지하는 것에 그치지 않고 직접 정책을 제안하거나 결정할 수 있도록 함으로써 능동적인 시민 참여의 기반이 되고 있다.

암스테르담 스마트시티

2009년 6월 암스테르담은 창업가 간의 연계를 지원하기 위해 '암스테르담 스마트시티 이니셔티브^{Amsterdam Smart City Initiative}'를 조직하고, 네트워킹 서비스 플랫폼인 '암스테르담 스마트시티^{Amsterdam Smart City}'(이하 ASC)를 구축 및 운영하고 있다.

ASC는 스마트시티 관련 분야의 창업가가 구상하고 개발한 아이디어와 프로젝트를 암스테르담 지역에 적용할 수 있도록 지원한다. 이 플랫폼은 창업가와 지역을 연계하는 매개체이면서 공공과 시민, 기업과 투자자 등이 자유롭게 소통할 수 있는 소셜미디어 기능도 갖추고 있어 창업 커뮤니티의 구심점이 되고 있다.

ASC는 전력, 에너지, 통신, 문화·예술, 도시, 물류 등 다양한 분야에서 중앙정부, 지방정부, 교육기관, 기업과 협력하고 있다. 특히 스마

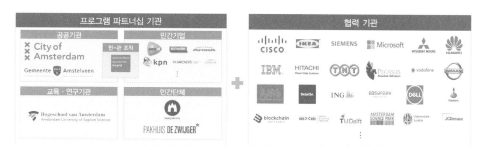

'암스테르담 스마트시티' 거버넌스 조직 구성 체계

트시티 기술 분야를 선도하는 마이크로소프트, 지멘스, 시스코, IBM 등 대기업을 비롯해 400여 개의 민간기업 및 단체가 협력 기관으로 참여하여 프로젝트를 적극적으로 지원하고 있다.

　　ASC는 운영기관이 이용자에게 정보를 일방적으로 제공하는 방식이 아니라 이용자끼리 의견을 주고받는 방식으로 운영된다. 서비스 이용자들을 창업가, 시민, 투자자 등으로 구분하지 않고 모두 동등한 참여 주체로 본다. 따라서 참여 주체는 개별적으로 정보를 교류하거나 기술을 개발하고, 실증을 통해 실용화할 수 있도록 프로젝트를 추진한다. ASC의 참여 비중은 정부가 14.2퍼센트인 반면, 기업이 40.1퍼센트, 창업가가 14.9퍼센트, 연구기관이 13.9퍼센트, 재단 및 기타 기관이 16.8퍼센트 수준으로 공공 부문에 비해 민간 부문의 참여율이 월등히 높다. 2020년 12월 창업에 관심이 있는 개인과 기관을 포함한 7,500여 명이 ASC에 참여해 활발히 교류하며 프로젝트를 추진 중이다. 초기에는 ASC가 직접 프로젝트를 만들고 이끌었지만, 이후에는 파트너들이 함께 끌어가도록 하고 있다. ASC는 사업의 자립경제Economic Viability와 지속 가능성에 무게중심을 두고 비즈니스 모델이나 성장 가능성이 있을 때 파일럿 프로젝트를 지원한다.14)

ASC는 스마트시티 프로젝트를 디지털시티, 에너지, 교통, 자원 순환, 거버넌스 및 교육, 시민 및 생활 등 여섯 분야로 구분한다. 이 프로젝트는 암스테르담의 실제 도시 환경에서 실증되고 사업화하는 과정을 거치는데, 소위 도시리빙랩Urban Living lab이다. 2021년 3월 암스테르담에서는 360여 개의 도시리빙랩 프로젝트가 운영됐는데, 시민 및 생활 87개(25%), 자원 순환 76개(21%), 에너지 76개(21%), 디지털시티 58개(16%), 교통 47개(13%), 거버넌스 및 교육 11개(3%) 순이다. 시민 및 생활 분야 프로젝트 개발이 큰 비중을 차지하는데, 이는 정책적인 스마트시티 추진이 이제는 일상화된 생활 공간에 투영되는 산업화를 의미한다. 또한 유럽 스마트시티의 출발점이라 할 수 있는 에너지, 자원 순환, 교통 분야 프로젝트가 활발한 이유로는 기후변화에 대응하는 암스테르담의 지구적 노력을 들 수 있다.

ASC에서 등록된 프로젝트를 지원하는 방법은 크게 두 가지다. 첫 번째는 도시정책 방향과 연계 가능한 프로젝트를 프로그램형으로 묶어 시너지를 유도하고 확산시키는 것이다. 최근 ASC에서 추진하는 프로그램은 '순환형 암스테르담Circular Amsterdam'과 다국적 연계 에너지 절감 프로그램인 '시티젠City-zen'이다.

2021년 3월 '암스테르담 스마트시티' 게시물 현황

(개)

	자원 순환	에너지	교통	시민 및 생활	디지털 시티	거버넌스 및 교육
소식	187	184	190	241	261	42
의뢰 사항	75	67	63	78	64	22
기회	0	4	3	8	2	1
경험	12	5	1	12	6	4
프로젝트 (리빙랩)	**76**	**76**	**47**	**87**	**58**	**11**
합계	350	336	304	426	391	80

두 번째는 교육 서비스와 연계해 프로젝트 완성도를 높이고 지적 확산을 도모하는 것이다. 이를 위해 ASC 참여기관 중 교육·연구기관인 암스테르담과학대학교에 스마트시티 아카데미를 설립하여 정보, 기법, 세미나 및 워크숍 등 지식 공유 플랫폼을 제공한다.

한편 ASC는 프로젝트에 직접적으로 자금을 지원하지 않기 때문에 등록된 대부분의 프로젝트는 자체적으로 기업이나 기관으로부터 자금을 지원받아 재정적 부담을 극복하고 있다. 프로젝트마다 다르지만 대부분 공공기관과 민간기업으로부터 자금을 지원받고 있으며, 대형 프로젝트의 경우 공공·민간 파트너십PPP을 통해 자금을 조달받기도 한다.

'지속 가능성 기금Sustainability Fund'은 2013년 암스테르담에서 개시한 지원 프로그램으로 암스테르담 시민에 의해 추진되는 지속 가능한 기술 개발 프로젝트를 지원하고 있으며, 약 5천만 유로(약 671억 2650만 원)의 예산이 책정되어 있다. '호라이즌 2020'은 유럽연합에서 가장 큰 규모의 R&D 지원 프로그램이다. 유럽연합의 '유럽지역개발기금^{ERDF}'은 국가 간 불균형을 해소함으로써 사회적·경제적 결속력을 제고하기 위한 지원 프로그램으로 유럽의 저탄소 경제 구축을 위해 자금을 지원하고 있다.

암스테르담 혁신 경기장

'암스테르담 혁신 경기장^{Amsterdam Innovation Arena}'15) 프로젝트는 경기 장 및 인근 지역 방문자에게 제공하는 서비스의 질적 개선을 도모하고 시설의 안전성과 관리의 효율성을 높이기 위해 정보통신 기술을 적용한 다. 암스테르담 혁신 경기장 프로젝트에는 마이크로소프트, 필립스 조 명, 화웨이, 닛산, 이튼 등 IT·통신·에너지 분야의 민간기업 다수와 암 스테르담 지방정부 및 유럽연합이 함께하고 있다.

암스테르담 혁신 경기장 지붕에 설치한 4,200개의 태양광 패널 을 통해 경기장에 에너지를 공급하고 있으며, 안정적인 전력 공급을 위 해 전기자동차 밧데리를 재활용하여 경기장에서 생산한 전력을 저장 한 후 필요시 공급할 수 있는 에너지저장장치^{ESS} 기술을 개발했다. 에너 지저장장치 기술을 통해 저장한 전력은 소비량이 급증하는 운동경기나 공연 등 행사시에 디젤을 대체하는 보조 전력원으로 활용한다.

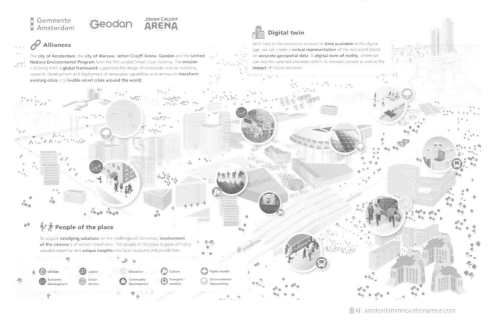

출처: amsterdaminnovationarena.com

'암스테르담 혁신 경기장' 조감도

가상발전소

'가상발전소Virtual Power Plant'16)는 시티젠 프로젝트 중 하나이다. 이는 암스테르담 지역 내 주택에 태양광 패널을 설치하고, 스마트 그리드 시스템을 연계해 가구에서 전력을 직접 생산 및 저장해 사용하거나 상호 교환할 수 있는, 전력 화폐 개념에 기반을 둔 실증 프로젝트다. 현재 프로젝트 실증 지역인 암스테르담 니우 웨스트에서 25개의 주택이 이

프로젝트에 참여하고 있다.

가상발전소는 주택에서 생산 및 소비된 전력을 집계하고 과잉 전력을 전송할 수 있는 온라인 플랫폼을 구축한다. 지역 내 전력 공급량이 일시적으로 급증하거나 전력 공급 최대치를 넘을 때의 보조 수단으로, 각 가구에서도 과잉 생산된 전력을 판매할 수 있도록 하고 있다.

실증에 참여한 주택은 태양광 패널과 저장 배터리 장치 및 스마트 미터기를 설치함으로써 소규모 가상발전소로서 전력을 생산 및 저장할 수 있다. 이를 활용해 전력요금이 낮을 때는 생산 전력을 배터리에 저장한 뒤 전력요금이 높아졌을 때 소비함으로써 가구의 에너지 비용 지출을 절감할 수 있다.

에이지 오브 에너지

'에이지 오브 에너지Age of Energy'17)는 가상현실 기술을 이용하여 현실 세계에서의 에너지 사용량을 게임 속 가상세계와 연결시켜, 게임 속 미션을 통해 실제 에너지 사용량을 줄일 수 있도록 유도하는 애플리케이션이다.

이용자는 애플리케이션을 자기 주택의 전력계량기와 연동시켜 에너지 데이터를 실시간으로 동기화한 다음, 애플리케이션 지도에 주거지를 표시한 후 게임에 참여할 수 있다. 이용자는 게임 안에서 주어진 자원을 활용해 커뮤니티를 조성한다. 이때 이용자는 사용하지 않는 전등

'에이지 오브 에너지' 애플리케이션

을 끄거나 냉장고를 정리해 에너지 성능을 제고하는 등 애플리케이션에서 에너지 사용량 절감을 위해 제시하는 미션을 실생활에서 수행함으로써 점수와 자원을 획득한다. 이 과정을 통해 이용자는 최대 30퍼센트까지 에너지 사용량을 줄일 수 있다.

　게임에 대한 부정적인 이미지와 달리 '에이지 오브 에너지'는 전력계량기라는 매개체로 온라인과 오프라인을 연동시켜 에너지 사용량 절감을 유도한다는 점에서 실효성이 높고 교육적인 애플리케이션이라는 긍정적인 평가를 받고 있다.

스마트 플로우

'스마트 플로우Smart Flow'18)는 IoT 클라우드 플랫폼 기술을 기반으로 운전자에게 주차장 정보를 실시간으로 제공하는 애플리케이션으로 민간기업인 아민 모유아덴^{Amine Mouadden}에서 개발하고 있다. 교통 체증과 대기오염 원인의 30퍼센트가 주차공간을 찾느라 배회하는 운전자들에게 있고, 번화가에서는 62퍼센트 이상의 운전자가 불법 주차를 하며, 운전자 한 사람당 약 39시간을 주차공간을 찾는 데 허비한다는 문제의식에서 출발했다.

운전자는 '스마트 플로우'를 통해 초행이거나 차량 통행이 많은 도심부에서 주차 여유 공간, 주차 가격, 공영주차장 유무, 이동 경로 등을 쉽게 검색할 수 있어 빠르고 저렴한 가격으로 주차공간을 이용할 수 있다. 도시 차원에서는 불필요한 차량 운행을 줄임으로써 대기오염 및 소음을 감소시키고 교통 체증을 완화시킴으로써 도심으로의 접근성을 향상시킬 수 있다. 암스테르담 지역을 대상으로 실증한 결과 이 애플리케이션을 사용함으로써 주차장을 찾는 데에 소요되는 시간을 약 43퍼센트 정도 절약할 수 있었다.

애플리케이션은 수집되는 주차장 이용 정보를 활용하여 주차 수요가 높은 지역에 주차공간을 추가로 마련하거나 효율적으로 관리하는 등 주차와 관련된 다양한 사업을 모색할 수 있으며, 나아가 교통 관리 기술과 연계하는 확장성을 기대할 수 있는 프로젝트로 긍정적인 평가를 받고 있다.

스마트시티 뒷이야기

"지속 가능한 스마트시티가 가능한가요?"

유엔이 제시한 '지속가능발전목표'(이하 SDGs)는 함께 추구해야 하는 지구적 가치이자 약속이다. 2016년 '유엔 해비타트 3차 총회'에서 스마트시티를 미래 도시의 기법으로 제시했다. 신개발을 배제하고 기존 도시 및 주거지 정비에만 치중했던 과거의 관점에서 벗어나, 도시화와 스마트시티를 새로운 기회로 삼아 도시문제를 해결하고자 한 획기적인 전환이었다. 유럽 도시들도 탄소중립과 SDGs를 위한 구체적인 방법으로 정보통신 기술을 통한 스마트시티를 적극 활용하고 있다. 이처럼 스마트시티는 지구 및 도시의 지속 가능성에 기여하는 수단이 되고 있다.

스마트시티는 자체적으로도 지속 가능성 확보라는 과제를 안고 있다. 사회적·경제적·환경적 측면에서 지속 가능한 스마트시티를 위한 구체적인 방안을 모색해야 한다. 디지털화, 지능화, 가상화로 이어지

스마트시티 발전 현황

	스마트시티 1.0	스마트시티 2.0	스마트시티 3.0
접근 방식	기술 주도 공급자 접근 방식	행정 주도의 기술 적용 방식	시민 공동 창조 방식
주요 활동	ICT + 도시 기반시설	인프라 기반 공공서비스	서비스 생태계
운영 시스템	개별 인프라 + 공공서비스	통합 인프라 + 공공서비스	시민 참여 플랫폼 + 생활 서비스
협력 주체	공공 주도 협력	공공·민간 협력	공공·민간·시민 협력
시민 참여	미참여	시민 참여 + 체감	시민 주도, 공동 창조
특성	하드웨어	소프트웨어	휴먼웨어

출처: Cohen(2015), NIA(2018), 조영태 외(2019)

는 스마트시티의 기술 발전은 계속될 것이다. 그러나 기존 도시에 스마트시티를 적용하고 발전시키기 위해서는 정부가 포용적이어야 하고, 시민이 주도해야 하며, 경제성이 기반이 되고 기술적으로 기후변화에 대응할 수 있어야 한다. 스마트시티도 도시 계획도 결국은 사람과 도시에 대한 이해와 배려가 바탕에 깔려 있기 때문이다.

"스마트 신도시 건설에 시민이 참여해야 할까요?"

영국의 오래된 신도시 밀턴킨스는 데이터 허브를 통해 도시의 데이터를 종합적으로 수집하고, 이에 기반해 각종 도시 서비스를 제공한다. 또한 스마트시티 서비스를 결정하기 위해 시민의 목소리를 충분히 듣고자 많은 시도를 한다. 데이터 수집 및 분석에는 첨단 정보통신 기술이 적용되지만, 서비스의 결정 및 적용은 시민의 몫이기 때문이다.

헬싱키 도심의 스마트 칼라사타마는 다양한 사용자의 의견을 반영하기 위해 혁신자 클럽을 운영하고 있다. 스마트 칼라사타마는 다양한 이해 당사자가 함께 만들어가는 공동 창조 실험실이자, 핀란드식 시민민주주의의 산물이다.

캐나다 토론토의 스마트 신도시 프로젝트인 사이드워크 토론토는 중도 포기했지만, 첨단과 현실, 시민과 기업의 조화로운 접점을 찾으려는 시도로 그 의미가 크다.

한국의 수도권 3기 신도시에서도 스마트시티 리빙랩을 도입하려 한다. 더디게 가더라도 함께 가면 더 멀리 갈 수 있다. 인공지능, 디지털 트윈, 가상현실과 메타버스 등의 첨단 기술이 도시 변화를 가속화할 것이며, 우리의 상상을 가늠해볼 수 있게 할 것이다.

그러나 도시는 기술만으로 변화하지 않는다. 도시 서비스의 사용자인 시민, 공무원, 기업이 선택하는 적정 기술과 솔루션만이 지속될 것이다. 결국 도시 서비스로서 스마트시티는 도시의 사용자가 선택하고 결정하기 때문에 시민이 참여하는 사용자 주도형 도시 계획이 필수다.

4

스마트시티 개발

4장 '스마트시티 개발'에서는 스마트시티로 전환 및 개발되는 세계의 다양한 신도시와 복합단지 그리고 커뮤니티 사례를 살펴본다.

최근 지속 가능한 개발과 성장을 위한 한국의 정책은 '디지털 뉴딜'과 '그린 뉴딜'로 대표된다. 이를 위한 혁신과 도시 전환이라는 요구에 부응해 '스마트시티'와 '그린시티'가 추진되고 있다. 2007년부터 2013년까지 진행된 '유에코시티 R&D'는 정부 출연금이 1천억 원에 달하는 대형 국가 연구 과제였다. 스마트시티와 그린시티를 결합한 유에코시티는 미흡하나마 요즘 이야기하는 스마트그린시티 초기 버전이었다.

4장에서는 도시문제 해결 방안이자 넥스트 스마트시티로서 스마트그린시티를 제안하며, 사례 또한 여기에 초점을 맞췄다. 다양한 사례를 통해 스마트시티가 우리 도시의 지속 가능한 미래이자 유토피아가 될 수 있을지 가늠해보자.

한국 신도시와 스마트시티

한국의 신도시와 스마트 신도시

사람이 모여서 사회·경제 활동을 영위하는 도시는 인류의 역사와 함께한다. 새롭게 계획되고 만들어지는 신도시는 인간의 이상을 구현하는 유토피아다. 서울(한양)과 수원(화성)은 조선시대의 새로운 이상향이 실현된 것이며, 미국의 뉴욕, 보스턴 등도 신도시였다. 최근 주목받고 있는 인도네시아 칼리만탄을 비롯하여 한국의 세종, 호주의 캔버라, 미국의 워싱턴 등도 '신행정수도'라 불리는 신도시다. 신도시는 '뉴타운', '뉴시티', '네오시티' 등 다양한 용어로 불리는데, 학술적으로는 '새로 계획된 도시Planned Community, Planned City'라고 칭한다. 한국은 3.3제곱킬로미터(약 100만 평) 이상의 규모로 계획된 신개발 지역을 신도시로 구분한다.[19] 근대적 의미의 신도시는 하워드가 주창한 전원도시에 그 뿌리를 두고

신행정수도 신도시

있다. 제2차 세계대전 이후부터 1970년대에 이르기까지 유럽에 많은 신도시가 계획되었다. 유럽 신도시의 크기는 작은 마을 규모에서부터 분당의 12배가 넘는 7500만 평(248km²) 규모의 네덜란드 알메르에 이르기까지 다양하다.

이 중 기법으로써 스마트시티가 적용되는 신도시를 '스마트 신도시'라고 한다. 정보통신 기술과 친환경 기법을 적용해 도시문제를 최소화하고 새로운 도시 가치를 창출하는 스마트 신도시는 새로운 유토피아로 주목받고 있다.

일반적으로 신도시 계획에서는 토지 이용, 교통, 주거, 환경, 산업, 정보통신 기술, 교육 등을 다룬다. 한국은 2000년대 초반 세계적 경쟁력을 지닌 정보통신 기술을 도시 계획에 반영한 유시티를 도입했다. 인천경제자유구역청IFEZ의 송도신도시와 한국토지주택공사의 흥덕지구 디지털도시는 한국 스마트시티 계획의 시초[20]라 할 수 있다. 특히 홍덕지구에서는 건설과 정보통신 기술 융합이라는 유시티 사업의 원형을 제시했다. 이를 바탕으로 구현된 최초의 유시티는 홍덕지구에 인접한 동탄신도시다. 영화 〈살인의 추억〉(2003)의 배경이 된 지역으로 당시 도시의 안전이 가장 큰 과제였다. 이러한 연유로 동탄신도시는 600여 대의 CCTV로 촘촘하게 감시하는 도시가 되었으며, CCTV를 통한 스마트 안전이 한국 스마트시티의 큰 특징이 되었다. 세계적으로 CCTV를 가장 잘 활용하는 나라는 중국이다. 중국은 CCTV를 통해 수많은 도시 데이터를 수집하고 이를 활용하는 안면 인식 기술, 인공지능 기술 분야가 급속도로 발전하고 있다. 범죄 예방 등 공익 목적의 기술 활용과 더불어 CCTV를 통한 감시사회로의 전환이 우려될 정도이다.

유럽 등 해외 스마트시티가 기존 도시를 대상으로 한 것과 달리 한국의 스마트시티는 신도시 특화 모델이자, 정보통신 기술 경쟁력을 갖춘 상품이라는 평가도 받고 있다. 동탄 화성 이후 운정 파주, 판교 성남 등 2000년대 중반의 수도권 2기 신도시부터는 신개발 사업에 스마트시티가 기본적으로 적용되고 있다.

제도적으로 2008년에 제정된 「유비쿼터스도시법」은 신도시 개발에서의 스마트시티 개념과 내용을 담았다. 해당 법률에서는 세부적으로 지능화된 시설, 통신망, 운영시설 등을 스마트시티 기반시설로 규정한다. 2019년 말 기준으로 전국에 120만여 대의 공공 CCTV가 설치되었으며, 229개소의 CCTV 통합관제센터가 있다.[21] CCTV 한 대당 평균 설치 비용이 2천만 원이라고 한다면, 약 24조 원의 스마트시티 인프라가

「스마트도시법」의 스마트도시 계획 내용

1. 지역적 특성 및 현황과 여건 분석에 관한 사항

2. 지역적 특성을 고려한 스마트도시 건설의 기본 방향과 계획의 목표 및 추진 전략에 관한 사항

3. 스마트도시 건설 사업의 단계별 추진에 관한 사항

4. 스마트도시 건설 사업 추진 체계에 관한 사항

5. 관계 행정기관 간 역할 분담 및 협력에 관한 사항

6. 스마트도시 기반시설의 조성 및 관리·운영에 관한 사항

7. 지역적 특성을 고려한 스마트도시 서비스에 관한 사항

8. 스마트도시 건설 등에 필요한 재원의 조달 및 운용에 관한 사항

9. 국가 시범도시 건설 사업에 관한 사항(국가 시범도시가 지정된 경우에 한정한다.)

10. 그 밖에 스마트도시 건설 등에 필요한 사항으로써 대통령령으로 정하는 사항

출처: 국가법령센터(www.law.go.kr/)

설치된 셈이다.

스마트시티 기반시설 및 서비스의 구축 및 운영에 관한 계획이 '스마트도시 계획'이다. '스마트도시 계획'은 수립 주체에 따라 중앙정부에서 수립하는 '스마트도시 종합계획'과 지방자치단체에서 수립하는 '스마트도시 계획'으로 나뉘며, 한국에서는 지방자치단체에서 수립하는 스마트도시 계획을 일반적으로 사용한다. 스마트도시 계획은 기술 개발 속도를 고려해 계획 기간을 5년으로 하고 있으며, 행정구역 전역을 계획공간으로 설정한다. 최근 감사원 감사 결과, 여러 지방자치단체와 공공기관에서 스마트도시 건설 사업을 체계적인 계획 없이 추진한 사례가

다수 발견되었다. 이는 「스마트도시법」에서 명확한 지침을 제공하지 못해 사업을 추진하는 지방자치단체나 공공기관에 혼란을 야기하는 측면도 있어, 법 개정이 필요한 상황이다. 지방자치단체에서 신도시 스마트시티 건설사업을 포함해 스마트시티 건설 사업을 진행할 때는 스마트도시 계획과 스마트도시 건설 사업 실시 계획을 모두 수립해야 한다.

한국 신도시의 흐름

1950년 전쟁을 겪은 한국은 짧은 기간에 놀라운 산업 발전과 경제 발전을 이루었다. 도시로 인구가 집중되는 도시화 비율은 90퍼센트를 넘어섰고, 1인당 국민총소득^{GNI}도 3만 달러(약 3700만 원)에 이르렀다. 한국의 신도시는 산업화, 도시화, 국토 균형 발전의 수단으로 활용되었다. 중공업 산업단지의 배후 주거 지역으로 1962년 울산과 1968년 포항을 비롯해 창원, 구미, 광양, 안산에 이르기까지 많은 신도시가 건설되었다. 한 대기업 회장이 아무것도 없는 바닷가에 조선소를 짓기 위해 배를 수주하고 영국에서 차관을 빌려 왔다는 일화가 있는 도시가 1970년대 초반의 울산이다.

대도시로 인구가 집중되는 도시화의 대응 수단인 주택 공급과 집값 안정 수단인 수도권의 신도시 개발은 현재까지도 이어지고 있다. 유럽, 미국, 일본의 신도시가 주로 1970년대까지 계획된 것에 비해, 한국은 1960년대 이후 신도시 개발을 꾸준히 이어오고 있다. 한국의 신도시

한국의 신도시 개발 현황

Ⅰ 산업화를 위한 신도시

울산	포항	구미	창원·안산
●	●	●	●
1962	1968	1973	1977

Ⅰ 주택 공급을 위한 신도시

포항		수도권 1기	수도권 2기	수도권 3기
●		●	●	●
1968		1989	2003	2019

Ⅰ 국가 균형 발전을 위한 신도시

과천	세종, 혁신도시, 기업도시
●	●
1979	2005

건설은 정부 주도로 5~7년 정도의 단기간에 걸쳐 효율적으로 진행해왔다. 이러한 신도시 건설은 개발도상국, 특히 경제적인 후발 국가에게는 매우 매력적인 개발 방식이다.

2기 신도시와 스마트시티

1988년 '서울올림픽' 이후 수도권 집값 폭등에 대응하기 위해 주거형 배후 도시로 개발한 곳이 '수도권 1기 신도시'인 분당, 일산 등 다섯 개 신도시다. 당시 신도시는 주택 공급에 급급하여 스마트시티에 대한 고민이 없었다. 2003년을 기점으로 열 개에 달하는 '수도권 2기 신도시'에 비로소 스마트시티(유시티)가 적용되었다. 1기에 이어 2기 신도시

파주 운정신도시의 유비파크

의 주된 사업 시행자는 한국토지주택공사다. 현재까지 한국토지주택공
사가 진행한 스마트시티 건설 사업은 수도권 2기 신도시, 혁신도시, 세
종 등 80여 개에 이른다. CCTV, 초고속정보통신망, 도시통합운영센터
등 스마트시티 기반시설과 서비스를 구축했으며, 그 비용은 전체 사업비
의 1~3퍼센트 수준이다. 한국토지주택공사는 2011년 이후 도시 정보화
시설 설치 기준을 마련하고, 교통 다섯 개, 방범 한 개 서비스를 스마트
시티 기본 서비스로 규정하여, 택지 개발 사업 지구 등 모든 신개발 사
업 지역에 적용하고 있다.

　　2015년 파주 운정신도시에는 스마트홈 서비스가 최초로 도입되
었고, 주민체육시설의 보건지소에 스마트 헬스케어 서비스를 적용하고
있다. 당시 도시 개발 사업자는 대한주택공사로 주택 사업까지 할 수 있
는 장점을 활용하여 스마트홈을 차별화하기도 했다. 집 안에서 버스 도
착 정보를 알 수 있게 했고, 엘리베이터도 호출할 수 있게 했다. 또한 집

밖에서 원격으로 내부 조명과 가스레인지도 조정할 수 있게 했다. 지금 보면 평범한 기술 수준이지만, 당시에는 획기적인 서비스였다. 파주 운정신도시 유비파크^{Ubi-Park}는 연면적 6,900제곱미터(약 2,087평)로 2007년 당시 세계에서 가장 큰 체험형 스마트시티 운영시설이었다. 하지만 지방자치단체로 이관 시 막대한 운영 비용 때문에 갈등을 야기하기도 했다.

대전 도안지구는 460만 평 규모로 개발된 대규모 신도시다. 도안신도시 개발을 계기로 대전시 다섯 개 자치구에 설치된 각종 정보 시스템을 하나로 통합 및 운영하는 도시통합운영센터를 구축했다. 도안신도시에 설치된 대전 스마트도시통합센터에는 국가 R&D를 통해 개발된 스마트시티 통합 플랫폼과 5대 안전 서비스가 전국 최초로 적용되었다.

2026년을 목표로 진행 중인 수도권 3기 신도시의 특화 방안 중 하나가 스마트시티다. 2기 신도시부터 적용된 유시티는 정보통신 기술 인프라 기반의 도시 관제 중심으로 진행되었고, 시민이 체감하고 필요로 하는 서비스로 발전하지 못했다는 지적을 피할 수 없었다. 하향식의 유시티에서 벗어나 시민 생활 중심, 사용자 주도형^{User-driven} 스마트시티로의 혁신이 그 대안으로 요구되고 있다.

스마트시티 국가 시범도시: 세종 5-1생활권

정부는 수도권의 기능을 분산하고 국토 균형 발전을 위해 2005년 세종 행정중심복합도시로 행정 기능 이전을 결정했다. 세종은 72.9

제곱킬로미터(약 2200만 평)로 서울시 면적의 12퍼센트 규모이며, 2030년까지 계획인구는 50만 명이다. 2020년 수도권에 위치했던 40개 중앙행정기관과 15개 국책연구기관이 세종으로 이전했으며, 16만 가구의 주택에 25만 명이 거주하고 있다. 세종은 도시 전체를 연결하는 통신망과 CCTV 등 각종 지능형 센서 그리고 도시통합운영센터를 구축하여 데이터 기반으로 도시를 운영 및 관리하고 있다. 구체적으로는 도시안전 통합 플랫폼, 시민 정보 포털 '세종엔', 시민 참여형 플랫폼 '그린빈', 3D 맵 등이 활용되고 있다.

2018년 12월 세종은 세계 최초로 스마트시티 국제표준 'ISO 37106' 인증을 받아 국제적으로도 그 우수성을 인정받았다. 도시 비전, 로드맵, 시민 중심 서비스 관리, 첨단 도시 자원 관리, 개방형 플랫폼, 시민 혜택 등 22개 항목에서 평균 '레벨 3 성숙' 이상을 획득하여 '스마트시티 카이트 마크'Smart City Kite Mark'를 받았다.[22]

정부는 2017년 '대통령직속 4차산업혁명위원회'를 신설하고, 그 산하에 '스마트시티특별위원회'를 두었다. 2018년 1월에는 세종 5-1생활권과 부산 에코델타시티 세물머리 두 곳을 국가 시범도시로 지정했다. 세종은 총괄 계획가로 카이스트 교수를 임명하고, 기본 구상과 시행 계획 그리고 서비스 로드맵을 수립했다.

세종 5-1생활권은 세종시 동쪽에 위치하며, 2030년까지 최종 개발 단계인 3단계로 개발되는 지역이었다. 세종 5-1생활권은 2.7제곱킬로미터(약 83만 평) 규모로, 23만 명의 주거지와 일자리 확보를 계획하고 있다. 또한 사업 시행자인 한국토지주택공사와 중앙정부가 세계 최고

'ISO 37106' 구조

A. 실행 원칙 비전 시민 중심 디지털 개방 및 협력

B. 주요 도시 간 운영 프로세스

전략 관리

- **B1** 도시 비전
- **B2** 리더십과 거버넌스
- **B3** 협업적 참여
- **B4** 조달 및 공급 관리
- **B5** 도시 상호 운용성 요구 맵핑
- **B6** 공통 용어 및 경험 모델 구축
- **B7** 스마트시티 로드맵

시민 중심의 서비스 관리

- **B8** 시민 중심의 통합된 서비스 시행
- **B9** 도시 데이터를 통한 도시 커뮤니티의 권한 부여

시민 ✕ 기업

- **B10** 신원 및 개인정보 관리
- **B11** 디지털 포괄과 채널 관리

디지털 및 물리적 자산 관리

- **B12** 스마트시티 개발 및 기반시설 관리
- **B13** IT와 데이터 자원 맵핑과 관리
- **B14** 개방형 서비스 중심의 도시 전반에 걸친 IT 아키텍처

C. 이익 실현 전략

- 시민의 웰빙
- 도시의 매력
- 사회적 응집

- 환경 보존 및 개선
- 책임감 있는 자원 사용
- 회복탄력성

D. 리스크 관리

전략적 명확성	리더십	기술
인지와 참여	사용자 중심	공급자 파트너십
달성 가능한 실행	미래 보장	이익 실현

출처: bsi www.bsigroup.com

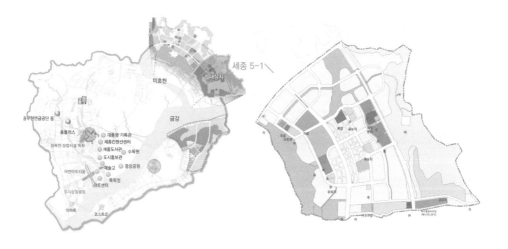

국가 시범도시 세종 5-1생활권 입지 및 토지 이용 계획

수준의 스마트시티를 건설 및 운영할 것을 목표로 하고 있다. 2019년에 완성된 「세종 5-1 실행계획」에서는 데이터 기반의 혁신적 스마트시티를 비전으로 모빌리티, 헬스케어, 교육, 에너지와 환경, 문화와 쇼핑, 거버넌스, 일자리 등을 7대 핵심 분야로 제시했다.

토지 이용 계획에서는 용도를 하나로 지정하지 않고 선택적으로 주거와 비주거 비율을 조정하는 용도 복합을 시도했다. 이는 싱가포르 등에서 시도했던 '화이트 조닝White Zoning'과 유사한데, 한국에서 이처럼 대규모로 적용되는 건 처음이다. 직주 근접을 위한 용도 복합과 더불어 스마트시티 공간 전략은 보행 중심의 차 없는 도시 공간, 다양한 교통수단, 지속 가능한 에너지 자립 도시 등이다.

세종 5-1생활권이 데이터 기반의 스마트시티라는 사실은 교통

국가 시범도시 세종 5-1생활권 조감도

서비스 분야에서 가장 확실하게 드러난다. 5G, 데이터 허브, 디지털 트윈, 인공지능 등 세계적으로도 앞선 스마트시티 기술이 교통 서비스에 이용된다. 도시 공간 구조는 보행과 공유차 중심으로 계획되었으며, 다양한 교통수단이 효율적으로 연계되는 MaaS^{Mobility as a Service} 시스템이 적용된다. 세종 5-1생활권 중심 지역인 선도지구에서는 개인차량은 운행할 수 없고 퍼스널 모빌리티^{Personal Mobility}와 공유차만 운행된다. 퍼스널 모빌리티는 전기를 동력으로 하는 1인용 이동 수단으로 전동 휠, 전동 킥보드, 전기자전거, 초소형 전기차 등을 말한다. 중심부의 3킬로미터

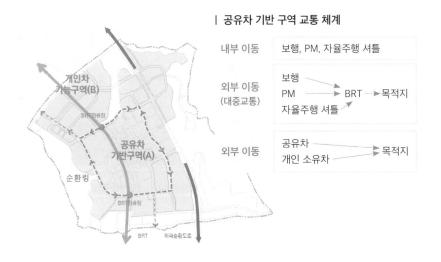

공유차 기반 구역 교통 체계		
내부 이동	보행, PM, 자율주행 셔틀	
외부 이동 (대중교통)	보행 PM ⟶ BRT ⟶ 목적지 자율주행 셔틀	
외부 이동	공유차 ⟶ 목적지 개인 소유차	

국가 시범도시 세종 5-1생활권 교통 체계

순환링에서는 자율주행 셔틀버스가 15분 간격으로 운행된다. 도시 외부에서는 공유차나 간선 급행버스 체계[BRT]를 이용해 이동할 수 있다.[23)]

세종 5-1생활권은 드론을 자유롭게 운행할 수 있는 '드론특별자유화구역'으로 지정되었다. 이처럼 세종 5-1생활권은 차량을 기존 도시 대비 3분의 1 수준으로 감소시켜 걷기 좋은 저탄소·친환경 도시를 구현할 계획이다.

국가 시범도시에서는 혁신적이며 지속 가능한 도시 운영을 위해 그간의 공공 중심 개발 관행에서 벗어나 정부와 기업이 협력해서 개발하는 특수목적법인[Specialized Purpose Company](이하 SPC)을 공모했다. SPC는 공공 20퍼센트, 민간 80퍼센트 지분으로 구성된다. 세종시 지방정부와 한국토지주택공사도 지분의 20퍼센트 이내로 참여하는 SPC가 중심 지역인 선도지구를 개발하고, 앞서 제시한 7대 핵심 분야를 반영한 스마트시티 서비스를 2035년까지 운영하게 된다. 해당 방식은 한국에서 새롭게 시도하는 것으로, 민간기업의 혁신성과 효율성 증대 효과를 기대하고 있다. 정부는 혁신성장 진흥 구역, 스마트 규제 혁신 지구 등을 지정해 드론, 자율주행차, 에너지 등의 스마트 산업 생태계를 구축 및 지원할 예정이다.

또한 2025년과 2030년에 적용할 제로에너지 건축물 기준을 세종 5-1생활권에 미리 적용한다. 세종 5-1생활권은 2022년부터 지속가능한 에너지 자립 도시 실현을 위해 공공뿐만 아니라 민간의 건축물도 제로에너지 건축물 인증 취득을 의무화할 계획이다. 제로에너지 건축물ZEB, Zero Energy Building 인증은 건축물 에너지 효율 등급과 에너지 자립률 그리고 건설정보모델링BIM, Building Information Modeling, 지능형검침인프라AMI, Advanced Metering Infrastructure 등을 종합적으로 고려한다. 세종 5-1생활권의 연간 에너지 소요량은 시간당 223.6기가와트이며, 연간 신재생에너지 생산량은 시간당 89.4기가와트로 에너지 자립률 목표는 40퍼센트이다.

세종 5-1생활권 건설 초반에 구축되는 스마트 퍼스트타운SFT은 한국토지주택공사와 세종시가 시범적으로 개발 및 운영하는 복합단지다. 이곳에서는 한국토지주택공사와 행복청, 세종시가 민간기업, 시민과 함께 연구 개발, 시범 구축, 모니터링과 실증, 사업화를 진행한다. 스마트 퍼스트타운은 스마트그린연구소, 스마트관제센터, 홍보관, 리빙랩센터, 창업지원센터, 메이커스페이스Makerspace 등으로 구성되며, 2022년 말부터 본격적으로 운영될 것이다. 스마트 퍼스트타운에서는 세종 5-1생활권

국가 시범도시 세종 5-1생활권 제로에너지 건축물 인증 계획

| 제로에너지 건축물 인증 기준

건축물 에너지 효율 등급 + 에너지 자립률 + BEMS* or AMI

* BEMS: 건축물 에너지 관리 시스템

| 국가 시범도시 인증 계획

제로에너지 건축물 인증 로드맵

공공 (1,000㎡ 이상) — 2020년

공공 ZEB 3등급 / 민간 ZEB 5등급 — 2022년 세종 5-1

공공 (500㎡ 이상) / 민간 (1,000㎡ 이상) / 공공주택 (30세대 이상) — 2025년

민간 건축물 (500㎡ 이상) — 2030년

에 적용될 모빌리티 자율차, PM, 에너지, 드론 택배 등 스마트 서비스가 우선 실증되며, 스마트시티 관련 국가 R&D의 테스트베드로 활용된다.

세종 5-1생활권 총괄 계획가는 "세종 시범도시가 지향하는 큰 가치는 탈물질주의, 탈중앙화, 스마트 테크놀로지 세 가지다. 스마트시티라고 하면 기술로 가득 찬 빌딩이 즐비한 도시를 생각할 수 있겠지만, 실제 미래 도시는 그렇지 않을 것이며, 서촌·북촌·연남동·성수동과 같은 모습을 보일 것이며, 라이프스타일을 중시하고, 일과 삶의 균형이 추구되는 인간적인 외형을 갖게 될 것"이라고 했다.[24]

스마트시티 국가 시범도시:
부산 에코델타시티 세물머리

부산 에코델타시티^{EDC} 사업 시행자인 한국수자원공사^{K-water}는 환경부 산하의 댐과 수도를 관리하는 물 전문 공기업이다. 부산 에코델타시티는 낙동강 하구 지역에 위치하며, 11.7제곱킬로미터(약 360만 평), 3만 세대, 계획인구 7만 6천 명의 신도시다. 국가 시범도시로 지정된 세물머리는 세 갈래 하천이 만나는 지역이라는 의미이며, 약 2.8제곱킬로미터(약 85만 평), 3,380세대, 8,500명 규모이다. 부산 전체 면적의 0.3퍼

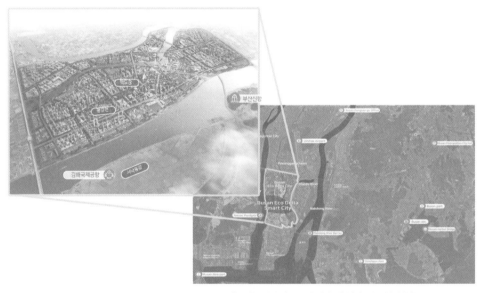

출처: 한국수자원공사, 2018, 「부산 에코델타시티 스마트시티 시행계획」

국가 시범도시 부산 에코델타시티 입지

센트이며, 생태환경과 4차 산업혁명의 주요 기술이 어우러진 도시를 계획하고 있다. 2018년 말 마스터플랜을 수립했고,[25] 2021년 말 '스마트빌리지'에 입주가 시작되어 에코델타시티의 시범 서비스뿐 아니라, 국가 연구 과제의 다양한 성과물에 대한 실증을 추진하고 있다.

스마트시티로서의 부산 에코델타시티 도시 계획은 신산업 육성을 위한 5대 혁신 클러스터 조성과 플랫폼으로서의 도시 운영 기반 마련을 중심으로 한다. 5대 혁신 클러스터는 공공 자율 혁신 클러스터, 헬스케어 로봇 클러스터, 수열에너지 클러스터, 스마트빌리지, 신한류 AR·VR 클러스터 등이다. 부산 에코델타시티에서는 스마트시티의 혁신

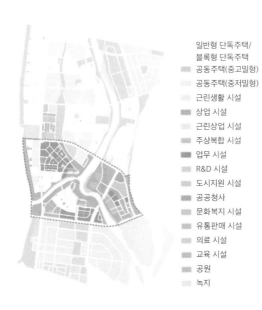

일반형 단독주택/
블록형 단독주택
공동주택(중고밀형)
공동주택(중저밀형)
근린생활 시설
상업 시설
근린상업 시설
주상복합 시설
업무 시설
R&D 시설
도시지원 시설
공공청사
문화복지 시설
유통판매 시설
의료 시설
교육 시설
공원
녹지

출처: 한국수자원공사, 2018, 「부산 에코델타시티 스마트시티 시행계획」

부산 에코델타시티 세물머리 토지 이용 계획과 스마트빌리지 조감도

적이고 지속적인 도시 혁신을 가능하게 하는 디지털도시, 증강도시, 로봇도시의 3대 미래 도시 운영 플랫폼을 운영할 계획이다.

스마트빌리지는 스마트시티의 첫 입주 단지이자 물에너지 자급률 100퍼센트를 실현하는 시범 주택단지다. 스마트빌리지 56세대를 조성하고 관련된 국가 R&D 실증 및 리빙랩에 관심 있는 민간기업 등을 참여시켜 운영한다. 입주자 공모에서는 약 3천 세대가 지원하여 평균 경쟁률 54 대 1을 기록했다. 스마트빌리지는 국내 최초 제로에너지 1등급 블록형 단독주택단지로, 부산 에코델타시티에 적용될 40여 가지 미래 혁신 신기술을 미리 체험할 수 있는 리빙랩형 실증 단지다. 부산 에코델타시티 스마트빌리지에 입주한 가구는 5년 동안 관리비만 부담하고 임대료는 무상으로 거주하는 대신 부산 에코델타시티에서 추진하는 리빙랩에 적극적으로 참여하고, 생활에서 발생하는 다양한 데이터를 제공해야 한다.

부산 에코델타시티 스마트시티 계획에는 시민이 체감할 수 있는 로봇 활용 생활 혁신, 배움·일·놀이 융합 사회, 스마트워터 등 10대 혁신 기술이 포함되어 있다. 부산 에코델타시티는 스마트 혁신 기술 도입을 통해 개인·사회·공공·도시 분야에서 혁신적인 변화를 창출하고자 한다.

무엇보다도 부산 에코델타시티 세물머리 지역은 물에 특화된 스마트시티이다. 도시 설계 단계부터 친환경 수변 도시 디자인 및 도시 물순환 회복을 위한 첨단 물 관리 기술을 적용해 글로벌 수변 랜드마크로 조성할 예정이다. 도시 내 상수 공급을 통해 깨끗하고 안전한 물 공급, 도시화 및 기후변화에 대응하기 위한 도시 물 순환 회복, 정보통신 기술 기반의 지능형 물 관리 등 미래 스마트시티의 물 관리 청사진을 함께 제시하고 있다.

부산 에코델타시티 총괄 계획가는 "데이터가 기반이 돼 도시가 거주하는 시민들이 할 수 있는 일의 범위를 늘려주는 증강도시 개념을 시범도시에 적용하겠다. 이를 위해 로봇공학과 증강현실^{AR} 기술을 결합하며, 이를 이용해 실제로 노약자와 장애인 등의 이동과 거주, 생활을 돕는 도시를 만들 예정이다. 특히 이런 기능을 일일이 개발하는 게 아니라, 이들을 적용할 수 있는 플랫폼을 최고 기술로 마련해 원하는 서비스를 플랫폼 위에서 구현할 수 있도록 하겠다"라고 밝혔다.[26]

해외 스마트 신도시

영국 밀턴킨스의 데이터 허브

영국은 1946년 「신도시법^{New Town Act}」을 제정하고, 1960년대 후반까지 3차에 걸쳐 신도시 개발을 추진했다. 3기 신도시에 해당하는 밀턴킨스는 지속적으로 성장하고 있으며, 영국의 가장 성공적인 신도시로 알려져 있다. 1967년에 개발을 시작했으며, 계획인구 25만 명의 친환경 자족 도시로 계획되었다. 2017년 이미 계획인구를 초과해 27만 명이 거주하는 도시로 성장했으며, 2050년 50만 명으로 늘어날 것이라 예측한다. 도시 외곽부 대규모 물류 단지 등 진행형의 신도시라고 볼 수 있다. 그러나 도시 기반시설은 상당한 노후화가 진행되었고, 초과된 수의 시민에게 적정 도시 서비스를 제공하기 어려운 상황이다. 밀턴킨스는 변화된 도시 서비스와 도시 기능 고도화를 위해 데이터 기반 스마트시티로

주택 용지
산업 용지
교육시설 용지
지역 거점
공공 용지
녹지
호수
유보지
미계획지
철도
시도
지방도
고속도로
지역 경계

밀턴킨스 토지 이용 계획

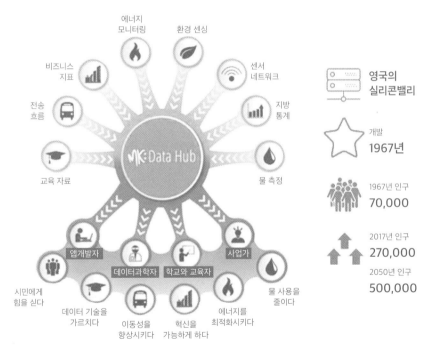

에너지 모니터링
환경 센싱
센서 네트워크
비즈니스 지표
지방 통계
전송 흐름
교육 자료
물 측정
MK Data Hub
앱개발자
데이터과학자
학교와 교육자
사업가
시민에게 힘을 싣다
데이터 기술을 가르치다
이동성을 향상시키다
혁신을 가능하게 하다
에너지를 최적화시키다
물 사용을 줄이다

영국의 실리콘밸리

개발 1967년

1967년 인구 70,000

2017년 인구 270,000

2050년 인구 500,000

밀턴킨스 데이터 허브

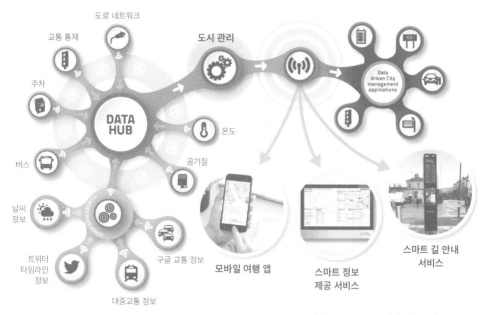

도로 네트워크

교통 통제

도시 관리

주차

DATA HUB

온도

버스

공기질

날씨 정보

트위터 타임라인 정보

구글 교통 정보

Data driven City management applications

모바일 여행 앱

스마트 정보 제공 서비스

스마트 길 안내 서비스

대중교통 정보

출처: www.connectingcambridgeshire.co.uk

케임브리지 데이터 허브 '스마트 케임브리지'

방향을 정했다.

밀턴킨스는 데이터 허브^{Data Hub}를 통해 도시의 행정·교통·산업·시민 데이터를 종합적으로 수집하고, 시민 참여를 기반으로 각종 스마트시티 서비스를 발굴 및 제공하고 있다. 오픈 데이터와 상용 데이터가 공존하는 데이터 마켓을 도입했고, 데이터 거버넌스 체계가 잘 구축되어 운영 중이다. 밀턴킨스 데이터 허브 구축은 개방대학교^{The Open University}를 중심으로 한 13개 기관의 컨소시엄이 주도했으며, 영국의 고등교육재정위원회^{HEFCE}가 자금을 지원했다. 2017년 데이터 허브 완성 이후에는 150여 개의 기관이 협업하는 스마트시티 비즈니스 생태계가 형성되었다. 2020년 밀턴킨스 데이터 허브에는 800개가 넘는 데이터 세트^{Data-set}가 구축 및 활용되었다.

밀턴킨스와 유사하게 케임브리지 등에서도 데이터 허브를 통해 지역별 교통·관광·범죄·상수도 정보 등을 분석해 제공하고 있다.[27] 밀턴킨스와 케임브리지의 데이터 허브 모델은 한국의 벤치마킹 대상이다. 대구와 시흥의 실증 사업인 스마트시티 혁신성장동력 R&D 프로젝트가 표방하는 스마트시티 모델은 케임브리지 데이터 허브와 유사하다.

시민이 만들어가는 스마트 칼라사타마

핀란드 수도 헬싱키는 민간 에너지 기업의 협의체를 확대하여 스마트시티 민·관 중간 조직인 포럼 비리엄 헬싱키^{Forum Virium Helsinki}(이하 FVH)를 운영하고 있다. FVH는 스마트시티 관련 신기술 도입 및 실험, 데이터 오픈, 역량 교육, 스마트 리전 6에이카^{Smart Region 6Aika} 운영, 스마트 칼라사타마 개발 사업 지원 등을 담당하고 있다.

칼라사타마는 2035년 완공을 목표로 하는 175헥타르(약 53만 평) 규모의 수변 개발 지역이다. 2040년 계획인구는 2만 5천 명이며, 고용 인구는 1만 명이다. 완공되면 주거 지역은 120헥타르, 업무 지역은 40헥타르에 달한다. 2020년 세종의 첫마을 지역과 같은 초기 건설 실험 지구로 5천 명이 거주하고 있다.[28]

칼라사타마의 핵심 목표는 새로운 스마트시티 솔루션과 서비스

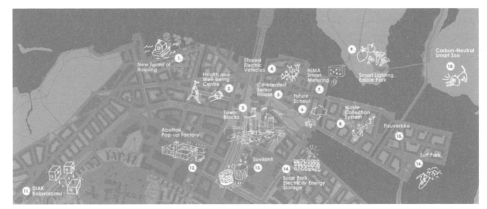

출처 fiksukalasatama.fi/en/building-blocks/project-portfolio/

스마트 칼라사타마 프로젝트

를 위한 스마트시티 실험실을 제공하는 것이다. 이를 통해 실험과 공동 창작으로 미래의 지속 가능한 도시 환경을 구축할 계획이다. 스마트 칼라사타마에 거주하는 시민은 새로운 솔루션을 개발하고 테스트할 수 있는 어반랩Urban Lab의 사용자로서 리빙랩 구성원으로 활동할 수 있다.

　'혁신자 클럽Innovator's Club'은 스마트 칼라사타마의 혁신 플랫폼 역할을 하는데, 1년에 서너 차례 공식적인 오프라인 모임을 갖는다. 지역 네트워크인 칼라사타마 혁신자 클럽은 주민, 공무원, 민간기업, 연구원, 관광객 등 1천 명 이상의 이해 당사자로 구성되어 있다. 혁신자 클럽은 200여 명 정도가 주기적으로 모여 개발 사업의 요구 사항을 정의하고 실험에 참여하며, 스마트 칼라사타마 구축에 대한 피드백과 논의를 이어가고 있다. 혁신자 클럽은 지역에너지 공급 업체, IT 회사, 스마트시티 서비스 기업, 컨설턴트와 긴밀하게 협력하고 있다. 또한 칼라사타마뿐만

스마트 칼라사타마의 시민 참여 거버넌스 '혁신자 클럽'

아니라 도시 환경, 사회 및 건강 관리, 교육 및 문화, 레저 등 헬싱키의 중요 추진 사항에 대해서도 논의를 이어가고 있다. 2014년부터 이어진 '스마트 칼라사타마 프로그램Smart Kalasatama Program'에는 유럽지역개발기금의 재정이 지원되고 있으며, FVH가 조정자 역할을 한다.[29]

실제 사용자를 통해 스마트 서비스를 실험하는 리빙랩은 스마트 칼라사타마가 혁신을 주도하는 방식이다. 칼라사타마는 리빙랩을 통해 주민에게 스마트 서비스 및 솔루션을 제공함으로써 실생활에서 하루에 한 시간을 절약할 수 있는 도시 환경을 조성하고자 한다. 이러한 비전은 칼라사타마 프로젝트가 사용자 경험을 중시하고, 참여한 주민의 스마트 시티 기술에 대한 평가와 피드백으로 도시 서비스 개선 방법을 찾도록 하는 이유이기도 하다. 칼라사타마는 2015년부터 자원 재활용, 사회 및

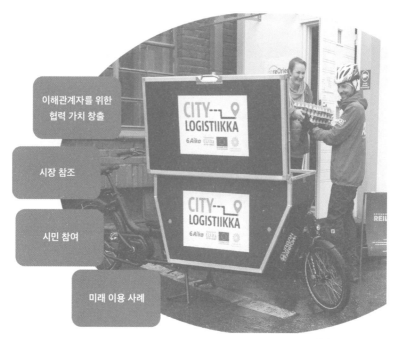

이해관계자를 위한
협력 가치 창출

시장 참조

시민 참여

미래 이용 사례

출처: Kaisa Spilling, 2021

스마트 칼라사타마 '애자일 파일럿'

의료 서비스, 기후 환경, 헬스케어 등 네 가지 분야에서 '애자일 파일럿
Agile Pilot'이라는 30여 개의 실험 프로젝트를 진행하고 있다. 6개월 이내로
3~5개의 스타트업과 중소기업이 작은 실험을 진행하며, 지원금은 각각
5천~1만 유로(약 700만~1400만 원) 규모이다.[30] 칼라사타마는 주민들에게
는 미래 생활을 경험해볼 수 있는 테스트베드이고, 기업들에게는 새로
운 제품을 기획하고 평가받을 수 있는 기회의 공간인 셈이다.

구글과 시민의 테스트베드, 사이드워크 토론토

도시를 열 배 더 살기 좋은 곳으로 만들겠다는 목표로 2010년 시작한 '사이드워크랩^{Sidewalk Labs}'은 구글과 모회사가 같은 자매 회사다. 사이드워크랩은 뉴욕 전체에 열 배 더 빠른 와이파이인 '링크뉴욕^{LinkNYC}' 을 서비스했다. 2017년 10월에는 토론토 중심부 수변인 동부 워터프론트, 키사이드와 포틀랜드 325헥타르(약 98만 평)를 개발하는 '사이드워크 토론토^{Sidewalk Toronto}' 프로젝트를 발표했다. 이 중 1단계 개발은 키사이드 5헥타르(약 1만 5천 평)로 2026년까지 진행되고, 2단계 개발은 포틀랜드 325헥타르로 2030년 완료될 예정이었다.

사이드워크랩은 18개월 동안 리빙랩 방식을 통해 이해 당사자의 다양한 의견을 수렴했으며, 2019년 6월 기본 계획^{Master Innovation and Development Plan, MIDP}을 발표했다. 사이드워크 토론토 마스터플랜에는 일곱 개 분야의 혁신 방안과 60가지 첨단 기술을 담았다. 일곱 개 혁신 분야는 주택, 건축물, 교통, 공공 영역, 디지털 혁신, 사회 기반시설, 지속 가능성 등으로 세부 계획은 다음과 같다.

첫째, 소득수준에 따라 주택을 선택할 수 있도록 시장보다 40퍼센트 이상 저렴한 주택을 공급한다. 둘째, 모든 건축물은 공장에서 목재를 가공해 만들어진 모듈식 건축 공정을 거친다. 온타리오 지역의 목재를 건축물에 사용하기 위해 토론토 시정부와 사이드워크랩은 공장을 설립하고, 30~40층 규모의 건물 대부분을 목재로 구현할 계획이다. 또한 로프트^{loft} 공간을 유연하게 설계해 향후 여건 변화에 따라 주거용

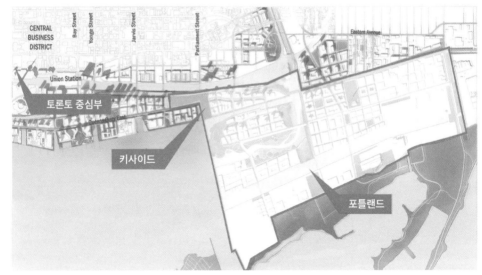

사이드워크 토론토 개발 지역

및 비주거용을 혼합, 수용할 수 있도록 설계한다. 셋째, 교통 계획은 보행 친화적 거리를 디자인하고 자전거 이용을 용이하게 한다. 경전철을 통해 주변 지역과 연결할 계획이며, 유동 인구의 70퍼센트는 대중교통을 이용하게 한다. 넷째, 1년 내내 모든 연령대와 다양한 능력의 사람들이 물에 접근할 수 있도록 공원과 광장을 디자인한다. 다섯째, 광범위한 디지털 인프라를 통해 안정적인 정보통신 네트워크를 구축하고 개인정보 보호를 강화하는 디지털 혁신을 도모한다. 여섯째, 보육 시설과 초등학교를 통합 설치하고, 지역사회의 변화를 수용할 수 있는 1층 공간 및 시민교육을 위한 프로그램을 마련하는 등 다양한 사회 기반시설을 확충한다. 일곱째, 지속 가능한 건축 자재와 디자인, 전기·냉난방 사

사이드워크 토론토 1단계 개발 지역 키사이드 조감도

용, 쓰레기 처리 등을 위한 스마트 그리드 및 저탄소 정책을 적용해 선도적인 친환경 지역으로 개발한다.

2020년 5월 사이드워크랩은 사이드워크 토론토 프로젝트를 철회했다. 표면적인 이유는 세계적인 코로나19 팬데믹으로 인한 사업성 저하이지만, 개인정보 활용 및 공공성 미흡 등에 대한 갈등도 크게 작용한 듯하다. 사이드워크 토론토 프로젝트는 실현되지 못했지만, 시민 체감형 계획 수립 과정과 포용적 스마트시티를 위한 민간기업의 시도는 그 자체로 의미가 있다.

사막에 지어지는 압둘라 스마트 신도시

한국토지주택공사는 쿠웨이트 주거복지청(이하 PAHW)과 분당신도시의 세 배에 달하는 64제곱킬로미터(약 1900만 평) 규모의 '사우드 사드 압둘라South Saad Al-Abdullah City' 압둘라 스마트 신도시 프로젝트를 수행하고 있다. 압둘라 스마트 신도시는 쿠웨이트 도심에서 서쪽으로 30킬로미터 떨어진 사막 지역이며, 도심의 교통 혼잡과 주택 부족 문제를 해결하기 위해 계획되었다. 2016년 5월 한국과 쿠웨이트 정부는 정부 간 계약G2G 방식으로 압둘라 스마트 신도시 개발에 관한 양해각서를 작성했고, 한국토지주택공사 컨소시엄은 PAHW의 의뢰로 예산 433억 원, 인구 27만 명, 주택 45,734호 규모의 마스터플랜과 실시 설계를 했다. 2019년 전체 4단계 중 1단계 주거단지 조성 및 시범단지 주택 건설에 대해 예비 사업 약정을 체결했다. 기존 컨설팅 사업을 중심으로 진행해온 해외 사업과 달리 압둘라 스마트 신도시는 한국 기업이 참여하는 투자형 사업으로 진행될 것이다.

쿠웨이트 정부는 정보통신 기술을 전폭적으로 도입하고 과학적인 도시 설계를 통해 사막에서 녹색을 경험하며 친환경적이고, 편의성과 에너지 효율을 극대화하는 스마트시티 건설을 희망하고 있다. 세계 최고 수준의 스마트시티를 목표로 하는 압둘라 스마트 신도시에는 지역 냉방, 스마트 교육, 쓰레기 자동 집하 시설, 스마트 교통 등 30여 개의 스마트 계획 요소가 반영되었다. 사막에 대규모 인공호수와 수변공원을 조성해 삶의 질을 향상시킬 수 있도록 했으며, 기존의 단독주택 위

압둘라 스마트 신도시 토지 이용 계획

주의 단순한 주거 형태를 변화시키기 위해 시범 주택 단지에 다양한 주거 유형을 제시했다.

중동 지역은 인구 증가율이 2퍼센트로 세계 평균인 1.2퍼센트에 비해 매우 높고, 도시 주택난이 심각해 신도시 수요가 매우 크다. 압둘라 스마트 신도시 사업은 공기업 및 민간기업이 함께 참여하는 대규모

- 6개 분야, 스마트 서비스 30가지 제공

- 통합운영센터(IOC) 운영
  - 규모: 5,135㎡, 3층

스마트 모빌리티	스마트 안전	스마트 유틸리티	스마트 복지	스마트 환경	스마트 생활
Intelligent Traffic System	Intelligent CCTV Security	Smart Micro Grid	Free Wi-Fi zone	Smart Pollution Management	Smart Home
Illegal Parking Regulation	Risk Mgt. through Drones	Smart Integrated Metering	Open Data	Smart waste Management	Smart Building
Smart Parking	Smart Crosswalk	Smart Street Light Remote Mgt.	Smart Promotion	Smart Trees Management	Smart School
Smart Street Light	Real-time Mobile Surveillance	Smart Water Grid	Smart Digital Display	Smart District Cooling	Smart Health
EV Charging System	Smart Building and Home	3D GIS Underground facility mgt.	One Card	Smart Air mist cooling system	Smart Library

* IOC 센터

압둘라 스마트 신도시 스마트 계획

패키지형 수출 방식이며, 한국 건설업의 해외 시장 진출에 크게 기여할 것이다. 한국토지주택공사는 압둘라 스마트 신도시 이외에도 미얀마 달라 신도시, 말레이시아 코타키나발루 스마트시티, 볼리비아 산타크루스 신도시 등을 비롯해 동남아, 중동, 중남미, 러시아 등지에서의 스마트시티 사업 추진을 폭넓게 검토하고 있다.

스마트타운과 커뮤니티

폐공장을 스마트타운으로, 후지사와 SST

도쿄에서 서남쪽으로 한 시간 정도 떨어진 후지사와 SST^Sustainable ^Smart ^Town는 1천 가구 규모의 단독주택단지다. 전기·전자 기기 제조업체인 파나소닉은 2008년 폐쇄한 옛 텔레비전 공장 부지 19헥타르(약 5만 7천 평)를 활용해 100년간 지속 가능한 스마트타운을 건설했다. 후지사와 SST는 '생활 속에 에너지를 가져온다'는 비전 아래, 탄소 배출량과 물 사용량을 각각 70퍼센트와 30퍼센트로 줄이고, 신재생에너지 생산량은 30퍼센트 늘리는 것을 목표로 했다. 그러나 실제 후지사와 SST에서 표방하는 지속 가능성은 에너지나 최첨단 기술보다는 주민 생활 중심으로 나타난다.

후지사와 SST는 초기 단계에 에너지, 방범, 건강, 복지 등 다양한

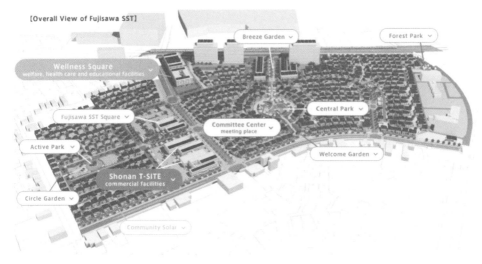

[Overall View of Fujisawa SST]

Breeze Garden ∨

Forest Park ∨

Wellness Square
welfare, health care and educational facilities ∨

Central Park ∨

Fujisawa SST Square ∨

Committee Center
meeting place ∨

Active Park ∨

Welcome Garden ∨

Shonan T-SITE
commercial facilities ∨

Circle Garden ∨

Community Solar ∨

후지사와 SST 조감도

측면에서의 쾌적한 미래 생활을 고려한 '스마트 커뮤니티 생활'을 제안한 후 마을 전체를 스마트 공간으로 설계했다. 보행로, 광장 등을 곡선으로 설계해 바람을 단지 내로 유입시키는 유기적인 디자인을 채택했으며, 빛과 바람을 최대한 활용하기 위해 동서로 총 3킬로미터의 보행자 전용도로를 설치했다. 주택마다 지붕 남쪽에 4.3킬로와트 규모의 태양광 패널을 설치하고, 마을 전체에는 약 3메가와트의 발전이 가능하게 했다. 태양광 발전 이외에도 연료전지, ESS, 전기자동차, 전기자전거 등 친환경 조형물과 교통수단은 에너지 실험실로서 후지사와 SST의 면모를 보여준다. 중앙 공원에 배치된 커미티 센터Committee Center는 커뮤니티 활성화를 위해 이용되는 시설로, 지진 등 재난 발생시 3일 이상 생활을 할 수 있는 방재 거점이다.

후지사와 SST는 주민들이 쾌적한 친환경 생활을 할 수 있도록 에너지, 안전과 안심, 이동 서비스, 건강과 복지, 커뮤니티 등 다섯 가지 생활 지원 서비스를 제공한다.

- **에너지**: 자가 생산 자가 소비를 키워드로, 에너지 관련 서비스를 제공한다. 마을의 600가구에 태양광 발전 시스템, 축전지 유닛을 갖추고 있으며, '스마트홈 에너지 관리 시스템HEMS'으로 가정 내 에너지를 자가 관리한다.
- **안전과 안심**: 출입구와 담장으로 마을을 폐쇄하는 것이 아닌 '버추얼 게이티드 커뮤니티 타운Virtual Gated Community Town'으로 심리적인 장벽을 없애는 것은 물론 주민들의 원활한 커뮤니케이션을 목표로 한다.
- **이동 서비스**: 자동차 유무와 관계없이 모든 주민에게 새로운 통합 모빌리티 서비스를 제공하고, 전기자동차, 전기자전거를 포함한 공유 서비스, 렌터카 배달 서비스, 충전 배터리 대여가 가능한 배터리 스테이션 등을 설치한다. 특히 다양한 통합 모빌리티 서비스를 한번에 실현시키는 '모빌리티 컨시어지Concierge'로 예약 접수는 물론, 거리, 이용 시간, 시간대에 따른 교통량의 변화 등을 고려하여, 차량 공유 및 차량 대여를 선택하거나 이동 수단 등을 판단하고 추천해준다.
- **건강과 복지**: 특별 관리 노인주택, 다양한 서비스가 제공되는 고령자 주택, 병원, 보육원, 학원 등이 일체화된 '웰니스 스퀘어Wellness Square'를 설치하고 각각의 서비스 영역을 연계시켜 주민 개개인에게 최적의 서

비스를 제공한다.

- **커뮤니티**: 마을의 다양한 정보와 각 세대 및 거주자를 연결해 가정 맞춤형 생활 서비스 포털사이트를 구축하고, 생활 정보를 관리하기 위해 '생활기록카드^{Karte}'를 운영한다. 주택 및 삶의 자산 가치 향상을 목표로 주택의 이력 관리를 통해 주택의 유지 보전 가치를 향상시키고, 세대 정보, 가전 정보를 스마트홈 시스템에 등록하여 에너지 절약 생활화를 유도한다.

그물망 도시, 우븐시티

자동차를 만드는 도요타가 국제전자제품박람회인 'CES 2020'에서 미래 도시인 '우븐시티^{Woven City}'를 공개했다. 대상지는 후지산 근교 시즈오카현의 폐쇄된 도요타 공장 부지 약 71만 제곱미터(약 21만 평)로 2021년 2월 도시 개발을 착공했다. 우븐시티에서는 MaaS, 자율주행차, 스마트홈, 인공지능 헬스케어 등 미래 기술이 일상생활에 적용된다. 이를 테스트하는 공간에는 도요타 직원뿐만 아니라 전 세계에서 신청을 한 엔지니어, 과학자 등 2천여 명이 거주할 예정이다.[31] 부산 에코델타시티의 스마트빌리지와 유사한 방식인데, 규모는 우븐시티가 훨씬 크다. 우븐시티는 씨줄과 날줄로 엮인 직물을 뜻하는 도시로, 그물처럼 연결된 거리의 모습에서 착안했다. 도요타 아키오 사장은 "도요타는 원래

직물을 짜던 방직 회사였다. 이제 우리는 삶을 즐기는 새로운 방법을 짜보려고 한다. 모든 혁신 기술을 씨줄과 날줄로 촘촘하게 엮어 미래의 실증 도시를 만들겠다"라고 했다.

도요타는 개발 중이거나 개발할 기술과 서비스를 일상생활에 적용하는 실험공간인 리빙랩으로 우븐시티를 조성할 계획이다. 도시 개발은 도요타의 소프트웨어 개발 자회사인 우븐 플래닛 홀딩스 산하의 사업 회사인 우븐 알파가, 도시 설계는 덴마크 건축 회사 비야케 잉겔스 Bjarke Ingels 그룹이 맡는다. 도요타 사장은 "도시 인프라를 위한 운영체제를 포함한 미래 기술을 개발하기 위해서는 작지만 완벽한 도시를 건설할 필요가 있다"고 프로젝트의 취지를 밝혔다.

우븐시티에서 핵심이 되는 교통 모빌리티는 'CES 2018'에서 처음 공개했던 자율주행 모빌리티 서비스 플랫폼 '이팔레트e-Palettes'로, 필요에 따라 이동 수단, 호텔, 사무실, 점포 등으로 활용할 수 있다. 우븐시티의 모든 물류는 '이팔레트'에 실려 지하 인프라를 통해 처리되는데, 거주자가 주문한 물품은 지하통로를 통해 건물 밑까지 배달되고 엘리베이터를 통해 집 안으로 전달된다. 중앙 광장에서는 이팔레트가 이동형 점포로 이용되기도 한다. 우븐시티의 도로는 세 가지 유형으로 구분된다. 첫 번째는 속도가 빠른 차량을 위한 도로로 완전 자율주행차만 다니고, 두 번째는 속도 제한이 있는 퍼스널 모빌리티와 보행자가 함께 이용하는 도로이며, 세 번째는 보행자만 이용하는 도로다. 이 세 가지 유형의 도로는 우븐시티라는 이름처럼 유기적인 격자 구조로 연결된다. 도시의 주요 도로에서는 이팔레트와 같은 완전 자율주행차나 무공해 차량만 운

출처: www.pinsupinsheji.com

도요타 우븐시티 조감도

행될 예정이다.

　　우븐시티는 수소 연료전지, 태양에너지 및 지열에너지와 같은 청
정 에너지원으로 가동할 계획이다. 주력 에너지는 도요타가 개발한 세
계 최고 수준의 수소 연료전지다. 수소 에너지원을 자동차뿐만 아니라
도시를 움직이는 핵심 전력원으로 키워 글로벌 수소 연료전지 시장의
리더가 되겠다는 목표가 있다. 이를 위해 일본 수소 사업의 선두 기업인
에네오스ENEOS와 협력하고, 우븐시티에서 수소의 생산과 유통, 사용에
이르는 실증과 시연을 진행할 계획이다.

　　다음과 같은 우븐시티의 건물과 기술을 통해 미래 도시의 모습
을 엿볼 수 있다.[32]

- 도시의 건물은 대부분 지속 가능한 목재로 만들어지는데, 이는 일본 전통의 목재가구와 다다미 모듈을 로봇 제작과 결합하는 방식이다.
- 주택, 소매점 및 기업을 위한 건물은 목재로 건축하며, 옥상에는 태양광 발전을 위한 광전지 패널을 설치한다.
- 스마트홈에서는 가정 로봇이 가사 활동을 지원한다. 모든 게 연결된 주거 시스템은 센서 기반 인공지능 기술을 활용해 건강 상태를 모니터링하고 식료품 배달, 쓰레기 처리 및 세탁물 수거와 같은 작업을 자동화한다.
- 중앙 광장에 솟아 있는 연구 및 개발 공간에는 3D 프린팅, 로봇 건설 및 교통 분야에 중점을 둔 연구실이 있다. 사무실 공간에는 워크스테이션, 실내 정원 및 라운지가 있다.
- 물품 배송 시스템과 수소발전 및 우수 여과 시스템을 포함한 주요 인프라는 지하 네트워크로 구성한다.
- 도시의 사람, 건물 및 차량이 연결되고 데이터와 센서 통신이 연결된 인공지능 기술을 테스트하는 데 도움이 된다.
- 여러 곳의 근린공원과 대형 중앙 공원이 있으며, 야외는 토종 식물과 수경 재배 공간으로 설계한다.

역사와 녹색, 스마트의 조화, 포흐디시

프랑스 파리 남서부의 요새인 포흐디시는 1840년에 구축되어 2006년에 이시레물리노로 이관되었다. 이시레물리노는 2009년 비무장화된 포흐디시 12헥타르(약 3만 6천 평)에 '디지털 생태 지구^{Eco-digital} Ddistrict' 프로젝트를 시작했다.

2013년에 완공된 포흐디시는 1,623가구의 대규모 주거단지로, 3,500여 명이 거주한다. 단지는 330가구의 공공주택, 대규모 볼링장과 수영장, 상가 및 공공시설, 두 곳의 학교 등으로 이루어져 있다. 요새의 성벽 구조물 상부는 산책로 및 도시 텃밭으로 활용되며, 하부는 상가 및 수영장, 공공시설로 이용된다. 역사적 구조물을 없애기보다는 현대적인 생활시설로 활용함으로써 디자인 측면에서도 독특한 경관을 만들어 내고 있다.

단지 내 건물은 '에너지 저소비 건물^{BBC}' 등급을 받았으며, 단열 및 재생 가능한 지열을 사용하여 이산화탄소 배출을 최소화하고 있다. 단지 내 에너지 수요 중 60퍼센트는 신재생에너지로 충족된다. 포흐디시의 지열 시스템은 지하 650미터 깊이의 대수층에 연결된 지열 파이프를 통해 28도의 물을 지상으로 전달하고, 13도의 물을 지하 630미터의 대수층으로 반환하는 구조이다. 또한 이 지역은 프랑스 최초의 스마트그리드 지역 네트워크인 '이시그리드^{IssyGrid}'와 연결되어 있다.

포흐디시에는 북유럽과 세종에 적용된 '크린넷'이 설치되어 있다. 지하에 매설된 대규모 진공 파이프를 통한 프랑스 최초의 쓰레기 자동

포흐디시 지도

집하 시설이다. 단지 곳곳에 설치된 투입구에 쓰레기를 버리면 1,200미터에 달하는 지하 파이프를 통해 단지 외부로 전달되어 자동으로 수거하는 방식이다. 또한 포흐디시는 스마트 모빌리티를 실증하기 위한 테스트베드로 주차 공유 시스템, 공유전기차 오토리브Autolib, 실시간 버스 모니터링 등이 진행된다.

　　이시레물리노는 포흐디시의 개발 진행 과정을 지역주민과 함께했다. 포흐디시의 정보를 공유하며 시민을 개발 주체로 끌어들여 계획에서 완료까지 협의하는 방식으로 진행해왔다.

　　도보로 20~30분 정도면 마을에서 일, 교육, 상업행위 등 일상의 모든 일을 할 수 있게 자족적인 콤팩트형으로 구축된 포흐디시는 출퇴근으로 인한 교통 혼잡, 환경오염, 에너지 낭비도 현격하게 줄었다. (…) 포흐디시는 대도시가 아닌 작은 마을 단위로 새로운 기술력에만 치중하지 않고 전통적인 문화를 폐기하지 않으면서도 주민들이 직접 마을 정책에 참여하며 협력적으로 생활할 수 있다. 몸을 매개로 한 일상, 즉 감각적인 소통이 가능해져 삶의 질을 높일 수 있게 되었다.[33]

교통·에너지 스마트 혁신 지구, 오이레프 캠퍼스

2011년 오이레프 AG^{Euref AG}는 베를린의 오래된 가스저장소와 주변 지역을 재생에너지로 전환하고 혁신적 모빌리티를 위한 생활실험실^{Real-life Laboratory} 역할을 하는 5만 5천 제곱미터(약 1만 7천 평) 규모의 '오이레프 캠퍼스^{Euref Campus}'를 개발했다. 대학을 의미하는 좁은 의미의 캠퍼스가 아니라 다양한 기업 활동 및 연구 그리고 창업이 진행되는 혁신 지구이다. 최근 구글, 텐센트 등 글로벌 기업이 자사 복합 업무 지구를 캠퍼스라 칭하는 것과 같은 맥락이다. 베를린 공대 연구소가 설립한 'TU-캠퍼스 오이레프 유한책임회사^{TU-Campus Euref Gmbh}'에서는 환경·기후·에너지·모빌리티 분야에 걸쳐 교육, 연구, 시설 컨설팅 등을 진행한다. 반면 2012년부터는 전문 연구 인력과 실험실을 갖춘 오이레프 캠퍼스에서 베를린 공대 석사과정의 위탁 교육을 진행해왔다.

오이레프 캠퍼스 입주 기업

오이레프 캠퍼스 지도

오이레프 캠퍼스 전경

    베를린 오이레프 캠퍼스는 비즈니스와 과학, 기후 중립적 에너지 공급, 지능형 에너지 그리드, 에너지 효율화 건물, 미래 모빌리티 실험 플랫폼 등 수많은 연구 프로젝트가 진행 중이다. 오이레프 캠퍼스의 열병합발전소^{Energiewerkstatt}에서는 단지 운영에 필요한 냉난방 에너지를 자체 생산하고 있는데, 2050년 이산화탄소 감축 목표를 2014년에 달성했다.

    오이레프 캠퍼스에는 에너지, 지속 가능성과 모빌리티 관련 연구 기관 여덟 곳, 중소기업 100곳, 스타트업 14곳 등 150개 기관이 입주해 있다. 2011년 650명이던 종사자 수가 2018년에는 3,500명, 2021년에는 7천 명으로 증가했다. 오이레프 캠퍼스 대표 입주 기업으로는 슈나이더 일렉트릭, 시스코 혁신센터, 독일철도^{DB} 엔지니어링 본부 등이 있다. 특히 에너지 글로벌 기업인 슈나이더 일렉트릭은 독립적인 자사 건물의 건축 과정에 에너지 절감 기술을 적용했고, 이를 비용 절감과 효과 검증을 위한 테스트베드로 활용하고 있다.

캠퍼스에서는 스마트시티 대표 분야인 교통의 테스트베드로 전기자동차, 자율주행차 실험 등이 이루어지며, 창업공간인 그린 게러지 Green Garage에서 개발된 자율주행 청소로봇이 확보하고 있다. 오래된 가스 저장소는 독특한 회의장으로 리모델링되어 매년 300여 차례 에너지, 교통 관련 국제 포럼 및 행사가 열린다. 오이레프 캠퍼스는 유럽 스마트시티의 주력 분야인 에너지와 모빌리티에 초점이 맞춰져 있으며, 이는 베를린의 미래 성장 동력이기도 하다. 베를린은 오이레프 캠퍼스를 '미래의 장소Zukunftsorte' 중 하나로 선정했으며, 2021년 8월 뒤셀도르프에 제2의 오이레프 캠퍼스를 착공했다.

도시와 조명 리빙랩, DOLL

덴마크 수도 코펜하겐에는 독특한 생활실험실 DOLLDanish Outdoor Lighting Lab이 있다. 코펜하겐 외곽부 앨버스룬에 위치한 산업단지 '허스테드 인더스트리얼 파크Hersted Industrial Park'는 400에이커(약 49만 평) 규모의 도시실험실로, 40여 개의 조명 기업이 집적된 곳이다. LED 기술과 지능형 조명 관리 기술은 실외 조명의 에너지 소비율을 80퍼센트까지 줄일 수 있다. 80개 이상의 솔루션을 테스트하고 있는 DOLL 리빙랩에서 LED 기반 실외 조명의 테스트 및 시연은 필수다. DOLL은 덴마크기술대학교DTU, 앨버스룬 지방정부 그리고 덴마크 혁신 솔루션 시행기관인

'게이트21^{Gate 21}' 등이 2013년에 설립했다.

2030년까지 인터넷 지원 장치는 1250억 개를 초과할 것으로 예상된다. 이미 온라인에 있는 장치는 지구상의 사람보다 훨씬 많다. 미래에 이러한 장치 대부분은 도시 지역의 조명, 폐기물 관리 및 교통 흐름과 관련해 시민들을 위한 서비스에 기여할 것이다. 현재 많은 장치가 네트워크 및 기능 면에서 다르기 때문에 DOLL에서는 로라웬^{LoRaWAN}에서 초고속 5G에 이르기까지 광범위한 네트워킹 솔루션을 테스트한다.[34]

모든 조명 기둥은 고유한 IP 주소로 연결되므로 단순 조명 시스템이 아니라 IT 시스템이다. DOLL은 9킬로미터가 넘는 테스트 도로 공공장소가 있으며, 이를 더욱 확장할 계획이다. 도시에 설치된 가로등은 도시의 기본 인프라이며, 가로등에 각종 센서와 스마트 기기를 설치해 다양한 스마트시티 솔루션을 제공한다. DOLL의 파트너사인 시스코는 공공장소에서 와이파이를 테스트하며, 가로등에 지그비^{ZigBee} 장치를 설치하면 가로등을 제어, 관리할 수 있는 데이터를 제공한다. 가로등에 센서를 설치해 배수관을 점검할 수도 있다.[35]

DOLL은 민간기업이 지능형 조명 및 스마트시티 솔루션을 실증하고, 공공 및 민간의 의사결정권자가 최적의 솔루션을 선택할 수 있도록 하기 위해 존재한다. DOLL은 리빙랩, 품질연구소, 가상랩 등 세 개의 실험실로 구성된다. 'DOLL 리빙랩'은 미래 LED 조명 및 스마트시티 솔루션 개발을 위한 유럽 최대의 리빙랩으로, 초기에는 조명 위주의 실험만 했으나 최근에는 스마트시티 기술도 절반을 차지한다. 'DOLL 품질연구소'에서는 제조업체와 구매자가 실외 조명의 품질을 자체적으로 측정할 수 있다. 'DOLL 가상랩'에서는 3D 형식의 실외 조명 솔루션을 시각화한다. DOLL 품질연구소와 DOLL 가상랩은 로스킬레의 덴마크기술대학교에 있다. 처음 2년 동안 DOLL은 덴마크 에너지청 산하 그린랩Green Lab과 지방정부 등의 지원을 받았으나, 이후에는 독립적인 비즈니스 모델을 갖추었다. DOLL이 게이트21과 추진하고 있는 프로젝트는 다음과 같다.

- 클린테크Cleantech TIPP: 스마트 폐기물 관리 배치(앨버스룬 지방정부 및 인터레그Interreg 기금)

- LINC: 자율주행버스, 동적 버스 서비스 테스트(EU 기금)

- 덴마크 스마트시티 클러스터(국가 기금)

- 교통 소음을 줄이기 위한 사일렌트 시티Silent City

- 지역 데이터 허브: 프로토타입 개발 및 테스트(지역 기금)

- 라이팅 메트로폴리스Lighting Metropolis: 인간 중심 지능형 도시 조명(인터레그 기금)

- LUCIA: 발트해 지역의 지속 가능하고 스마트한 도시 조명 솔루션을 위한 파일럿 프로젝트(인터레그 기금)

스타트업의 요람, 테크시티와 히어 이스트

런던의 '테크시티^{tech city}'는 글로벌 금융 중심지인 런던 동쪽 도시 주변부 중 지가가 낮은 쇼디치를 중심으로 올드 스트리트와 올림픽파크에 이르는 지역에 위치한다. 샌프란시스코와 뉴욕에 이어 세계에서 세 번째로 큰 창업 클러스터로 '실리콘 라운드어바웃'이라 불리는데 스타트업과 IT 등 테크 기업이 자생적으로 모여 런던과 영국의 발전을 이끌고 있다.

세계 3위의 유니콘 스타트업 보유 국가인 영국은 정부가 적극적으로 기업과의 협력을 이끌고 인공지능 기술 개발을 지원한다. 영국 유니콘 기업의 65퍼센트가 인공지능 기술을 기반으로 하며, 유럽 인공지능 스타트업의 30퍼센트가 영국에 있다. 알파고 구글의 딥마인드와 핀테크 중심의 스타트업도 테크시티에서 탄생했다. 2008년 테크시티에는 IT 기업이 20여 개에 불과했지만, 2020년 말에는 1만 3천여 개의 스타트업이 활동했다. 저렴한 임대료 덕분에 다양한 스타트업이 몰려들었으며, 다양한 분야의 전문가, 엔젤투자자 그리고 오픈랩을 운영하는 IT 글로벌 기업이 스타트업 생태계를 구축해왔다. 영국 정부는 매년 50개의 유망 스타트업을 선정해 투자 유치, 사업 확장 및 상장 등을 지원하는 '퓨처 피프티^{Future Fifty}'를 운영하고 있다. 테크시티의 성공을 기반으로 영국 전역에 디지털 혁신 허브를 조성하는 '테크네이션^{Tech Nation}' 프로젝트는 1조 원 규모의 벤처캐피털을 통한 수조 원의 매출로 수많은 일자리를 창출했다.

히어 이스트와 플렉살

테크시티 동쪽 끝자락에는 퀸 엘리자베스 올림픽파크가 있는데, 2012년 런던올림픽 기간에 방송센터가 있던 지역 120만 제곱피트(약 3만 3천 평)를 2015년 기술 커뮤니티를 위한 혁신 및 기업의 중심지인 히어 이스트^{Here East}로 재단장했다. 쾌적한 녹색지대인 히어 이스트는 새로운 캠퍼스로 부동산 전문 회사 데란시와 영국 최대 데이터센터 운영업체인 인피니티 SDC가 합작해서 만들었다. 4,500명 이상의 전문가와 혁신가의 본거지이며 협업에 용이하게 설계되었다. 3,800여 명이 일하고 있으며, 2020년에는 약 5만여 명이 방문했다.[36] 히어 이스트는 런던에서 가장 빠르게 성장하는 세 가지 클러스터인 e스포츠, 모빌리티 및 크리에이티브 부문의 본거지다. 대표 입주 업체로는 BT 스튜디오스, 플렉살, 포드 스마트 모빌리티, 스포츠 인터랙티브 등이 있다. 이 중 플렉살은 히어 이스트 캠퍼스 내 혁신센터이자 공유 업무 공간이다.

우리가 글로벌 커뮤니티로서 기후변화에서 사이버 보안에 이르기까지 현재 직면한 도전 과제에 대해 확실한 진전을 이루려면 부문 간 협력을 수용해야 한다. 접근 방식은 모든 산업에서 보편적으로 수용되고 이루어져야 한다. 히어 이스트에서의 경험을 통해 모두가 다양한 그룹을 수용하는 곳에서 솔루션을 찾기 위해 협력하고 함께 노력하기를 열망한다는 것을 알았다.[37]

지속 가능한 마을, 성대골 리빙랩

서울 동작구의 성대골은 성대시장을 중심으로 동작구 상도 3, 4동을 아우르는 지역이다. 성대골은 어린이도서관을 만들며 공동체를 형성하기 시작했고, 공동체에서 여러 프로젝트를 기획하던 중 2011년 후쿠시마 원전 사고를 계기로 에너지 전환 운동을 벌이게 되었다. 성대골은 서울시가 추진한 제1호 에너지 자립 마을이다. 2012년 '서울시 에너지 자립 마을'로 선정된 이후 2014년까지 에너지 절약 문화 확산을 위한 절전소 운동, 에너지 진단, 착한가게 캠페인, 에너지학교 등을 진행했다.[38] '절전소'는 '소비를 줄이는 것이 바로 생산'이란 뜻으로 가구당 소비 전력량을 20퍼센트씩 줄이자는 운동이 절전소 운동이다.

2015년에 서울시 사회 혁신 공모 사업에 선정되어 '성대골 에너지 전환 마을 리빙랩 프로젝트'를 시작했다. 에너지 전환에 대한 성대골의 고민과 지역주민의 적극적인 참여가 필요한 리빙랩이 만나 거둔 성과였다.39) 2018년 9월에는 마을의 세 번째 협동조합인 '성대골 에너지협동조합'을 설립해 태양광발전소 이외에도 ESS 운영과 전력 중개 사업 등과 같은 에너지 신산업 분야 수익 사업을 추진했다.

성대골 리빙랩의 성공 요인은 마을 연구원 그리고 주민 조직을 기반으로 한 마을 리더의 탁월한 역량과 다양한 조직의 협력 네트워크이다. 에너지 전환 리빙랩 프로젝트에 기업, 연구소, 학교, 마을 기업, 상인회, ESS 솔루션 업체 등이 적극적으로 협업하고 있다. 성대골 입구의 '에너지 슈퍼마켓'은 에너지 소통 사랑방으로 주민들이 모여 에너지 교육과 캠페인에 대한 의견을 나눈다. 또한 슈퍼마켓이라는 이름처럼 대기 전력 측정기, 절전형 멀티탭과 같은 에너지 절약 제품도 판매한다. 49명의 지역주민은 마을 연구원이 되어 생활 속에서 에너지 전환을 실천하는 실험과 학습을 했고, 그 결과 도시에 적합한 옥상 거치형 미니 태양광 DIY 키트를 개발했다. 주민들은 태양광 설치 부담을 줄이기 위해 낮은 금리로 대출해주는 '우리 집 솔라론'이라는 금융상품 또한 개발했다. 이는 태양광 설치 후 줄어든 전기요금으로 대출금을 갚을 수 있는 상품으로 지역주민의 적극적인 참여를 이끌어냈다. 최근에는 주민 중심의 가상발전소를 구축해 마을에서 사용하고 남은 전기를 팔아 수익을 얻는 사업도 진행하고 있다.

성대골은 서울시의 가장 오래된 에너지 자립 마을이며, 많은 주민이 자발적·지속적으로 에너지 전환 운동을 해 모범이 된 사례이다. 지역주민들이 마을 연구원으로 참여하여 미니 태양광 DIY 시제품을 개발한 것이나 태양광 설치비 부담을 줄이는 금융상품을 개발한 것은 주민들이 주도적으로 생활 속 문제점을 고민하고 해결책을 찾은 성과라 할 수 있다.[40]

이제 리빙랩 운동은 변화의 씨앗인 '점'의 활동을 넘어 각각을 움직이는 '선'으로 연결돼야 한다. 규모 있는 '면'과 입체 공간으로 확대해나가는 '버전 2.0'을 준비할 시점이다. 각자 앞에 놓인 문제풀이식의 리빙랩 활동을 넘어 2030년, 2050년을 내다보며 지속 가능한 사회·기술 시스템 전환의 관점으로 각 활동을 연결하고 플랫폼 차원으로 발전시킬 필요가 있다.[41]

스마트시티 뒷이야기

"스마트시티는 코로나19 팬데믹 상황에서도 유효한가요?"

'K-역학조사 지원 시스템'은 유동 인구, 카드 사용 정보와 공공 CCTV 정보를 통해 확진자의 동선을 10분 안에 찾아낸다. 여기에는 통합 플랫폼과 데이터 허브 등의 스마트시티 기술이 사용됐다. 비대면으로 이루어지는 택배, 음식 배달, 온라인 교육 등은 코로나19 팬데믹 상황에서 더욱 고도화되는 스마트시티 서비스라 할 수 있다. 앞서 살펴본 후지사와 SST 사례는 생활권 중심의 커뮤니티 서비스로 팬데믹 상황에서 작동 가능하며 미래 도시에서 더 유효한 스마트타운의 지속 가능성을 말해준다.

"벤치마킹하고 싶은 스마트시티가 있나요?"

베를린 오이레프 캠퍼스에는 교통·에너지 분야의 도전적인 엔지니어와 창업가 들이 함께 연구하고 혁신 제품을 개발한다. 역사적인 가스저장소에서는 자유로운 논의의 장이 열리고, 로봇과 자율주행차, 전기차를 캠퍼스에서 실험한다. 풍성한 녹지 공간과 체육시설, 만남의 장소, 최고급 요리사가 있는 레스토랑, 개방적인 연구시설 등은 절로 혁신적인 아이디어를 떠오르게 하며, 누구나 참여하고 싶은 혁신 공간이 되고 있다. 우리가 추진하려는 혁신 지구, 도심 융합 특구도 이러한 모습이었으면 한다.

"스마트시티는 먼 미래의 도시 아닌가요?"

현재 관점에서 보면 자율주행차, 로봇, 인공지능, 메타버스 등의 기술이 상용화된 스마트시티는 아주 먼 미래의 이야기인 듯하다. 그러나 돌아보면 20년도 걸리지 않아 대부분의 문서가 디지털화됐고, 드론이 물건을 실어 나르고 있으며, 코로나19 팬데믹으로 재택근무가 일상화되었다. 구글과 도요타가 도시 건설을 시도하며 20세기까지는 볼 수 없었던 모습을 연출하고 있다. 앞으로의 스마트시티는 우리가 생각하는 것보다 훨씬 빠르게 변화될 것이다. 스마트시티는 우리의 가까운 미래다. 합리적이고 효율적인 도시라는 측면에서 보면 아주 오래된 도시 개념이다. 온고지신의 마음으로 스마트시티와 커뮤니티를 살펴 미래의 스마트시티를 가늠해보자.

5

스마트시티
산업과 기술

5장 '스마트시티 산업과 기술'에서는 스마트시티의 핵심인 데이터 관련 기술과 산업에 대해 알아본다. 스마트시티와 관련해 다양한 기업에서 여러 사업을 추진하고 있다. 하지만 기술 중심의 기업이 변화하는 정치·경제·사회 환경에 적응하지 못하고 도태되는 경우가 비일비재하다.

미래에도 지속 가능한 스마트시티 산업은 무엇일까? 어느 분야와 어떤 핵심 기술을 개발해야 할까? 스마트시티의 핵심 키워드인 '데이터'와 '도시 관리'를 중심으로 산업과 기술에 대해 자세히 살펴본다. 또한 데이터의 생산, 수집, 활용과 통합을 위한 플랫폼을 중심으로 한 지속 가능한 스마트시티 산업을 대안으로 제안한다. 더불어 빅데이터와 공간 IoT, 통합 플랫폼과 디지털 트윈, 데이터 허브와 인공지능, 어반테크 등 새롭게 부상하고 있는 스마트시티 기술과 사업 영역도 살펴본다.

스마트시티의 원자재, 도시 데이터

도시 공간의 IoT

예전 TV 프로그램인 〈일요일 일요일 밤에〉의 '이경규가 간다'라는 코너는 교통질서를 잘 지키는 사람에게 '양심 냉장고'를 주는 기획으로 많은 인기를 얻었다. 그중 첫 회는 아직도 많은 사람의 기억에 남아 있다. 인적이 드문 새벽 도로의 운전자 대부분은 횡단보도 신호를 무시하고 지나갔지만, 한 장애인 부부가 인적 없는 횡단보도의 신호를 지켜 많은 사람에게 감동을 주었다. 더불어 살기 위해 만들어진 규칙은 언제 어디서나 지키는 것이 맞을 것이며, 그것을 누가 지켜보는지에 상관없이 지키는 사람은 칭찬받아 마땅하다.

하지만 다르게 생각해보면 보행자가 없는데도 횡단보도 신호를 지키는 것은 비효율적이지 않나 하는 의문이 생긴다. 보행자가 있을 때만 횡단보도의 신호가 바뀌게 할 수 있다면, 운전자 입장에서도 불필요한 시간 낭비를 하며 정차할 필요가 없을 것이며, 보행자가 없는데 신호를 지켜야 하는지에 대한 양심의 갈등도 없을 것이다.

비효율적인 규칙을 만들어놓고 이것을 지키라고 하는 것보다 효율적인 운용 방법을 찾는 것이 더 중요할 수 있다. 앞서 언급한 것처럼 횡단보도의 신호등이 보행자 유무에 따라 반응하기 위해서는 먼저 횡단보도 이용자 유무를 인식할 수 있어야 하고, 주변 통행 차량의 유무도 확인할 수 있어야 한다. 이처럼 사물이 상황을 인지하게 만드는 것은 스마트시티에서 가장 중요한 기능이다.

사물이 상황을 인지하고 상황에 맞게 작동하는 것을 사물인터넷(이하 IoT)이라고 한다. IoT는 지능화와 연결성이라는 두 가지 특성이 있다. 한국의 초기 스마트시티 모델이라 할 수 있는 유시티에서는 "도시 공간의 모든 시설물이 실시간으로 주변 상황을 인지하고 도시문제와 관련된 상황이 발생할 때 자동으로 해결할 수 있도록 지원하여 도시 내 관리 및 운영을 효율화한다"는 것이 가장 중요한 목표였다. 지금도 이는 스마트시티의 중요한 역할 중 하나로 교량, 도로, 상하수도 등 도시의 중요한 기반시설에는 센서와 CCTV 등이 대부분 설치되어 있으며 이것들을 각종 센터에 연결해 24시간 관리하는 중이다.

IoT의 지능화와 연결성은 데이터를 기반으로 이루어진다. 각종 센서 및 CCTV로 데이터를 수집해 자신의 상황 및 주변 상황을 인지하고 유무선 통신망을 기반으로 데이터를 전송해 연결성을 유지한다.

이러한 IoT 기기들은 도시 전역에서 매시간 빠르게 증가하고 있다. 영국의 시장분석 회사 IHS는 IoT 기기가 2015년 154억 개에서 2025년 754억 개로 증가할 것이라고 예측한다. IoT 기기가 연결될수록 네트워크 효과로 인한 활용도 역시 기하급수적으로 늘어날 것이다.

　IoT는 스마트시티의 도시 관리 및 운영에 가장 중요한 기술이다. IoT는 여러 장소에서 발생하는 현상을 즉각 이해하게 하는데, 더 적은 비용과 더 적은 인원으로 이를 가능하게 한다. 여기에는 현재 스마트시티에서 기본적으로 제공하는 대부분의 서비스가 해당된다.

　도시 내 안전 확보를 위해 방범 CCTV를 설치한다고 생각해보자. 이전의 범죄학 관련 교과서에서는 경찰을 24시간 모든 지역에 촘촘하게 배치하면 범죄 예방이 가능하다고 보았는데 현실적으로는 이것이 불가능하기 때문에 거주자의 상호 감시가 유리한 환경을 조성하는 '환경범죄학' 등의 이론이 등장했다. 하지만 지금은 '그물망 CCTV'라는 표현을 각 지자체에서 사용할 만큼 방범 CCTV를 촘촘하게 구축해 경찰을 모든 지역에 배치한 것과 같은 높은 범죄 예방 효과 및 검거 성과를 달성하고 있다.

　요즘은 사건·사고가 발생하면 주변의 CCTV를 확인할 만큼 방범 CCTV를 통한 통합 관제가 중요한 역할을 하며, 2014년 1,627건에 불과했던 CCTV 활용 실시간 범인 검거 건수는 2018년 3만 1,142건으로 19배 이상 증가했다. 아직까지는 방범 CCTV의 범죄 예방 효과가 기대하는 만큼 크지 않다는 비판이 있는데, 이는 방범 CCTV를 관제하는 요원 한 사람당 담당해야 하는 CCTV 수가 너무 많아 실시간으로 상황을 인지하지 못하기 때문이다. 하지만 최근 지자체의 방범 CCTV가 지능형으로 변화하면서 모니터링 요원이 아닌 방범 CCTV가 직접 범죄 상황을 인지하는 방식으로 바뀌고 있어 범죄 예방 효과는 더 커질 것이다. 범죄 모니터링 외에도 교량, 도로, 하천 등 떨어져 있는 지역의 상황을 원격으로 인지하는 것은 IoT의 가장 기본 기능이며, 현재 한국 스마트시티에서도 가장 보편적이고 기본적으로 사용하는 기능이다.

IoT는 단순히 원격으로 상황을 모니터링하는 것에서 나아가 개별 기기들이 상황을 인지하고 직접적으로 대응하는 방식으로 진화하고 있다. 앞서 언급한 것처럼 지능형 신호등도 단순히 사거리 교통량을 모니터링하는 것에서, 지금은 교통량에 따라 신호 주기를 변경하는 방식으로 진화 중이다. 향후에는 전기 등 에너지의 사용도 전기 사용량을 모니터링하는 것뿐만 아니라 불필요하게 소비되는 전기의 사용을 자동으로 중지시키는 등의 방식으로 사람의 개입을 최소화하고 기기가 판단해 최적의 환경을 만들 수 있을 것이다.

IoT의 주요한 역할 중 하나는 데이터 수집이다. 도시 시설물에 부착된 센서는 도시의 다양한 현상을 실시간으로 수집한다. 이는 도시 빅데이터의 기반이 될 것이며, 이를 통해 도시 내 다양한 현상에 보다 효율적으로 대응함은 물론 도시 정책 수립 등의 기반이 될 것이다. 더 나아가 도시 빅데이터를 활용하는 새로운 혁신 산업 창출에도 기여할 것이다.

또한 IoT가 보편화된 미래에는 사람의 개입 없이도 다른 분야의 기기들 간 통신으로 복합적인 문제 해결이 가능할 것이다. 예를 들어 교통사고를 인지한 도로의 센서들은 즉각적으로 경찰 및 병원에 통보해

사고 처리와 환자 수송을 할 수 있도록 하고, 전광판을 통해 뒤에서 진입하는 차량을 우선 통제하는 등 다양한 시스템 연계가 가능해진다. 스마트시티에서 IoT 기술은 빠르게 발전할 것이다. 다만 다른 분야 간 연계는 앞서 살펴본 것처럼 각 분야에서 권한 및 책임을 담당하는 조직 체계 사이의 협력이 더 중요하다.

십시일반의 도시 데이터

초기 스마트시티는 도시 공간에 설치된 도시 기반시설의 스마트화에 집중했지만, 현재 스마트시티는 그 개념이 확대되어 도시 공간의 모든 활동을 스마트화하는 방향으로 진화하고 있다.

도시 공간에서 움직이는 킥보드, 택시, 버스 등의 다양한 이동 수단이 스마트화되어 자신의 위치 및 상태 정보를 제공하며 도시 공간에서 생활하는 많은 시민의 스마트폰은 개별 시민의 거래, 이동, 취향 등 모든 활동 데이터를 수집한다. 최근에는 하늘을 나는 드론 역시 도시 공간의 많은 데이터를 수집하는 데 이용된다.

인텔 전 CEO 브라이언 크러재니치는 모터쇼에서 자율주행차 한 대가 여덟 시간 만에 약 40테라바이트의 데이터를 생성할 것이라고 추정했다. 자율주행차가 상용화되면 엄청난 양의 데이터 수집이 가능할 것이다.

고정된 도시 시설물에 센서를 부착하는 IoT는 이제 움직이는 기기에까지 활용된다. 개인을 모니터링할 수 있는 스마트폰, 스마트와치 등 각종 기기 덕분에 모든 활동을 스마트화하는 것이 가능해졌다.

단순하게는 카카오택시 서비스처럼 택시는 현재 승객을 태우지 않았음을 알리는 상태 정보와 위치 정보를 제공하며, 승객은 지금 택시를 타야 한다는 상태 정보와 위치 정보를 공유해, 막연하게 택시를 기다릴 필요 없이 근방의 택시 서비스를 활용할 수 있다. 나의 위치를 기반으로 내가 원하는 상태를 알림으로써 생활의 스마트화가 가능해지는 것이다.

우리가 일상에서 활용하는 또 다른 서비스는 교통 상황을 반영하는 내비게이션이다. 최근 사용하는 티맵 또는 카카오맵 등의 내비게이션은 목적지에 도달하기 위한 경로상의 교통 상황을 인지하여 운전자에게 알려준다. 때로는 전방에 사고가 났다고 주의를 주고 때로는 막히지 않는 우회도로를 안내한다. 운전자는 막히지 않는 길을 안내하는 내비게이션 덕분에 더 빠르게 목적지에 도착할 수 있다. 즉, 운전자가 도착·목적지라는 상태 정보를 입력하면, 현재의 위치를 기반으로 내비게이션은 교통 정체 등을 반영해 더 빠른 길을 안내하기 때문에, 운전자는 보다 스마트하게 목적지에 도달할 수 있다.

도시 공간에서 살아가는 모든 시민이 스마트하고 합리적인 선택을 할 수 있다면, 도시 입장에서도 많은 문제를 해결할 수 있다. 시민이 비어 있는 주차장을 미리 알고 찾아갈 수 있다면, 도심 내 주차장을 찾기 위해 헤매는 차량이 줄어들게 될 것이고, 이는 도심 내 교통 정체를 해소하는 데 큰 도움이 될 것이다. 시민이 교통 정체가 심각한 도로 대신 우회도로를 이용해 더 빠르게 목적지에 도달할 수 있음을 안다면, 이는 도로의 교통 정체 해소에도 도움이 된다. 시민이 자가용으로 이동하는 것보다 킥보드, 버스, 지하철 등 대중교통을 사용하는 것이 시간이나 비용 면에서 훨씬 유리하고 편리하다는 것을 알고 이를 이용한다면, 도시 입장에서는 탄소 절감 등 환경 면에서 지속 가능한 도시를 만드는 데 도움이 될 것이다. 우리는 이러한 서비스를 여러 도시에서 누리고 있다. 다만 아직은 시민에게 제공되는 정보가 완벽하지 않기 때문에 시민이 전적으로 데이터를 신뢰하고 행동하지 않지만, 이러한 문제는 빠른 시일 내에 해결될 것이다.

시민이 데이터를 활용해 스마트한 삶을 누리고, 그 결과 도시 입장에서도 여러 가지 문제를 해결할 수 있지만, 이렇게 되기 위해서는 시민들이 지속적으로 데이터를 제공해야 한다. 교통 혼잡 상태는 도로의 CCTV를 통해 눈으로 확인해 예측할 수도 있지만, 사용자의 위치 정보를 취합해 내비게이션으로 확인하기도 한다. 카카오택시 등에서는 사람들이 택시를 타고 내리는 위치 정보를 지속적으로 수집해, 이를 택시 배치에 활용할 수 있다. 시민들은 데이터를 활용한 다양한 서비스 솔루션의 수혜자이며 최종 소비자인 동시에 데이터 생산 주체이기도 하다. 한 개인의 데이터는 무의미할 수 있지만, 개인 데이터가 십시일반으로 많이 모였을 때는 큰 수익을 창출할 수 있다. 이러한 개인 데이터의 특성 때문에 데이터를 누가 어떻게 활용할 것인가, 개인 데이터의 소유권은 누가 가져야 할 것인가 등에 대한 논의가 확대되고 있다.

유럽의 스마트시티에서는 시민이 자발적으로 도시 데이터를 생산하고 이를 활용하는 실험을 해왔다. 한 예로 시민에게 달걀 모양의 환경 센서를 나눠주고 자신의 집에 이것을 설치하게 했다. 이때 집 안의 공기 오염이 심각하다면 센서에 빨간색 불빛이 들어오고 문제가 없다면 파란 색 불빛이 들어오는 등 집안의 환경 상태를 직관적으로 알 수 있게 했다. 그리고 개인의 환경 센서에서 수집되는 데이터를 웹페이지로 수신할 수 있도록 시민에게 허락을 받아 그 지역의 환경 정도를 통합적으로 파악할 수 있게 했다. 또 다른 실험 중 하나로 시민이 냉장고의 식재료 중 유통기한이 임박한 것들을 앱에 올릴 수 있게 해 당장 식재료가 필요한 시민이 보다 싼 가격으로 구입할 수 있게 했다. 도시 입장에서는 음식물 쓰레기를 줄이는 효과가 있기 때문에 환경 개선에도 도움이 되는 실험이었다.

이러한 시스템을 도입하기 위해서는 시민이 데이터를 자발적으로 제공하는 방법을 생각해볼 필요가 있다. 달걀 모양의 환경 센서와 같이 선물로 받은 환경 센서를 통해 자신의 집 안 환경 파악에 도움을 받는 대신 자발적으로 자신의 데이터를 제공하는 방식을 취한다면, 시민들의 거부감은 크지 않을 것이다. 또한 식재료 교환 수단으로 앱이나 웹사이트에 자발적으로 올리는 데이터 역시 어떤 재료가 음식물 쓰레기로 나올 가능성이 높은지 등을 알 수 있기 때문에, 음식물 쓰레기 관련 정책 수립 등에 도움이 된다.

이런 아이디어를 확장한다면, 최근 아파트의 가장 큰 문제인 층간 소음 해결에도 적용할 수 있다. 층간 소음 센서를 시민들에게 무료로 나누어주고 센서를 통해 정확한 층간 소음 정도를 파악할 수 있게 하는 동시에 층간 소음 센서 데이터를 통합적으로 수집한다면, 층간 소음에 대한 대책 마련 등에 활용할 수 있을 것이다.

아직까지는 시민 개인의 데이터를 수집하는 것에 큰 무리가 없지만, 데이터를 수집해 많은 수익을 올리는 민간기업이 생겨난다면, 시민들은 거부감을 느낄 수 있다. 이는 최근 구글 사이드워크랩에서 추진했던 캐나다 토론토의 스마트시티 좌절 사례를 통해 알 수 있다. 구글은 토론토 스마트시티를 추진하던 중 개인의 데이터 수집에 반발한 시민단체 등의 반대로 결국 사업을 포기했다. 이처럼 민간기업이나 공공기관에서는 시민 개인의 데이터를 수집하여 새로운 서비스를 만드는 것만큼이나 데이터를 제공하는 시민에게 어떤 방식으로 보답할 것인가를 중요하게 생각해야 지속 가능한 서비스를 제공할 수 있다. 시민 자신의 데이터 제공 여부 선택과 데이터 제공에 대한 보답이 필요하다는 인식은 계속해서 확대될 것이며, 이는 '시민의 데이터 주권'이라는 새로운 개념으로 논의되고 있다.

또 하나의 가상도시, 디지털 트윈

1999년 개봉한 영화 〈매트릭스〉는 사람들에게 가상현실에 대한 관심을 불러일으켰다. 이후 2018년 개봉한 〈레디 플레이어 원〉은 다시 한번 가상현실이 실제화된 미래 모습을 보여주었다. 〈매트릭스〉와 〈레디 플레이어 원〉의 가상현실은 최근 등장해 많은 사람의 관심을 모은 '메타버스'와 비슷하다. 메타버스라는 가상현실에 수많은 개인이 참여해 새로운 생활과 관계를 만들어가게 된다.

디지털 트윈은 크게 두 가지 역할을 한다. 첫째는 가상세계를 통해 현실에서 벌어지는 일을 실시간으로 확인할 수 있으며, 때로는 현실세계를 원격으로 조작할 수 있다. 둘째는 아직 일어나지 않은 일을 손쉽게 시뮬레이션하고 결과를 예측함으로써 보다 효율적으로 계획을 세울 수 있다.

디지털 트윈 사업은 현실을 3차원으로 모방하는 것에서 출발했다. 하지만 단순하게 현실과 똑같은 모습을 만드는 것으로 할 수 있는 일은 제한적이다. 디지털 트윈의 활용도를 높이기 위해서는 도시 공간에서 벌어지는 현상을 실시간으로 정확하게 파악하는 것이 중요하다. 여기에 필요한 기술이 앞서 살펴본 IoT이다. IoT 기술이 디지털 트윈과 연결되면 도시 공간 내 실시간 교통 흐름 파악이 가능하고, 도시 공간 내 미세먼지 상태도 알 수 있다. 나아가 시뮬레이션 등을 활용해 교통 정체를 최소화할 수 있는 교통신호 주기를 계산하고, 디지털 트윈의 가상현실에서 교통신호 주기를 바꾸면 현실의 교통신호 주기도 바뀌어 교통정체를 해소할 수도 있다. 또한 도로나 교량, 건물 건설 등 현실의 도시 공간에 새로운 것을 도입하기 전 다양한 가상시나리오를 시뮬레이션해 최선의 방법을 찾을 수도 있다.

제품을 디지털화하고 원격으로 작동하는 것은 어렵지 않다. 스마트폰으로 거실 및 안방 등의 조명을 제어하는 기술은 이미 상용화되었고, 이 역시 디지털 트윈이라고 할 수 있다. 조금 더 복잡한 디지털 트원 기술은 2016년 미국 제너럴 일렉트릭에서 소개한 디지털풍력단지 건설 및 운영에 관한 것이다. 사업자가 풍력발전소를 설치하기 전 설치 대상지의 지형 환경과 풍향 및 풍속 등에 대한 데이터를 수집하여 시뮬레이션하고 가장 효율적인 풍력발전기 설치 위치를 지원한다. 동시에 개별 풍력발전기의 풍력 및 풍향 조건에 맞게 실시간으로 날개 방향을 조정하는 등과 같이 원격으로 운영하는 방식을 채택해 발전 효과를 크게 개선시켰다.

분명하고 단순한 목표가 있다면 디지털 트윈 구축은 용이하다. 하지만 고려해야 할 환경적 요인이 많고 목표 달성에 영향을 미치는 요인이 많으면 디지털 트윈은 추진하기 어려울 수밖에 없다. 특히 스마트시티에 통합적인 방식의 디지털 트윈을 적용한다면, 도시 공간의 수많은 요인과 그 안에서 상충하는 여러 가지 목표로 어떤 성과도 얻기 어려울 것이다. 디지털 트윈으로 문제를 해결할 수 있는 분야를 설정하고, 이에 대한 문제 해결부터 시뮬레이션까지 완결된 형태의 디지털 트윈 모습을 만든 뒤, 이를 점진적으로 확대해 발전시켜나가는 전략이 바람직하다. 즉, 안전에 기반을 둔 주거 지역 디지털 트윈 모델, 교통 소통을 원활하게 하기 위한 도로 디지털 트윈 모델 등과 같이 분명한 목표에 기반을 둔 디지털 트윈 모델을 개별적으로 만들고, 이들 디지털 트윈 모델을 합해 복잡한 도시문제를 해결할 수 있는 통합적 방식의 디지털 트윈 모델을 조성하는 것이 유리할 것이다.

현재 디지털 트윈 기술 수준은 3D로 가상도시를 구축하는 정도이며, 버추얼 싱가포르, 버추얼 서울 등이 그 사례다. 아직 데이터가 실시간으로 원활하게 수집되는 수준은 아니며, 3D라는 장점을 활용해 도시 바람길에 대한 시뮬레이션, 폭우로 인한 침수 피해 시뮬레이션, 조망권 및 가시권, 일조권 등에 대한 시뮬레이션 등에 활용하고 있다. 하지만 도시 내 모든 건물의 3D화는 많은 재정이 투입되는 반면, 그것을 통해 할 수 있는 일은 제한적이기 때문에 비용 대비 효과에는 여전히 의문이 있다. 따라서 도시 공간에 지속적으로 설치되는 사물통신 기기들과의 연동을 늘려감으로써 많은 재정을 투입해 만든 3D 기반 데이터의 활용 또한 지속적으로 확대하는 방안을 모색해야 한다. 투입된 재정보다 더 나은 성과가 없다면 디지털 트윈은 값비싼 장난감이 될 수밖에 없다. 그리고 이러한 방향은 디지털 트윈을 다용도로 활용하는 것이기 때문에, 더 많은 활용 방안 및 활용을 통한 성과를 계속해서 창출할 수 있어야 한다.

스마트시티의 두뇌, 도시 플랫폼

시스템과 서비스의 연결·통합 플랫폼

2007년 애플의 스티브 잡스는 역사에 남을 만한 프레젠테이션을 했고, 이는 지금도 프레젠테이션을 준비하는 사람들에게 바이블처럼 사용되고 있다. 그중에서도 "아이팟, 폰, 인터넷… 아이팟, 폰, 인터넷… 이것은 세 가지 다른 제품이 아닙니다. 이것은 하나의 제품입니다. 우리는 이것을 아이폰이라고 합니다"라고 하는 부분이 가장 유명하다. 스마트폰이 탄생하는 순간이었다. 서로 다른 분야의 제품이 하드웨어적으로 통합되고, 그 하드웨어를 바탕으로 수없이 많은 소프트웨어가 운영되는 기반이 마련되었으며 이는 우리 생활 전반을 뒤흔드는 사건이 되었다.

아이폰이라는 조그마한 제품이 하나의 플랫폼으로 작동하면서 많은 앱 개발자를 만들어냈고, 앱스토어라는 플랫폼을 통해 기존의 아이폰 개발자도 상상하지 못하는 앱들이 등장하게 된 것이다. 앱 개발자들이 만든 앱을 자유롭게 앱스토어에 올리면 선택은 온전히 사용자의 몫이었다. 많은 서비스는 전 세계 사용자의 선택을 기다리게 되었고, 사용자들은 앱스토어에 방문하는 것만으로도 존재하는 대부분의 앱을 선택할 수 있게 되었다.

플랫폼은 공급자와 수요자의 중계 역할을 한다고 단순하게 생각할 수 있지만, 디지털 전환으로 공급자와 수요자가 무한대로 늘어날 수 있기 때문에 그 파급효과는 엄청나다. 자체 생산 없이 가장 많은 앱이 거래되는 앱스토어나 플레이 스토어, 동영상 제작 없이 가장 많은 동영상 콘텐츠를 보유하고 있는 유튜브, 미디어 콘텐츠 없이 뉴스 당사자가 직접 콘텐츠를 생산하는 등 가장 빠르고 많은 뉴스를 접할 수 있는 메타 플랫폼스나 트위터, 개인이 자유롭게 출판하고 독자에게 선택받는 방식으로 운영되는 아마존의 킨들 등은 디지털 콘텐츠의 생산과 즉각적인 수요자의 선택으로 성장하는 대표 플랫폼이라고 할 수 있다.

디지털 콘텐츠만을 대상으로 하는 플랫폼에서, 지금은 실제 물리 공간에 존재하는 것과 연동되는 플랫폼으로 분야는 크게 확대되었다. 미디어 콘텐츠는 생산자의 창작물이 무한대로 손쉽게 복제되기 때문에 생산에 제약이 없다. 물리 공간에 실재하는 제품 등의 공급은 일반적으로 공유경제의 성격을 띠며 수요와 공급의 실시간 연결을 극대화해 선택 폭을 넓힌다. 네트워크가 클수록 효율성은 기하급수적으로 증대되는 것이다.

물리적 제품 역시 플랫폼에서 생산되는 것이 아닌 기존의 것을 활용한다. 아마존과 알리바바는 전통시장이나 백화점이 했던 다양한 상점 유치와 수많은 고객 확보를 디지털 세상에서 한다. 디지털의 특성에 따라 공간의 제약 없이 손쉽게 입점이 가능하며, 제품 수가 많을수록 더 많은 고객이 유입되고 더 많은 고객은 다시 더 많은 입점을 이끌어낸다. 이제 아마존과 알리바바는 제품을 소유하지 않고도 전 세계 최대의 장터로 명성을 얻고 있다. 우버도 차량 소유자가 하루에 차를 사용하는 시간은 한 시간 안팎이라는 점에서 착안해 차량 소유자와 그 주변에서 차량 이용을 원하는 고객을 연결시켜 자가용의 활용도를 높이기 위해 시작되었다. 하지만 현재는 택시를 소유하지 않고도 세계에서 가장 큰 규모의 택시 사업을 하고 있으며, 에어비앤비도 사용하지 않는 방을 머물 곳이 필요한 사람에게 중개하며 지금은 세계에서 규모가 가장 큰 호텔 사업자 역할을 하고 있다. 이처럼 개인이 소유하고 있지만 항상 사용하지 않는 유휴자원을 시장으로 끌어내 필요한 사람에게 공급하는 플랫폼 사업은 빠르게 성장하고 있으며 유휴자원의 대상 역시 확대되고 있다.

플랫폼 사업은 더 많은 공급과 수요를 확보해야 한다는 점에서 네트워크에 대한 고민이 매우 중요하다. 더 많은 공급자는 더 많은 수요자를 부르고 더 많은 수요자는 더 많은 공급자로 다시 확대되는 구조로 긍정적 네트워크가 구축되면 플랫폼 성공 가능성이 높아질 수밖에 없다. 따라서 플랫폼 사업은 내부 직원 간 협력 체계보다 공급과 수요라는 외부와의 협력 관계가 중요하다. 하나의 플랫폼에서 더 많은 종류의 소비 활동과 서비스를 제공받을 수 있다면 사람들은 편리성으로 인해 그 플랫폼을 이용하려 할 것이다.

스마트시티는 보다 효율적인 방식으로 도시문제를 해결하려 하기 때문에, 사업 초기부터 플랫폼의 효율성에 관심을 갖고 활용 방안을 논의했다. 스마트시티에서의 플랫폼 활용 방식은 아이폰의 초기 접근 방식과 비슷하다. 아이폰은 인터넷, 폰, MP3, 카메라 등 기존에 분리된 제품을 하나로 합하는 역할을 했고, 아이폰 제조업체가 사용 방식을 예측할 수는 없지만 필요할 것으로 판단되는 각종 센서를 장착하면서, 앱 개발자들은 각 제품과 센서의 기능을 상호 연계해 새로운 서비스 앱을 많이 출시할 수 있었으며, 이것이 플랫폼 형태로 진화했다. 스마트폰 이전에도 핸드폰은 하드웨어뿐 아니라 인터넷 접속 및 주소록 등 앱이라 할 수 있는 것을 탑재했지만, 이것을 확장하는 역할은 핸드폰 생산 업체만이 가능한 폐쇄형 생태계였다. 그러나 폐쇄형 생태계가 오픈형 생태계로 변화하자 엄청난 혁신이 가능해졌다.

스마트시티는 문제 해결을 위해 스마트폰과 유사한 방식을 고민하기 시작했다. 도로, 교량 등의 하드웨어적 시설물과 고속인터넷망 및 각종 도시 센서는 정부에서 제공하지만, 도시문제 해결 솔루션은 외부 공급자에게 제공받는 식이다. 외부 공급자는 민간기업이 될 수도 있으며 시민이 될 수도 있고 다른 공공기관이 될 수도 있다.

'서울버스'는 한국에서 개발한 초기 앱 중 인기가 가장 많았다. 2009년 무렵 서울을 포함한 수도권 지자체에서는 버스정류장의 버스 도착 시간을 웹에서 서비스했다. 공공기관에서 버스정류장에 버스 위치 데이터와 버스 도착 시간을 알리는 전광판을 설치하고, 버스에는 GPS

를 설치하여 실시간으로 버스 위치 정보를 알 수 있는 기반이 마련됐다. 그러나 버스 도착 시간을 알기 위해서는 웹사이트에서 확인하거나 버스 정류장에 도착해서야 가능했다. 기반시설을 갖추었음에도 제한적으로 활용되던 불편함을 스마트폰으로 해소할 수 있도록 하기 위해 2010년 초 한 고등학생이 '서울버스'라는 앱을 개발해 앱스토어에 등록했고, 이 는 사람들이 편리하게 언제 어디서든 주변 버스정류장에 언제 몇 번 버 스가 오는지를 확인할 수 있어 공공기관에서 설치한 기반시설 및 데이 터의 활용도를 급격하게 높일 수 있었다.

　이전까지는 시민이 공공기관에서 구축한 기반시설 및 데이터를 활용해 새로운 서비스 솔루션을 만든 적이 없었다. 때문에 공공기관에 서는 공공 데이터를 무단으로 사용했다며 앱을 개발한 고등학생에게 소송을 걸겠다고 했지만, 이 앱을 사용해본 시민들의 강력한 항의로 '서 울버스'는 지속 가능한 서비스 솔루션으로 살아남을 수 있었다. 이는 공 공기관이 구축한 기반시설과 데이터를 활용해 시민이 새로운 서비스를 만들어낸 초기 사례라고 볼 수 있다. 최근에는 공공기관에서 구축한 기 반시설을 통해 수집된 많은 데이터를 공개하고 있으며, 이를 활용해 도 시문제를 해결하는 새로운 서비스 솔루션이 등장하기를 기대하고 있다.

　최근 코로나19 팬데믹 상황에서도 공공기관의 데이터를 공개해 위기 대응 서비스 솔루션 개발 환경을 조성했고, 일부 성과도 있었다. 일례로 2020년 상반기 마스크 부족 대란이 벌어졌을 때 공적 마스크 판매 데이터와 개별 약국의 마스크 보유 데이터를 공개하고 이를 활용 해 다양한 앱을 만들 수 있는 환경을 조성했다. 실시간으로 주변 약국의 마스크 보유량을 확인할 수 있는 30여 개의 앱이 등장해 마스크 부족 대란을 잠재우는 데 기여하기도 했다.

스마트시티에서는 플랫폼을 두 가지 관점에서 생각할 수 있다. 첫 번째는 소프트웨어 차원의 좁은 의미에서의 플랫폼이다. 국내 다수의 도시통합운영센터에서 운영하는 도시 통합 플랫폼이 그 예일 것이다. 도시 통합 플랫폼은 도시통합운영센터에서 제공하는 다양한 서비스 솔루션을 연계 및 통합하여 보다 효율적으로 운영할 수 있도록 하는 소프트웨어이다. 두 번째는 도시를 하나의 플랫폼으로 보는 관점이다. 도시에는 공공기관에서 건설한 다양한 기반시설이 있고, 많은 센서를 부착해 다양한 도시 데이터 수집이 가능하다. 스마트폰 제조업체들이 하드웨어를 만들어 다양한 데이터를 수집할 수 있도록 하는 것과 유사하다. 수많은 앱 기업이 다양한 앱을 만드는 것처럼 공공기관에서 구축한 기반시설과 거기서 수집한 도시 데이터를 활용해 시민과 민간기업 등에서 도시문제를 해결할 수 있는 수많은 서비스 솔루션이 개발되는 환경을 조성하는 것이 보다 큰 개념의 도시 플랫폼이다.

스마트시티가 효율적으로 도시문제를 해결하기 위해서는 도시를 플랫폼으로 변화시켜나가는 거시적인 접근이 필요하다.

도시 상황 분석, 도시 데이터 허브

현재 한국 스마트시티의 중심 기반시설은 도시통합운영센터이다. 도시통합운영센터를 방문하면 제일 먼저 벽 한 면을 빼곡히 채운 CCTV 화면이 눈에 들어온다. 일부 센터는 재난관리센터나 교통관제센터에서 출발한 경우도 있지만, 대부분의 도시통합운영센터는 방범 CCTV센터에서 발전했다.

도시통합운영센터에는 개인정보 보호라는 큰 약점이 있다. 철저한 관리가 필요한 개인정보인 방범 CCTV 데이터는 법적으로 30일 동안만 보존할 수 있으며 외부에 유출하거나 연계할 수 없다. 이로 인해 한국 스마트시티의 심장이자 두뇌라 할 수 있는 도시통합운영센터는 도시 데이터를 기반으로 하는 스마트시티로 발전하는 데 많은 제약이 있을 수밖에 없었다. 방범 CCTV의 개인정보 보호와 관련해 타 기관 및 민간과 데이터를 공유하기 어렵고, 방범 CCTV 데이터의 휘발성 때문에 데이터에 대한 분석 및 시뮬레이션 등의 발전 역시 이루어지지 못했다.

도시통합운영센터가 스마트시티 두뇌 역할을 하기 위해서는 각종 도시 기반시설에서 실시간으로 수집되는 데이터를 연계 및 통합하고 활용해 지속적으로 새로운 서비스 솔루션을 만들 수 있는 여건을 조성해야 하며, 동시에 도시 데이터를 시민 및 민간기업에 지속적으로 공급해 이들이 새로운 서비스 솔루션을 만들 수 있는 환경을 만들어야 한다.

하지만 현재의 방범 CCTV 영상이라는, 외부 유출이 금지된 휘발성 데이터를 중심으로 도시통합운영센터가 운영된다면 진정한 의미의 스마트시티 조성은 어려울 것이다. 이를 위해 도시통합운영센터는 활용도 높은 도시 데이터를 수집하고 저장할 수 있도록 도시 데이터 허브를 보유하는 것이 중요하다.

앞서 언급한 디지털 트윈과 유사하게 도시 데이터 허브를 구축하기 위해서는 IoT 기술을 기반으로 많은 도시 데이터를 실시간으로 수집하는 과정이 전제되어야 하며, 도시 데이터를 실시간으로 분석할 수 있는 인공지능 기술 및 데이터 보호를 위한 보안 기술 등이 충분히 발전해야 한다.

한국에서는 스마트시티 국가 R&D를 통해 도시 데이터 허브를 개발하고 이를 실증 중에 있다. 도시 데이터 허브가 갖춰지면 다양한 도시 데이터를 활용해 효율적인 도시 운영도 가능하지만, 생각지도 못한 상황이 벌어졌을 때도 빠르게 대응할 수 있다. 스마트시티 국가 R&D에서 개발한 도시 데이터 허브는 코로나19 팬데믹 상황이 발생했을 때 금융기관의 결제 데이터, 통신 회사의 개인 위치 데이터 및 공공기관의 CCTV 데이터를 연동해 확진자 동선 분석 및 감염 위험 지역 분석, 감염 네트워크 제공 등을 신속하고 정확하게 제공할 수 있는 역학조사 지원시스템 역할을 했다.

K-역학조사 지원 시스템은 코로나19 발생 후 한 달 남짓한 기간만에 시스템을 구축하고 열흘 동안 시범 운영을 한 후 바로 정식 운영을 시작했다. 시스템 운영 후 역학조사 기간은 24시간에서 10분 이내로 단축되었고, 정확한 분석과 이에 대한 유관기관 간 실시간 정보 교환, 담당자의 업무 부담 대폭 감소 등의 성과를 즉각적으로 거두었다. 도시 데이터의 연계 및 통합만으로 짧은 시간 내 새로운 위기 상황에 대응할 수 있다는 것을 실제 사례로 보여주었다. 이는 데이터 기반의 스마트시티가 도시 내 문제 해결의 효율성뿐 아니라 도시의 중요한 기능 중 하

나인 도시의 회복탄력성에 크게 기여할 수 있음도 입증했다. 반면 우리가 여기서 중요하게 생각해야 할 부분은 코로나19 팬데믹 상황에서 사용됐던 개인 기반 데이터이다. 이동 동선 데이터, 신용카드 사용에 대한 데이터, 방범 CCTV 데이터 모두 개인정보와 연관되어 있다. 시민의 생명을 직접적으로 위협하는 코로나19 팬데믹 사태에 대한 대응 차원에서 시민들이 공감해주어 서비스가 가능했지만, 공공의 이익과 개인정보 침해는 스마트시티에서 지속적으로 논의되어야 할 주제이며, 데이터 사용 기준 설정에서 가장 중요한 것은 시민의 공감일 것이다.

인공지능 기반의 도시 최적화 및 자동화

인공지능은 스마트시티를 완성하는 기술이다. 인공지능이 작동하기 위해서는 여러 전제 조건이 필요하다. 도시 내 기반시설과 동적시설(자동차, 사람 등)에 다양한 센서를 설치해 실시간으로 대용량 데이터가 수집돼야 보다 다양한 분야에서 효과적으로 작동할 수 있다. 또한 플랫폼과 데이터 허브가 갖춰져 분야별 데이터가 연계 및 통합될 수 있는 환경이 조성된다면, 인공지능은 우리에게 더 많은 혜택을 줄 것이다.

인공지능이 효과적으로 작동하기 위해서는 믿을 만한 데이터가 목표에 맞게 갖춰져야 한다. 2011년 IBM의 인공지능인 '왓슨'이 처음 등장해 미국 ABC의 인기 퀴즈쇼에서 우승하며 주목을 받았고, 2015년 헬스케어 분야에 왓슨이 본격적으로 도입됐을 때는 '의사'라는 직업이 없어질 수 있다고도 했다. 하지만 왓슨의 질병 진단이나 예측은 기대한 만큼 정확하지 않았다. 그 원인으로는 복잡하고 다양한 환자 및 의료 환경을 충분히 반영할 만큼의 데이터 확보 실패와 부정확한 데이터 입력으로 인한 잘못된 진단을 들었다. 이로 인해 2022년 현재 IBM의 '왓슨' 매각이 구체적으로 이야기될 만큼 부정적 의견이 많다. 인공지능은 정확성과 모든 상황을 반영할 만큼의 데이터 확보가 전제 조건인데, 이들이 갖춰지지 않은 상황에서 사업을 무리하게 추진한 결과인 셈이다.

또한 개인정보 보호와 관련한 문제 역시 인공지능을 성공적으로 활용하기 위해 반드시 해결해야 할 요인이다. 2021년 1월 인공지능 챗봇 '이루다'가 「개인정보보호법」 위반으로 제재를 받았다. 이루다는 모바일 메시지 서비스 카카오톡에서 사용된 60만 명의 대화 문장 94억 건을 인공지능 알고리즘 학습에 사용했고, 이 과정에서 채팅에 부적절하게 사용된 문장이나 개인정보를 그대로 활용해 문제가 발생했다.

인공지능이 등장했을 때, 사람이 하는 모든 일이 대체될 것이라 했던 기대를 아직은 충족시키지 못하고 있지만, 인공지능은 여전히 중요한 기술로 활용되고 있다. 구글은 반도체 설계에 인공지능을 적용해 수개월 걸리던 작업을 여섯 시간 만에 해결하는 등 유용성 면에서는 뚜렷한 성과를 거두고 있으며, 미래에는 인간의 능력을 초월할 것이라는 예측 역시 유효하다.

스마트시티에서도 만족할 만한 수준은 아니지만, 인공지능을 다양한 분야에서 활용하고 있다. 2022년 인천과 세종의 수요응답형 버스는 인공지능을 활용해 버스를 기다리는 시민이 있는 버스정류장만을 실시간으로 확인해 운행함으로써, 최적화된 운행 경로를 생성한다. 택시와 다르게 한 명의 승객을 하나의 목적지로 이송하는 것이 아니고, 여러 사람의 탑승지와 목적지를 연결해 새로운 노선을 생성해야 하기 때문에 인공지능 기술이 필요하다. 특이할 것은 수요응답형 버스의 크기이다. 일반 버스보다 작은 16인승인데, 이는 인공지능 기술의 한계로 더 많은 승객을 태운다면 더 많은 경우의 수가 발생하는 어려움 때문이다.

더불어 CCTV 영상을 분석해 위해를 가하는 행동을 구분하고 얼굴 인식을 통해 범죄자를 식별하는 등 CCTV 영상 데이터 분석에도 인공지능 기술이 적극적으로 활용되고 있다.

인공지능 기반의 도로 관리 체계 역시 최근 실용화를 앞둔 분야이다. 인공지능 기반 도로 관리 체계는 사거리 등에서 진입하는 차량을 분석해 신호등의 신호 전환 주기를 조정함으로써 도로 교통 소통을 원활하게 한다. 실시간으로 차량이 많은 도로에 통행 신호를 길게 주어 도로 정체를 해소하는 것인데, 여기서도 고민해야 할 부분이 있다. 인공지능 기반으로 도로를 관리하면 차량 소통은 원활해지지만, 반대로 차량 사고가 일어날 확률은 높아진다. 차량이 많은데 속도가 느리면 대형 사고나 인명 사고가 날 확률 역시 감소하지만, 차량이 많음에도 차량 소통이 원활하다면 사고의 위험성 역시 높아진다. 이러한 기술을 적용할 때 고민할 수밖에 없는 부분은 절대적 선이 없다는 점이다. 대형 사고 감소 확률은 높지만 차량 소통이 원활하지 못한 경우가 옳은지, 대형 사고 증가 확률은 높지만 차량 소통이 원활한 경우가 옳은지 판단하기는 쉽지 않다.

인공지능의 등장은 기술 자체보다 운영 방식이나 윤리적 문제, 책임 소재 등이 중요하다. 인공지능은 사람의 결정을 따르기 위해 다른 요인을 고려하지 않고 작동하기도 한다. 이러한 문제 때문에 차량 사고가 발생했을 때 이것을 인식하고 자동으로 119 등에 연락하는 서비스처럼 완전 자동화가 가능한 분야에서도 최종 연락 전 '승인' 버튼을 일부러 추가하기도 한다. 이는 최종 판단을 사람이 하도록 해 기술의 오판을 방지하고 '승인' 버튼을 누른 사람의 결정에 대한 책임을 명확히 하기 위함이다. 윤리적 문제나 책임 소재 등은 인공지능과 관련해 지속적으로 논의가 필요한 분야이며, 이를 해결하지 않고는 인공지능의 적용 역시 기술 수준과 관계없이 한계가 있을 수밖에 없다.

모두의 도시 데이터

도시 데이터를 모든 사람에게 공개하고 이를 활용해 다양한 서비스 솔루션을 만들어 도시문제를 해결하는 동시에 새로운 산업으로 육성한다는 데이터 기반 산업 생태계는 잘 알려진 전략임에도 불구하고 아직까지 실현되고 있다고 말하기 어렵다. 이는 스마트시티 생태계가 내부 조직보다는 외부 연계로 성장하는 구조이기 때문이며, 이를 위해 데이터 생산 주체가 자신의 데이터를 외부에 공개해야 외부와 협력할 수 있다. 반면 우리는 도시의 빅데이터가 하나의 권력이자 수익 창출의 기반임을 알고 있기 때문에 도시의 빅데이터를 수집하기 위해 많은 비용을 지불한 데이터 생산자가 외부에 이를 공개하는 것이 쉽지 않음을 알고 있다. 따라서 데이터 생산자는 외부가 아닌 내부에서 비용을 들여 생산한 데이터를 활용한 서비스 솔루션을 만들기 위해 노력하고, 그 결과 외부를 활용하는 것보다 제한적인 수준의 서비스 솔루션을 구축하는 실정이다.

다양한 부문에서 활용되는 도시 빅데이터인 정보통신 회사의 유동인구 데이터를 공개한다면, 외부 네트워크에 속한 조직에 의해 매우 많은 서비스 솔루션이 개발될 것이다.

2010년 초 정보통신업체가 유동인구 데이터를 실시간으로 수집하기 시작할 무렵, 수집한 데이터 활용에 대해 논의한 적이 있었다. 당시만 해도 정보통신업체에서는 데이터 활용 방식을 고민하고 있었으며, 새로운 수익모델 없이 데이터를 지속적으로 저장하는 비용 부담에 시달리고 있었다. 그들은 필자에게 유동인구 데이터를 무료로 제공할 테니 새로운 활용 모델을 만들어달라는 제안을 했고, 이를 분석해 활용할 수 있는 샘플 모델을 제작했다. 이후 유동인구 데이터에 대한 관심이 고조되었으며, 유동인구 데이터에 대한 수요가 증가하면서 정보통신업체들은 이를 판매하기 시작했다. 그리고 현재는 또 다른 빅데이터라 할 수 있는 금융기업의 가맹점 데이터 및 결제 데이터를 통합하기 위해 정보통신업체와 금융기업이 협력하고 있다.

하지만 빅데이터 구축이 유리한 기업이 데이터를 외부에 공개하고 이를 통해 사업 모델을 만들어가기보다는 내부에서 서비스 솔루션까지 만들려는 방식은 사업의 확장성을 높이는 데 한계를 가져올 수밖에 없다. 도시 빅데이터 생산 기업은 데이터 자체를 판매하는 방식보다 해외 기업이 성공적으로 추진했던 사업 방식을 고민할 필요가 있다. 생산한 빅데이터를 공개해 다양한 서비스 솔루션 앱이 나올 수 있는 환경을 조성하고, 그중 성공한 서비스 솔루션 앱이 일정 규모 이상 수익을 창출하기 시작했을 때 그 수익의 일부를 공유하는 방식으로 사업을 개선한다면 빠르게 데이터 산업 생태계 조성이 가능할 것이다.

또한 데이터 산업으로 수익이 창출되기 시작한다면, 수익의 일부를 데이터 제공 주체인 개별 시민에게 돌려줄 수 있는 방안을 고민해야 지속 가능한 데이터 생태계 조성이 가능해질 것이다. 데이터의 독점과 데이터 관련 서비스 솔루션의 독점적 개발, 데이터 독점 기업 간 카르텔을 만드는 방식은 데이터 산업 생태계를 확장하는 데 한계가 있을 수밖에 없고, 이에 대한 부정적 효과는 데이터 생산 주체가 책임질 수밖에 없다.

민간기업의 데이터 개방만큼 중요한 것이 공공기관의 데이터 개방이다. 공공기관의 경우는 민간기업과 다르게 적극적으로 데이터를 개방하는 것처럼 보인다. 하지만 개방 건수 등에 집착함으로써 실제 활용도 높은 데이터를 발굴하고 이를 개방하기보다 활용도와 상관없이 더 많은 데이터를 공개하는 양적 부문에 치중해 제대로 된 데이터 생태계 조성에 어려움이 있었다. 또한 공공기관이 수집한 활용도 높은 데이터 다수는 데이터 품질 등에 대한 우려로 공개를 거부하기도 한다.

한 예로 경찰이 보유하는 범죄 발생 데이터는 범죄 발생 데이터 구축의 중요성을 등한시하는 경찰의 인식으로 데이터의 정확성이 떨어진다고 평가한다. 이로 인해 경찰에서는 데이터의 부정확성에 대한 책임 소재 문제로 데이터 공개에 어려움을 겪고 있을 것이다. 물론 공식적으로는 집값 하락을 걱정하는 주민의 반대 등으로 정확한 범죄 발생 위치 공개가 불가능하다는 입장이다.

민간기업은 공공기관 데이터를 수익 사업에 활용하는 것에 부정적이다. 그 이유로 공공기관 데이터 품질에 대한 신뢰 부족 및 공공 데이터 표준화를 위한 비용과 시간의 과다 소요를 지적한다. 신뢰성 낮은 공공 데이터를 개방할 경우, 공공기관은 공공 데이터 생산의 책임이 무거울 수밖에 없기 때문에 공공 데이터는 적극적으로 공개하되 공공 데이터를 검수하고 이를 활용할 수 있도록 정밀하게 가공하는 중간 업체를 육성하는 것도 방안이 될 수 있다. 공공기관이 데이터를 개방하고 품질 관리까지 하는 것은 전문성이나 업무 강도 측면에서도 비효율적이다. 따라서 공공기관의 원데이터를 표준화할 수 있는 중간 유통 조직을 육성해 데이터 품질을 관리한다면, 공공기관의 데이터 개방이 적극적으로 이루어짐은 물론, 민간기업도 활용 가능한 공공 데이터를 수월하게 확보할 수 있어 새로운 서비스 솔루션 구축에도 유리할 것이다.

여기에 더하여 공공 데이터 가공 업종이 산업의 일부로 등장하면, 새로운 일자리 창출 등에 기여할 수 있을 것이다. 미국에는 공공기관에서 제공한 단순한 형태의 도로 데이터를 정밀하고 활용도 높은 데이터로 가공하는 업체가 다수 존재한다. 국가에서 제공하는 데이터는 무료이지만, 데이터 가공업체에서 제공하는 데이터는 새로운 제품으로 판매된다.

데이터는 스마트시티 조성의 필수 재료이다. 도시 데이터 수집을 위해 스마트시티에서는 IoT 기술을 활용한 새로운 스마트시티 서비스 솔루션을 구축 및 운영하고 있으며, 서비스 솔루션 운영 과정에서 새로운 데이터가 생성되고 이는 다시 새로운 서비스 솔루션을 구축 및 운영하는 데 활용하는 방식으로 성장한다. 데이터를 더 많이 공유할수록 데이터 공유 네트워크에 참여하는 새로운 이해관계자들에 의해 새로운 서비스 솔루션이 끝없이 등장할 수 있고, 새로운 서비스 솔루션은 최종 수혜자인 시민의 선택으로 성공 여부가 결정될 것이다. 하지만 민간기업이나 공공기관에서는 서로 다른 이유로 데이터 공개를 제한하기 때문에, 데이터 생산자로서 데이터를 활용한 다양한 솔루션 모델이 등장하는 방향으로 전환될 수 있도록 다양한 논의가 이루어져야 한다.

기업의 이익뿐 아니라 도시 이익까지, 어반테크

오프라인의 몰락과 온라인의 부상

수요자와 공급자가 많아야 경제활동이 일어나기 좋다. 인류는 수요와 공급을 보다 많이 집적시킬 수 있는 방향으로 경제를 발전시켰다. 초기 인류는 자신이 소유한 물건을 필요한 다른 물건과 교환하며 경제활동을 시작했다. 이후 교환 가치에 대한 불균형의 불편함을 해소하기 위해 화폐를 만들어 사용했다. 상대방이 원하는 물건을 보유해야 거래가 이루어질 수 있지만, 거래가 필요한 시점에 그런 가능성을 충족시키기 어려운 경우가 많기 때문에 교환을 용이하게 할 수 있도록 가치가 균일한 화폐를 사용하게 된 것이다. 화폐의 탄생으로 필요한 물건 확보가 용이해지자 자신이 생산하기 유리한 물건을 전문적으로 생산하면서 생산의 전문화가 이루어질 수 있었다.

이후 더 많은 교환이 이루어질 수 있도록 시장이 형성되었으며, 이러한 시장은 인류 최초의 물리적 공간 플랫폼이라고 할 수 있을 것이다. 공급자는 더 많은 수요자가 있을수록 자신의 물건을 더 좋은 조건으로 파는 것이 가능하며, 반대로 수요자도 더 많은 공급자가 있을수록 더 다양한 선택권을 가질 수 있다. 19세기 중반 파리에서는 세계 최초의 백화점이 탄생했다. 시장과 백화점에서는 더 많은 공급과 수요를 연결시킬 수 있었으며, 더 많고 다양한 물건을 보유할수록 더 많은 사람을 유인할 수 있었다.

하지만 물리적 공간에서 수요와 공급을 밀집시키는 것은 제약이 있을 수밖에 없다. 한국의 가장 큰 전통시장은 남대문시장이며 2016년에는 점포 수가 5,200개에 달했다. 전 세계에서 가장 큰 백화점은 부산 해운대의 센텀 신세계백화점이며 지하 2층 지상 11층으로 2017년에는 2천만 명이 방문했다. 더 많은 점포 및 방문객을 한 공간에 밀집시키는 것은 공급 및 수요의 관점에서 중요하다는 인식 아래 한동안 대형 점포가 많이 등장했다. 하지만 아무리 대규모 시장 및 백화점이라 할지라도 수용할 수 있는 점포 및 방문객 수는 한계가 있을 수밖에 없다.

1990년대 중반 이후 인터넷의 발전으로 전자상거래 사이트가 등장했다. 인터넷 전자상거래 사이트는 크게 두 가지 특징이 있다. 첫 번째는 입점 기업과 방문자를 무한대로 늘릴 수 있다는 것이다. 세계에서 가장 큰 백화점의 연간 방문객은 2천만 명이지만, 아마존의 월 방문객 수는 미국에서만 1억 5천만 명 이상이며, 평균 월간 조회 수는 약 17억 8천만 회를 기록하고 있다. 두 번째는 시간과 장소의 제약 없이 거래할 수 있다는 것이다. 물리적 공간에 새로운 점포를 내기 위해서는 더 많은 비용과 노력을 지불해야 하지만, 가상공간에 새로운 점포를 내는 것은 상대적으로 적은 비용과 노력으로 가능하며, 소비자 또한 방문을 위한 시간과 노력 없이 인터넷 접속만으로 쇼핑이 가능하다. 이러한 온라인 사이트의 장점은 오프라인 점포를 빠르게 대체하는 원인이 되었다.

1994년 등장한 아마존은 오프라인의 많은 대규모 업체를 몰락시켰다. 아마존의 초기 모델이었던 온라인 서점은 40년간 매장 수가 1,200개에 달했던 미국의 대표 거대 서점 체인이었던 보더스를 5년 만에 퇴출시켰다. 이후 아마존의 사업이 여러 분야로 확대되면서 60년간 세계 38개국에 1,600개 이상의 대형 매장을 운영하던 토이저러스까지 몰락시켰다. 더불어 백화점 브랜드 시어스 및 포에버21 등 오프라인 유통업계의 몰락은 계속해서 확대되었고, 최근 코로나19 팬데믹으로 인한 비대면 경제 전환은 오프라인의 설 자리를 더욱 좁혀나갔다.

아마존 하나로 대규모 오프라인 매장의 몰락이 이루어졌지만, 그 외 넷플릭스로 인한 대형 영화 렌털 체인이었던 블록버스터의 몰락 등 다양한 사례가 계속 나오고 있으며, 오프라인 중심의 대형 유통업체들은 빠르게 디지털로 전환하지 않으면 살아남기 힘들다는 것을 깨달았다.

이는 한국도 마찬가지이며, 롯데쇼핑 등의 대표 대형 유통업체에만 국한되는 것이 아닌 주요 대형 상권으로 알려진 광화문, 명동, 종로, 강남 등의 상가 공실률이 급격히 늘어나고 있는 것만 봐도 오프라인 매장이 몰락하는 추세임을 확인할 수 있다.

플랫폼 기업 전성시대

4차 산업혁명을 이야기했던 클라우스 슈밥은 디지털화로 인한 규모 수익 성장에 주목했다. 이를 위해 1990년 전통 산업 중심지였던 디트로이트와 2014년 실리콘밸리를 비교했는데, 1990년 디트로이트 3대 대기업 시가총액 360억 달러(약 44조 4600억 원), 매출 2500억 달러(약 308조 8천억 원), 직원 120만 명이었으며, 2014년 실리콘밸리의 가장 큰 기업 세 곳의 경우 시가총액 1조 9천억 달러(약 2347조 2600억 원), 매출 2470억 달러(약 305조 1400억 원)로 디트로이트와 비슷했지만, 직원은 13만 7천 명으로 10분의 1 정도에 불과했다. 이를 통해 디지털 사업은 이전보다 훨씬 적은 노동력으로 더 많은 수익을 창출하게 되었으며, 이들 기업은 저장, 운송, 복제에 드는 비용이 거의 없는 '정보재'를 제공하기 때문에 소자본으로 큰 성장이 이루어질 수 있는 사회로 전환되었음을 주장했다.

2021년 10월 세계 주가총액 상위 10대 기업을 살펴보면 애플, 마이크로 소프트, 사우디 아람코, 알파벳(구글), 아마존, 메타 플랫폼스, 테슬라, 버크셔 헤서웨이, TSMC, 텐센트이며 이 중 원유와 관련한 사우디 아람코 외에는 대부분 디지털 전환의 수혜 기업이다. 이는 불과 20년 전까지만 해도 주목받았던 제너럴 일렉트릭, 엑슨모빌, 시티그룹, 월마트 등 제조업체와 정유, 금융 및 대형 유통 체인 등의 기업이 대부분 자리를 내주었음을 보여주며, 이러한 추세는 시간이 흐를수록 견고해질 가능성이 크다.

엘스타인 등은 『플랫폼 레볼루션』에서 디지털 전환으로 새로운 혁신이 일어나며 기존의 전통적 방식을 파괴하는 과정을 두 단계로 설명했다. 책에서는 우리의 전통적 시스템을 '파이프라인'이라고 표현했는데, 파이프라인은 가치 창출과 이동이 단계적으로 일어나며 그 시작에는 생산자가 마지막에는 소비자가 존재한다고 했다. 파이프라인 시스템에서 회사는 제품이나 서비스를 우선 디자인하고 이를 판매하고 제공하기 위한 시스템을 작동하며, 마지막에 고객이 등장해 제품이나 서비스를 구매하게 된다.

예를 들어 전통적 출판 산업에서 출판사는 많은 저자가 투고한 원고 중에서 몇몇 원고와 저자를 선별하고 자신들의 선택이 인기를 얻기를 바란다. 이러한 과정은 많은 시간과 비용이 소요되는 동시에 특정 사람의 직관이나 추측에 기반하는 결정에 따르게 된다. 하지만 아마존의 킨들 플랫폼에서는 누구나 책을 출간할 수 있고 실시간으로 소비자 피드백을 받음으로써 어떤 책이 성공하고 실패할지가 결정된다. 이처럼 한정된 출판만 가능했던 시절 존재했던 게이트키퍼가 사라지고 직접 소비자의 선택을 받는 방식은 공급자 입장에서도 엄청난 시간과 비용을 절감할 수 있고 수요자 입장에서도 다양한 선택이 가능해 기존 파이프라인 시스템은 플랫폼 시스템으로 급격하게 전환되고 있다.

전통적인 호텔 산업을 생각해볼 때, 힐튼 등의 호텔 기업이 성장하기 위해서는 결제 시스템을 정교하게 만들고 수요자가 많고 전망 있는 지역의 부동산을 매입해 호텔을 건설해야 하며, 직원을 고용하고 이들을 훈련시키는 등 영역을 확장하기까지 수년의 시간과 막대한 자금이

들어간다. 하지만 에어비앤비는 자신들이 이 모든 것을 공급하지 않기 때문에, 공급에 대한 고위험 투자가 없으며 수요가 높은 지역에 즉각 공급할 수 있어 빠른 성장 또한 가능하다.

유튜브 역시 전통적 방송국이 많은 시간과 비용을 투자해 콘텐츠를 만들기보다 많은 사람이 콘텐츠를 공급할 수 있도록 유도하는 방식을 채택해 큰 성공을 이루었다. 고정비용을 많이 지출하고 이를 회수해야 하는 전통적 방식의 기업과 고정비용 지출이 없는 기업 중 어떤 기업이 유리한지는 자명하게 알 수 있다. 플랫폼 기업이 가장 신경 써야 하는 부분은 더 많은 공급이 더 많은 수요를 가져오고 더 많은 수요는 다시 더 많은 공급을 가져올 수 있도록 많은 사람을 참여시키는 네트워크 효과에 집중하는 것이다. 따라서 새롭게 등장하는 플랫폼 기업에게는 막대한 자본이 투입되는 설비나 공장 또는 많은 수의 체인이 아닌, 거대 공급 및 수요 네트워크를 만드는 것이 중요하다. 이러한 맥락에서 우리는 최근 쿠팡 등의 기업처럼 대규모 적자와 상관없이 회원 수를 늘리기 위해 노력하는 것을 자주 목격할 수 있다.

플랫폼 기업은 새로운 제품을 생산하는 대신 유휴자원들을 시장으로 끌어내는 방식으로 성장하고 있다. 이는 앞서 언급한 것처럼 콘텐츠 생산 능력을 가진 다수의 사람이 자신의 시간과 노력으로 콘텐츠를 생산하고 이를 세계시장에서 즉각 평가받기도 하며, 소유하고 있지만 사용하지 않는 집과 자동차 같은 유휴자원을 공유함으로써 활용도를 높이기 위한 공급 체계를 구성하는 식이다.

플랫폼 기업의 성장은 여기서 멈추지 않는다. 플랫폼 기업은 네트워크 효과에 의한 수요의 결집을 만들어낸다. 전통적 기업은 대량생산 체계를 통해 생산 효율성을 높이는 방식으로 비용을 절감하는 공급과 연결된 규모의 경제를 중요하게 생각한다면, 플랫폼 기업은 100개의 프로컨슈머가 연결을 통해 4,950개로 확대되는 수요 측면의 기하급수적 연결 효과를 중시한다. 즉, 더 많은 회원 수는 기하급수적 연결 효과를 가져와 수요와 공급의 상호 네트워크 효과를 발생시킨다. 그리고 다양한 수요자와 공급자가 확보된 네트워크라면 제품 및 서비스를 공급하는 영역 역시 빠르게 확대할 수 있다. 우버는 우리가 5분 안에 고객에게 차를 보낼 수 있다면 다른 어떤 제품 및 서비스 역시 5분 안에 고객에게 보낼 수 있다고 했으며 이를 입증하듯이 음식 배달부터 세탁까지 모든 영역으로 서비스를 확장하는 중이다.

이는 다시 거버넌스 영역의 중요성을 높인다. 플랫폼 기업은 생산 최적화보다 생태계 거버넌스 구축을 중요시하고 내부 직원의 통제 및 생산력 향상보다 외부 파트너 설득을 중요시한다.

플랫폼 기업은 유휴자원 활용을 기반으로 하는 공급 체계, 수요 및 공급 네트워크의 확대, 외부 영역 간 협력을 통한 새로운 분야 진출로 기존의 전통 산업 체계를 파괴하면서 빠르게 성장하고 있다.

필연적으로 독점을 통한 영향력 확대와 타 분야로의 문어발식 확장이 이루어지면서 플랫폼 기업의 부작용 논의 또한 각국에서 이루어지고 있으며, 한국 역시 카카오 및 배달의 민족과 같은 대표 플랫폼 기업의 독점적 지위와 문어발식 확장에 강력한 규제를 예고하고 있다. 독점으로 인한 폐해와 시민의 편리성 및 경제적 이득이라는 양면성을 지닌 플랫폼 기업에 대한 논의는 본격화될 수밖에 없으며, 현명한 절충안을 찾아야만 할 것이다. 그리고 그 절충안은 자사의 이익을 극대화하기 위해 생태계 속 구성원을 하청업체로 여기는 것이 아닌, 생태계 확대를 위해 다 같이 협력하고 이익을 상호 공유하는 파트너로 인식하는 것에서 출발해야 한다.

도시문제도 해결하고 기업도 성장한다

도시문제의 원인 중 하나는 많은 사람이 몰리면서 한쪽에서는 도시민이 향유하는 자원 부족으로 극심한 빈곤이 발생하는 반면, 다른 한쪽에서는 너무 많은 자원을 소유해 남아서 폐기하는 자원의 과잉 공급이 발생하기 때문이다. 앞서 살펴본 것처럼 플랫폼 기업은 과잉 공급되는 자원을 부족한 사람들에게 연결시켜 공급과 수요가 효율적으로 배분될 수 있도록 한다. 도시 입장에서는 이러한 디지털 전환을 통해 도시 내 공급 부족으로 발생하는 문제는 물론 공급 과잉으로 발생하는 문제 역시 동시에 해소할 수 있다.

산업 역시 디지털 전환을 통해 수익을 창출하는 새로운 형태의 어반테크 기업이 2015년을 기점으로 빠르게 성장했다. 어반테크 기업은 교통, 주거, 쓰레기 처리 등 다양한 도시문제 해결을 위한 아이디어로 출발한 스타트업이다. 어반테크 분야의 빠른 성장은 2015년 200억 달러 (약 24조 7천억 원) 수준의 투자가 2018년에는 700억 달러(약 86조 4500억 원) 수준으로 빠르게 증가한 것에서 확인할 수 있다.

어반테크 기업 대부분은 플랫폼 기업의 성격을 띤다. 대표적으로 우버와 에어비앤비는 도시 내 자원 소비 없이도 운송 문제와 주거 문제를 해결할 수 있었으며, 스마트주차장 관련 사업, 공유자전거 및 공유킥보드 관련 사업, 스마트 그리드 등 에너지 절감 및 분배와 관련된 사업 등 다양한 분야에서 도시문제 해결과 이를 통한 수익을 창출하는 어반테크 기업이 성장하고 있다.

어반테크 기업은 도시 공간의 혁신을 기반으로 도시문제 해결에 집중하고 있다. 이들 기업은 도시 공간의 다양한 재원이 효율적으로 분배될 수 있도록 하며, 더 많은 시민이 도시문제를 해결하는 방식으로 행동할 수 있게 한다.

한 예로 시민이 내연기관 자동차 대신 걷거나 전기 킥보드 혹은 대중교통을 이용하는 등 탄소 배출량 감소를 위해 노력했음을 입증하면 탄소 배출 감소량만큼 금전적으로 보상하는 사업이 추진되고 있다. 이로 인해 시민은 환경보호 활동에 참여하는 동시에 금전적 보상까지 받을 수 있고 도시는 탄소 배출량을 줄일 수 있게 된다. 또 한 예로 백화점에서 마감 시간까지 팔지 못한 음식을 싸게 파는 것에서 착안해 지역 내 식당이 팔지 못한 음식을 마감 시간에 싸게 파는 중계 플랫폼을 만들어 음식물 쓰레기를 줄이는 서비스를 한다.

어반테크 기업은 같은 서비스를 제공하더라도 더 많은 시민이 참여할수록 도시문제 해결 성과가 극대화된다. 네덜란드 암스테르담 인구 80만 명 중 하루 평균 35만 명이 자전거를 이용한다고 한다. 당연히 공유자전거 서비스도 제공하고 있다. 자전거의 도심 내 교통 분담률은 2015년 이미 36퍼센트에 달했으며 이는 승용차의 교통 분담률 24퍼센트를 압도하는 수준이다. 반면 서울도 공유자전거 서비스를 제공하고 있지만, 교통 분담률은 2퍼센트대에 머물고 있다. 암스테르담은 공유자전거 서비스 등으로 막대한 탄소 절감 효과를 거두고 있지만, 유사한 서비스를 제공하는 서울시는 탄소 절감 효과가 상대적으로 미미할 수밖에 없다.

이러한 차이는 자전거 전용도로 등 인프라의 영향이 크겠지만, 시민 참여의 규모에 따라 도시문제 해결 효과 역시 차이가 클 수밖에 없다. 이러한 관점에서 최근 추진 중인 공유자전거와 공유킥보드의 안전모 필수 착용과 관련한 부분을 생각해볼 필요가 있다. 안전모 착용은 탑승자의 안전과 관련한 문제이지만, 공유자전거와 공유킥보드 이용에 부정적인 영향을 끼칠 수밖에 없다. 공유자전거와 공유킥보드는 수익 창출 모델이기도 하지만 도시문제 해결에 도움을 주는 어반테크적 성격을 띠고 있어 더 많은 시민이 참여할수록 효과는 극대화된다. 하지만 안전모 강제 착용 규정으로 공유자전거와 공유킥보드 사용에 불편을 야기해 이들 서비스 제공업체의 매출이 3분의 1 토막에서 반 토막까지 났다는 언론 보도가 있었다. 유럽국가 대부분은 안전모 착용이 필수가 아니며 대신 안전교육을 강화해 사고 발생률을 줄이는 방향으로 정책을 추진한다. 이처럼 한국도 시민의 안전을 보장하면서 시민의 서비스 활용에 지장을 주지 않는 방향으로 정책을 추진해야 도시문제 해결 성과를 달성할 수 있을 것이다.

거듭 말하지만, 어반테크 기업은 더 많은 시민이 참여해야 도시 문제도 해결할 수 있다. 따라서 어반테크 기업에 대한 규제는 그 기업의 수익모델만이 아니라 기업의 도시문제 해결 기여도 역시 고려할 필요가 있다. 어반테크 기업은 도시 공간을 대상으로 시민에게 서비스를 제공하기 때문에 고려해야 할 사항이 많다. 도시 공간에 존재하는 기존 서비스와 어떤 방식으로 협력해 갈등을 줄일 것인지, 어떻게 해야 더 많은 시민이 서비스에 참여할 수 있을지 등을 고민해야 한다.

어반테크 기업의 도시문제 해결 기여도가 높다면 공공기관에서는 이러한 어반테크 기업이 더 성장할 수 있도록 도시 인프라 등을 지원해야 할 것이다. 어반테크 기업은 시민과 도시 공간을 대상으로 실제 서비스를 운영하면서 서비스의 부정적인 면을 파악해 개선하고, 서비스 성과를 보여줄 수 있어야 한다. 향후 어반테크는 산업 자체로도 빠르게 성장할 것이며, 도시문제를 해결하는 기능 역시 수행할 수 있기 때문에, 현재의 스타트업 육성책에 어반테크 테스트베드 조성을 포함해 더 많은 어반테크 기업이 등장할 수 있도록 지원할 필요가 있다. 더불어 새롭게 등장하는 어반테크 기업은 수익 창출뿐 아니라 자신들의 서비스가 도시문제를 얼마나 해결하고 있는지를 모니터링해 성과를 발표할 수 있어야 지속 가능한 서비스 제공과 공공기관의 정책적 지원을 받을 수 있을 것이다.

스마트시티 뒷이야기

"이 기술을 활용한 서비스를 만들어야 해요."

지자체와 민간기업의 시행착오는 언론 등에 새로운 기술을 먼저 노출하고, 이후 이를 활용할 수 있는 서비스를 고민하는 경우에 주로 발생한다. '디지털 트윈'이라는 용어가 사용된 지 얼마 되지 않았고, 이를 활용한 서비스가 제대로 만들어지지도 않은 상태에서, 모든 사람이 메타버스를 외치고 있다. 지자체와 민간기업도 새로운 용어와 기술을 자신들의 서비스에 사용해야만 살아남을 수 있다고 생각한다. 그러나 새로운 기술을 먼저 내세우고 이를 활용한 서비스를 고민하다 보면, 다른 기술을 사용하는 것이 더 효율적임에도 불구하고, 굳이 그 기술을 사용하여 제대로 활용하기 힘든 서비스를 만드는 시행착오를 겪게 된다.

"이 기술이 문제를 해결할 거예요."

가끔은 기술의 우월성을 이야기한다. 방범 CCTV의 높은 범죄 검거율 등의 성과로 지자체가 앞다투어 세금을 들여 이 기술을 곳곳에 구축하던 때가 있었다. 그때 전통시장 등에도 CCTV를 많이 설치했다. 하지만 당시 전통시장은 도둑보다 화재에 대한 두려움이 컸다. CCTV 대신 화재 센서 설치 사업을 지원했다면 더 큰 효과를 거둘 수 있었을 것이다. 이처럼 문제를 해결할 수 있는 기기는 문제가 있는 장소에 설치되어야 한다. 상식적이고 당연한 이야기지만, 의외로 문제가 상대적으로 적은 곳에 이러한 기기를 설치하는 경우가 종종 있다. 그리고 당연하게도 기기는 얼마 못 가 사용이 중단되기도 한다.

"스마트시티는 하얀 코끼리가 될지도 몰라요."

스마트시티를 부정적으로 여기는 사람들은 이를 '하얀 코끼리'에 비유한다. 하얀 코끼리는 고대 태국 왕에게 하얀 코끼리를 선물받은 신하가 코끼리에게 일을 시킬 수도 없고 그렇다고 죽게 둘 수도 없어서 사료비만 축내다가 파산하고 말았다는 데서 유래했다. 스마트시티에서는 대규모로 건설했지만, 건설 이후 유지비만 많이 들고 쓸모가 없어 애물단지가 된 경우를 일컫는 말로 쓰인다. 예를 들어 데이터를 충분히 수집할 수 있는 센서도 없이 막대한 양의 데이터를 처리할 플랫폼을 막대한 비용을 들여 구축한다면, 그 데이터 플랫폼은 처리할 데이터가 없어 무용지물이 될 가능성이 크다. 이처럼 멋지고 폼나는 서비스를 하려다 결과적으로 어떤 역할도 하지 못하게 된 최첨단 인프라들은 스마트시티를 하얀 코끼리로 만들지 모른다.

"이전의 것은 다 실패한 거예요."

한국 사회는 성과 평가에 각박하다. 해외에서는 큰 문제가 있음에도 불구하고 성공 사례로 규정하는 데 비해, 한국 사례는 성공한 부분보다 실패한 부분을 강조하며 새로운 것을 추진하고자 한다. 하지만 디지털 전환 시대의 사업은 완벽한 성공이나 완벽한 실패가 없다. 디지털 시대의 서비스 초창기에는 부작용과 불편함이 따르는데, 이를 개선하며 더 나은 서비스로 발전한다. 기존의 노력을 무시하는 것보다 개선점을 찾아서 발전시키는 것이 필요하다.

정책 결정권자들은 이전 사업을 계승해 개선하기보다 문제점을 부각시키고, 본인의 업적이 될 만한 새로운 사업을 만들어가는 것을 선호하는 듯하다. 정책 결정권자의 한마디는 이전의 모든 사업을 부정하기도 하고, 전문가들의 의견을 묵살하기도 한다. 하지만 완벽하게 새로운 사업은 있을 수 없고, 시간과 비용을 허비하다 처음의 형태와 유사한 사업을 이름만 바꿔 추진하거나, 이전에 실패한 사업이 다시 등장하는 최악의 사태가 벌어지기도 한다. 이는 정부의 순환 보직과도 관련이 있다. 그러나 새로운 사업의 장점이 분명하다면 디지털 전환 시대에 전문성과 지속성 면에서 장애가 되는 부분을 과감하게 개선할 필요도 있다.

"우리가 해야 돼요."

우리는 아직까지 협력을 기반으로 하는 외부 네트워크의 힘을 잘 모른다. 데이터 생산 주체는 데이터는 물론 서비스 역시 독점하려는 경향이 있다. 스마트폰 제조 회사는 서비스를 생산하지 않는다. 외부의 수많은 민간기업과 스타트업은 자사의 스마트폰에 탑재된 센서 및 하드웨어를 사용해 더 많은 기능을 스마트폰을 통해 제공한다. 생산되는 다수의 앱은 다시 스마트폰 판매에 도움을 주는 동시에 사용자와 앱 개발자를 연결하는 플랫폼으로 많은 수익을 창출한다. 외부 네트워크 효과로 상상할 수 없는 규모의 산업 생태계를 만들 수 있는 것이다. 2G폰 시대에는 하드웨어와 소프트웨어 모두 제조업체에서 만들었다. 만들 수 있는 소프트웨어는 제한적일 수밖에 없고, 산업 생태계 역시 초라했다. 이는 외부 네트워크를 활용하는 산업 생태계 창출에 눈을 돌려야 하는 이유이기도 했다.

새로운 첨단 기술의 등장으로 가능해진 플랫폼 경제는 우리의 삶을 송두리째 바꿔나갈 것이다. 이제는 경쟁이 아닌 협력을 해야 성공이 보장된다. 우리는 IoT, 인공지능, 데이터 허브, 플랫폼 등 많은 기술을 이야기하고 기술 개발을 통해 경쟁력을 확보하고자 한다. 물론 기술 개발은 중요하다. 하지만 지금 등장하는 이러한 첨단 기술은 그 기술 하나로는 할 수 있는 게 없고 상호 보완적이다.

또한 스마트시티에서는 도시 공간을 활용하는 서비스적 성격의 산업이 주도할 것이기 때문에, 복잡하고 다양한 목적이 존재하는 도시에서 서비스가 선택받는 기준은 최종 수혜자인 시민의 공감과 판단이 될 것이다. 시민이 편리보다 안전에 공감하고 이를 선택한다면 안전과 연관된 서비스가 성공할 것이며, 부정적 의견이 많다면 첨단 기술을 사용한다 할지라도 그 서비스는 외면받을 수밖에 없을 것이다. 시민이 선택하고 공감하는 방식으로 새로운 혁신 기술에 기반해 도시문제를 해결하는 동시에 수익도 창출하는 혁신적 산업 창출은 이전보다 고려해야 할 사항이 많을 수밖에 없지만, 스마트시티와 관련해 산업 경쟁력을 갖추기 위해서는 반드시 거쳐야 할 방향이다.

"어디에 가면 스마트시티를 볼 수 있나요?."

우리는 여전히 제조업 전성시대에 살고 있다. 제조업은 중요한 업종이며 국내 산업을 키운 원동력이다. 하지만 시대는 계속해서 변하고 있다. 서비스나 운영을 장악하는 기업이 최종 승자이다. 이전에는 건설이 끝나면 도시가 완성됐다고 할 수 있었다. 새로운 건물과 도로 등 눈에 보이는 물리적 시설물을 통해 훌륭한 도시라고 평가하는 것이 가능했다.

반면 스마트시티는 각종 첨단 시설물이 구축된 다음부터가 도시의 출발점이다. 다양한 실시간 데이터를 활용해 24시간 계속해서 도시들을 관리 및 운영해야 한다. 이러한 서비스들은 눈에 보이지 않는 경우가 많다.

스마트시티라고 해서 가봤는데 일반 도시와 똑같더라는 평가를 종종 듣는다. 사거리에서 교통량 및 보행량을 측정해 실시간으로 신호를 변경하는 최첨단 솔루션을 제공한다는 스마트시티에서도 우리가 눈으로 볼 수 있는 것은 눈에 안 띄게 설치되어 있는 사거리의 센서밖에 없다. 그 도시가 얼마나 스마트한지를 살펴보기 위해서는 결국 서비스 운영을 통해 얼마나 큰 성과를 만들어내고 있는지 확인하는 것이 가장 빠를 것이다. 애플이나 마이크로소프트, 메타 플랫폼스, 아마존이 왜 세계 최고의 기업으로 성장했는지에 대한 이해가 없다면 화려한 물리적 기반시설을 갖춘 스마트시티 건설에만 집중하는 오류를 범할 수 있다.

스마트시티 미래

6장 '스마트시티 미래'에서는 4차 산업혁명의 핵심으로 등장한 스마트
시티에 대해 도시와 시민 삶의 변화라는 관점에서 살펴본다. 정보통신
기술을 활용해 도시문제를 해결하고, 시민 삶의 질 향상을 위한 지속 가
능한 도시 개발 모델로 여러 국가와 지자체에서 추진하고 있는 긍정적
관점의 스마트시티는 물론, 부(富)의 집중으로 인한 불균형, 개인정보 침
해 등과 같은 부작용을 감수하고도 미래 도시 개발 모델로 추진해야 하
는지에 대한 고민과 해결 방안을 모색해보고자 한다.

우리가 구축하고 있는 스마트시티의 최종 목표와 방향은 무엇일까? 지
금 추진하고 있는 스마트시티의 방향은 옳은 것일까? 지금의 스마트시
티를 의심하는 이들을 위해 역사적 흐름을 바탕으로 현재 추진되는 스
마트시티 트렌드를 설명하고 지속 가능한 스마트시티 조성을 위한 대안
을 제안한다. 첨단 기술과 국가 정책 중심의 스마트시티에서 사람, 시민
중심의 지속 가능한 스마트시티로 나아갈 방향을 이야기하고자 한다.

스마트시티 이슈

　스마트시티는 4차 산업혁명이 등장하면서 유행한 도시의 패러다임이다. 지금의 스마트시티는 정의와 기능, 역할 등에 대해 구체적으로 논의된 터라 기존의 스마트시티와는 차이가 있다.

　스마트시티에 대한 정의는 다양하고 포괄적으로 사용된다. "스마트시티란 무엇인가?"라는 질문을 자주 받는다. 그러면 「스마트도시법」에 나오는 정의를 알려주고는 한다. 하지만 대부분의 사람은 더욱 난감한 표정으로 "역시 스마트시티는 어렵다"라고 말한다.

　스마트시티는 간단명료하게 정의할 수 없기 때문에 표현이 모호할 수밖에 없을지도 모른다. 그렇다면 스마트시티의 정의는 스마트시티라 불리는 도시의 많은 시민에 의해 만들어져야 하는 것 아닐까? 이렇게 만들어지려면 시민이 스마트시티를 직접 누리고, 체감할 수 있어야 할 것이다. 그래서 스마트시티에서는 시민이 중요한 구성 요소이고, 시민의 체감도 또한 중요한 평가 요소 중 하나이다. 이러한 스마트시티가 우리의 삶을 어떻게 바꾸고 있는지 살펴보자.

직주 근접에서 재택근무로

다양한 매체에서는 우리 생활에 갑자기 등장한 4차 산업혁명이 기존의 삶을 송두리째 바꾸는 큰 사건이고, 우리도 변화하는 미래에 대비해야 한다고 떠든다. 우리는 학교 교육을 통해 제임스 와트가 발명한 증기기관과 방직기로 대표되는 1차 산업혁명에 대해 알고 있다. 하지만 4차 산업혁명이 우리에게 중요한 이유를 이해하기 위해서는 1차 산업혁명에 대한 다른 관점에서의 이해가 필요하다. 증기기관과 방직기의 발명이 왜 '산업혁명'이라 불리게 되었을까?

증기기관이 발명되기 전까지 사람들의 이동 수단은 소와 말이 끄는 수레나 마차였다. 이를 이용해 농사지어 생산한 곡물을 주변 도시와 거래하며 생활했다. 수레나 마차는 곡물을 실을 수 있는 양에도 한계가 있고, 이동할 수 있는 거리에도 한계가 있어 곡물이 많이 생산되더라도 많은 양의 거래가 불가능했다. 하지만 증기기관은 많은 양의 화물과 사람을 동시에 먼 곳까지 이동할 수 있게 만들었다. 이러한 이유로 증기기관은 사람의 활동 영역을 넓혀 도시로 더 많은 기능과 사람이 집약될 수 있는 기반을 마련했다.

뿐만 아니라 인클로저운동으로 많은 목장이 생겨 양모 생산량이 증가하게 된 데에 기인해 만들어진 방직기는 대규모 생산 설비를 기반으로 대량생산이 가능하도록 했다. 이러한 영향으로 자본가가 사는 도시에 옷감을 만들 수 있는 방직공장이 생겨나고, 증기기관을 이용해 많은 사람이 도시로 이동하게 되었다.

갑자기 많은 사람이 도시로 몰리게 되자 증기기관에서 나오는 매연으로 인한 공기 오염뿐만 아니라, 사람들에 의한 생활오염도 심해지게 되었다. 이러한 도시문제를 해결하고자 1898년 영국의 하워드가 '전원도시'라는 이론을 내놓았다. 전원도시 이론은 자족 기능을 갖춘 계획도시로 주거, 산업, 농업이 균형을 이루도록 했으며, 특히 주거와 직장을 가깝게 하여 이동 거리를 최소화하는 '직주 근접職住近接' 개념이 도입되었다.

일을 하기 위한 물리적 장소인 직장에서의 토지 이용 집약도는 삶의 질을 개선할 수 있는 중요한 요소이다. 직주 근접은 도시 공간의 물리적 위치를 중심으로 생활 방식이 정해진다. 전원도시 이후의 도시 계획은 시민에게 필요한 시설을 주변의 토지 이용을 고려해 적정 규모로 나누어 배치하며 이루어졌다. 이처럼 스마트시티가 등장하기 전까지만 해도 도시 공간의 물리적 위치는 중요한 요소였다.

증기기관은 이전의 교통수단보다 더 많은 화물과 사람을 빨리 더 멀리 수송해 도시가 집적화되고 성장하는 기반이 되었다. 이후 다양한 기술은 도시 공간의 물리적 거리를 시간적 거리로 극복하기 위해 노력했다. 우리가 이용하는 고속철도는 한 시간에 300킬로미터를 이동하기 때문에 동일한 시간에 증기기관차보다 여섯 배 먼 물리적 거리를 이동할 수 있고, 시간적 거리는 여섯 배 빠르다.

교통 기술의 발달뿐 아니라 정보통신 기술의 발달로 전화기와 인터넷이 발명되면서 먼 곳에 있는 사람과 대화뿐 아니라 얼굴을 보면서 소통할 수 있는 영상통화도 가능해졌다. 이러한 정보통신 기술은 물리적 거리와 시간적 거리를 모두 뛰어넘게 한다.

최근 코로나19 팬데믹으로 사람들이 모이기 어려워지자 많은 기업에서는 정보통신 기술을 활용해 직장에 출퇴근하지 않고 가정에서 업무를 처리하는 재택근무 방식을 도입했다. 사무실에서 근무할 때와 동일하게 내가 작성한 문서를 다른 사람과 주고받을 뿐만 아니라, 클라우드 기술을 활용해 내가 작성한 문서를 웹에서 다른 동료와 실시간으로 수정할 수 있고, 원할 때는 동료와 얼굴을 보면서 자유롭게 소통할 수 있는 화상회의도 가능하다. 재택근무 제도는 예전부터 있었지만 직원이 일하는 모습을 확인할 수 없는 회사의 사장님들이 좋아하지 않아 활성화되지 않았고, 제조업 중심의 2차산업에서 서비스업 중심의 3차산업으로 발전하면서 예전보다 활성화되었다. 최근에는 코로나19 팬데믹으로 인해 교실에서 학생들과 선생님이 만나서 수업을 하거나 사람들이 직접 만나 업무를 수행할 수 없어, 정보통신 기술을 활용한 비대면 수업이나 재택근무가 일상화되고 있다. 한 발 더 나아가 가상현실 공간에 학교나 사무실을 만들어 나의 모습을 한 아바타가 학교에서 수업을 받거나, 사무실에서 근무를 하기도 한다. 이처럼 물리적 공간에서 만나고, 행동하던 것을 화상 등의 가상공간에서 대신할 수 있는 시대가 왔다. 그야말로 저 푸른 초원 위에 그림 같은 집을 짓고 살아도 도시에서

사는 것과 같은 교육, 의료, 문화 등의 활동이 가능한 미래가 우리 앞에
있다.

소유에서 공유로

원시시대에는 혼자 사냥하고, 사냥감을 먹고, 야생에서 자는 독
립된 생활을 했다. 물론 자신보다 큰 동물이나 사나운 맹수를 사냥하거
나 야생에서 잘 때 동물에게 상처를 입거나 잡아먹힐 수도 있었고, 자
연재해로 다치거나 죽을 수도 있었다.

이후 둘 이상이 무리 지어 생활하면서 큰 동물을 사냥해 나눠
먹고, 잘 때도 서로를 지켜주며 생활했고, 청동기시대 이후에는 청동기
나 철기 등을 이용해 큰 동물도 사나운 맹수도 예전보다 쉽게 사냥했
다. 이러한 무기로는 동물뿐 아니라 다른 무리와 싸워 식량과 다른 무
리의 사람을 차지할 수도 있었다. 반면 다른 무리와의 전쟁을 통해 식량
이나 토지를 빼앗지 않으면 무리가 굶어 죽거나 사람이 줄어들어 전쟁
에 패배하는 악순환이 이어졌다. 전쟁에 패배하지 않고 굶지 않기 위해
서 무리는 힘이 세고, 싸움을 잘하는 사람을 리더로 떠받들었다. 힘이
세고 싸움을 잘해 전쟁에서 패하지 않는 리더는 더 큰 토지와 더 많은
사람을 거느리며 생활하게 되었다. 이는 우리가 잘 알고 있는 '삼국지'나
'아서왕이야기'와 같은 맥락일 것이다.

힘이 지배했던 세상을 변화하게 만든 것은 1차 산업혁명이다. 1

차 산업혁명으로 산업이 발달하자 산업으로 재력(돈)을 얻은 신흥 세력이 만들어졌다. 산업혁명 이전에는 힘이 세거나 싸움을 잘하는 사람에게 보호를 받으며 생활했지만, 산업혁명 이후에는 힘이 세거나 싸움을 잘하는 사람을 재력으로 고용할 수 있는 시대로 변화했다. 산업혁명은 힘이 지배하는 사회를 재력이 지배하는 사회로 변화시켰다.

이후 사회는 더 많은 수익을 얻기 위해 전기혁명으로 불리는 2차 산업혁명과 정보화 혁명으로 불리는 3차 산업혁명 시대로 변화했다. 정보화나 자동화를 통해 이전보다 더 많은 생산품이 만들어졌고, 시장 논리인 수요와 공급의 법칙에 따라 생산품을 이전보다 싸게 이용할 수 있게 되었다. 이렇게 일군 재력은 사람이 원하는 상품을 더 풍족하게 가질 수 있게 해주었다.

하지만 2008년 미국의 투자은행 리먼 브라더스의 파산으로 시작된 미국발 금융위기는 전 세계의 경제 환경을 악화시켰고, 높은 실업률은 가계소득을 저하시켰다. 이러한 세계 경제위기는 넘치게 소유하고 과하게 소비하던 생활 방식을, 필요한 만큼 적정하게 소비하는 생활 방식으로 변화시켰다. 여기에 더해 소유한 제품을 사용하지 않을 때 다른 사람에게 사용하게 해주고 이용료를 받을 수 있는 '공유경제' 개념은 2008년 하버드대 교수 로런스 레시그가 자세히 설명하면서 확산되었다.

이러한 공유경제에 1차 산업혁명을 이끈 증기기관과 같이 발달된 정보통신 기술이 접목되면서 공유할 상품을 다른 사람에게 소개하는 홍보가 쉬워졌고, 그 결과 더 많은 사람이 공유할 수 있는 기반이 되었다. 이제는 소품뿐 아니라 집이나 차량도 공유하고, 그림이나 고가의 액세서리 등과 같이 다양한 상품도 공유하고 있다. 이러한 공유경제가 활성화되면서 우리의 생활도 변화했다.

최근에 등장한 공유 모빌리티 또한 우리를 변화시키고 있다. 2014년 여러 지자체에서 '따릉이'(서울), '타슈'(대전) 등과 같은 다양한 이름으로 공유 모빌리티를 시작했다. 그 당시 유럽에서는 자전거가 친환경 교통수단으로 널리 활용되고 있었고, 지속적으로 자동차가 증가하는 한국에 친환경 교통수단이 도입되었다. 공유자전거 도입 초기에는 많은 사람이 관심을 가졌고 이용률도 높았다. 하지만 사람들의 관심은 오래가지 못했다. 한국은 사계절이 있어 공유자전거를 이용할 수 있는 기간은 봄, 가을로 비교적 짧을뿐더러, 자전거를 탄 후 몸에 난 땀을 씻어낼 공간이 마땅치 않아 찝찝한 기분으로 하루를 시작해야 했기 때문이다. 김해시에서는 이러한 공유자전거의 단점을 보완해 2018년 전기자전거를 이용한 '타고가야' 서비스를 도입했다.

공유경제는 소유하지 않아도 이용할 수 있다는 장점이 있지만, 기존 산업 분야와의 충돌과 거래 위험에 따른 신뢰 등의 해결 과제도 남아 있다. 실제로 자동차를 공유하는 '타다'가 사업 모델로 등장했을 때, 사람들은 원하는 시간과 장소에서 차를 이용할 수 있다는 점에 크게 호응했다. 하지만 택시업계에서는 타다로 인해 수입이 감소하기 때문에 이를 반대하며, 택시와 같은 산업으로 분류해 운영해야 한다고 주장하기도 했다.

최근 가상공간인 메타버스에서는 한 가구에 몇십억 원 하는 강남의 아파트 한 동이 단돈 만 원에 거래된다고 한다. 이들은 실제 공간에서 가질 수 없는 아파트를 살 수 있다는 만족감과 가상공간의 아파트 가격도 실제 공간의 아파트 가격처럼 오를 거라는 기대감으로 구매했다고 한다. 명품 브랜드인 샤넬도 오프라인 매장에서와 같은 콘텐츠를 메타버스에서 판다고 한다. 실제로 소유한 건 아니지만 가질 수 있다는 측면에서 가상공간의 콘텐츠는 공유와 동일한 개념일 것이다.

규모의 경제에서 범위의 경제로

앞서 1차 산업혁명의 시작점이 된 증기기관과 방직기가 사람의 활동 영역을 넓혀 도시로 더 많은 기능과 사람이 집약될 수 있게 했으며, 대량생산이 가능하게 되었다고 이야기했다.

활동 영역의 확대와 대량생산은 무엇을 초래했을까? 바로 시장 규모의 확대이다. 예를 들어, 한국의 인구 5182만 명이 매일 10원짜리 종이컵 한 개를 소비한다면, 한국의 종이컵 시장 규모는 연간 약 1891억 원이다. 하지만 동일한 조건일 때 미국의 종이컵 시장 규모는 연간 1조 2151억 원으로 한국보다 6.4배 크다. 종이컵을 만드는 기업 입장에서 보면, 한국보다 미국에서 더 많은 수익을 남길 수 있다.

이러한 것을 경제학에서는 규모의 경제가 커졌다고 말한다. 생산요소 투입량의 증대에 따라 수익이 증대된다는 것이다. 수익을 증대시키기 위해서는 생산요소 투입만 증대하는 것이 아니라 생산에 수반되는 비용도 줄여야 한다. 이러한 경제적인 관점은 1차 산업혁명이 2, 3차 산업혁명보다 더 많이 알려진 이유이자, 4차 산업혁명이 우리에게 큰 의미가 있는 이유이다.

산업혁명의 역사를 정리해보면, 1차 산업혁명은 증기기관의 발명으로 기계식 생산설비를 갖추면서 대량생산 체계를 구축했고, 2차 산업혁명은 컨베이어 벨트를 통해 물건 이동 시간과 노동력을 절감할 수 있는 효율적인 생산설비를 갖추면서 대량생산 체계를 이루었다. 3차 산업혁명은 정보통신 기술을 활용한 자동화 기술을 통해 노동력을 절감하는 효율적인 생산설비를 갖추면서 대량생산 체계를 만들었다.

1차 산업혁명을 통해 생산요소 투입을 극대화함으로써 수익을 극대화했고, 2, 3차 산업혁명을 통해 생산비를 절감함으로써 수익을 극대화한 것이다. 2, 3차 산업혁명 또한 결과적으로는 생산비용 절감을 통한 수익 극대화를 추구했기 때문에, 1차 산업혁명의 맥락과 다르지 않았다. 하지만 이제 노동비 절감이 불가능한 상황에서의 수익 창출은 어렵다.

이러한 문제의 해결 방안으로 제시한 것이 4차 산업혁명이다. IoT와 클라우드, 빅데이터, 모바일 등 ICBM으로 불리는 4차 산업혁명 대표 기술과 기존 제품을 이용해 다른 제품을 생산함으로써 새로운 시장을 창출하는 것이다.

4차 산업혁명이 시작되면서 IT 회사가 건설을 하고, 가전제품 제조 회사가 자동차를 제조하게 되었다. 실제로 우리에게 가정용 청소기로 유명한 다이슨은 가지고 있는 전기모터를 활용한 전기자동차 생산을 선언하면서 막대한 자본을 투입했다. (다이슨은 얼마 되지 않아 상업성을 이유로 전기자동차 생산을 포기했다.)

이처럼 여러 제품을 함께 생산하여 생산비용을 절감하는 것을 범위의 경제라고 정의한다. 스마트시티가 외부와 소통하지 않는 사일로 ^{Silo} 문화를 배제하고 다른 분야와 융합하는 것은 당연한 결과로 새로운 시장경제를 만들기 위한 노력일 것이다.

도시 개발에서 도시 관리로

우리가 사는 도시는 지속적인 개발과 성장을 이어가고 있다. 이러한 도시의 성장이 지속된다면 우리의 자식뿐 아니라 그 후손이 살아가는 데에도 문제가 없겠지만, 불행하게도 우리가 직면한 현실은 그렇지 못하다.

유엔 경제사회국에서 발표한 「2019 세계 인구 전망」 보고서는 세계 인구를 2030년에는 85억 명, 2050년에는 97억 명, 2100년에는 109억 명으로 예측했다. 인구가 지속적으로 증가하면 광물자원과 수자원, 산림자원 등과 같은 천연자원을 더 많은 사람과 나누어 써야 한다. 더 많은 사람과 나누어 쓴다면 수요와 공급의 법칙에 따라 한정된 자원을 더 비싸게 사용할 수밖에 없으므로 돈 많은 사람은 쾌적한 곳에서 편리한 삶을 살고, 그렇지 못한 사람은 쾌적하지 못한 곳에서 불편한 삶을 살 것이다.

교통이 발달하면 도시는 더 넓어지고 더 많은 사람이 모이게 된다. 이러한 현상을 '도시화'라고 하고, 도시에 인구가 집중되는 비율을 '도시화율'이라고 한다. 천연자원만이 아니라 토지도 한정된 자원이다. 한정된 토지 위에 도시를 만들어 이용하기 때문에 토지도 매우 중요한 자원인 셈이다.

도시에는 사람들이 자고, 먹고, 쉬고, 즐길 수 있는 시설뿐 아니라 다양한 일자리도 있기 때문에 도시화율은 당분간 증가할 것이다. 유엔은 2050년의 도시화율이 지금보다 약 14퍼센트가 증가한 68퍼센트가 될 것이라고 예측했다. 2050년 도시화율에 따른 도시인구는 1970년 세계 인구에 해당하는 수치다. 2050년의 도시는 영화에 나오는 것처럼 도로에서 달리는 자동차뿐 아니라 움직이는 도로, 나는 자동차, 드론 등이 초고층 건물까지 사람이나 물건을 실어 나르게 될지도 모른다. 도시가 얼마나 복잡하게 변할 것인지 지금의 우리는 상상하기 힘들다. 많은 사람이 도시로 몰리면 주택 부족, 교통 정체, 환경오염 등과 같은 다양한 도시문제가 발생한다. 그렇기 때문에 한정된 토지에 더 많은 사람이 살 수 있도록 주택 공급뿐 아니라, 지속적으로 이용할 수 있는 에너지를 생산하고, 친환경 이동 수단을 개발하는 등 한정된 자원을 보다 효율적으로 활용해야 한다.

세계의 인구는 지속적으로 증가하지만, 한국은 저출산화, 노령화가 빠르게 진행되면서 20년 후에는 생산연령인구(직업에 종사할 수 있는 인구)가 900만 명 가까이 줄고, 2040년에는 2021년보다 285만 명 정도 감소한 4717만 명이 될 것이라고 한다. 이러한 인구 감소 결과, 30년 후에는 전국 228개 시·군·구 중 46퍼센트가 소멸할 것이라는 예측도 있다.

출처 국토연구원 보고서

2017년 기준 장래 소멸 위험 지역

　　세계는 인구가 증가함에 따라 높은 도시화율이나 다양한 도시문
제가 발생하지만, 한국은 인구가 감소함에 따라 도시시설을 이용하는
사람이 줄어들고, 도시시설의 유지 및 보수를 위한 비용도 줄어들어 기
존 도시시설이 노후화되고 있다. 뿐만 아니라 신규 시설을 건설하지 못
하게 되면서 도시가 도시로의 기능을 못 하게 되자 인구가 대도시로 집
중되는 문제가 발생하고 있다. 인구가 줄어들면서 발생하는 악순환이다.
인구 감소로 기존의 도시 기능이 저하되고 이에 따라 사람들이 인접 도
시나 대도시로 이동하기 때문에, 도시인구가 증가하는 도시화로 인한 문

제뿐 아니라 기존 도시에 인구가 없어 도시가 소멸하는 문제가 동시에 생기는 것이다.

정책도 인구 감소에 따라 변화하고 있다. 한국은 도시를 계획적으로 건설하기 위해 일제강점기인 1934년에 최초로 '조선시가지계획령'을 제정했다. 일본이 한국의 자원을 침탈하기 위해 도로와 항만, 철도 등을 건설함으로써 식민지인 한국을 일본에 유리하게 이용하기 위한 계획이었다. 한국전쟁 이후 정부가 들어서면서 전후 복구를 위해 1962년 「도시계획법」을 제정하고 「국토의 계획 및 이용에 관한 법률」로 개정하면서 도시지역뿐 아니라 전 국토를 대상으로 경부고속도로와 1, 2기 신도시 등과 같은 다양한 도시 개발 사업을 추진했다.

1992년부터 건설하기 시작한 고속철도는 한국을 반나절 생활권으로 만들면서 서울과 부산 등의 대도시로 인구가 집중되는 결과를 초래했다. 일상화된 고속철도는 부산에서 아침 식사 후 고속철도를 타고 서울에 와서 점심 식사와 쇼핑을 마치고 고속철도를 타고 부산에 도착해 집에서 저녁 식사가 가능하게 만들었다.

2013년 「도시재생 활성화 및 지원에 관한 특별법」(약칭: 「도시재생법」)이 재정되면서 도시 정책의 커다란 변화를 가져왔다. 「도시재생법」 제2조 1항에 따르면 '도시재생'이란 도시 개발과 다르게 노후된 도시를 지역 역량의 강화, 새로운 기능의 도입, 창출 및 지역 자원의 활용을 통해 지역을 활성화시키는 것이다. 즉, 기존 시설을 활용해 필요한 기능으로 바꾸는 사업으로 신규 개발을 하지 않는다.

새로운 도시 개발을 통해 아파트, 학교, 병원, 도서관 등의 시설

경부고속도로 착공
(1968)

경제 개발계획 수립
(1962~1982)

주택 200만 호 건설
(1988)
1기 신도시 건설

공간정보 체계 법제화
(1999)

도시계획 정보 체계
(2008)

수치 지도화 사업
(1995~2000)

2기 신도시 건설

국토 종합계획 수립
(1972~1982)

1920   1930   1940   1950   1960   1970   1980   1990   2000   2010   2015

조선시가지계획령
(1934)

「도시계획법」 제정
(1962)

주거환경 개선 사업
(1989)

광역도시 계획 제도
(2000)

도시재생사업
(2013)

「유비쿼터스도시법」 제정
(2008)

「스마트도시법」 제정
(2017)

고속철도 착공
(1992)

「국토의계획및이용에
관한법률」 제정
(2003)

농업 기반
조성

근대화

균형 발전

지방 분산형

통합·개방 국토

한국의 도시 계획

을 개발하는 '도시 발전'이 아니라, 기존의 주거지를 상점이나 사무실로, 학교를 병원으로 이용하는 것처럼 사람이 필요한 시설이 무엇인지 파악해 기존 시설의 기능을 유지하거나 변경하는 '도시 관리'로 정책이 변화된 것이다.

　도시가 지금과 같은 형태로 존재하고, 도시에 사는 사람이 지금과 같은 형태로 살아간다면 우리의 삶은 암울할 것이다. 지금까지의 도시는 많은 사람이 살면서 직장을 다니고, 소비와 문화생활을 할 수 있는 곳이었다. "망아지가 태어나면 제주도로 보내고, 사람이 태어나면 한양으로 보내라"라는 말을 생각해보자. 이는 사람은 주변 환경에 큰 영향을 받기 때문에 어려서부터 좋은 환경에서 교육을 시켜야 한다는 의미일 것이다. '맹모삼천지교'도 같은 의미로 사람들은 교육 환경이 좋은 곳을 선호해왔고, 지금까지도 같은 형태로 도시가 운영되고 있다. 하지만 시간이 지나면서 획일적인 삶이 아닌 각자가 추구하는 삶을 살고 싶어 하는 사람이 생겨났고, 귀촌하는 도시 인구도 증가하고 있다.

모든 사람이 5G 통신망을 활용해 스마트폰으로 다양한 스마트 서비스를 이용하기를 원하는 것은 아니다. 이런 관점에서 스마트시티는 사람의 다양한 삶의 방식에 맞춤형으로 적용이 가능하다. 원하지 않는 사람은 사용하지 않고, 원하는 사람은 언제 어디서든 다양한 서비스를 이용할 수 있다. 도시에 살지 않아도 도시에 사는 것처럼 교육이나 병원 진료, 문화생활, 직장 일을 할 수 있다. 이러한 도시가 스마트시티이다.

우리가 꿈꾸는 스마트시티의 미래

똑똑하게 의사결정하는 스마트 시민

스마트 시민은 누구이고 어떤 역할을 할까? 기존의 도시에 살고 있는 시민과는 어떤 차이가 있을까?

우리는 때로 시민과 주민을 혼용한다. 그러나 스마트시티에는 주민보다 시민이 더 적합하다고 생각한다. 시민은 도시 지역 및 국가 구성원으로서 정치적인 권리를 갖는 주체를 말하거나 민주주의 사회의 백성을 뜻하지만, 주민은 일정한 지역에 살고 있는 사람을 뜻하는 말로 권리나 책임이 없기 때문이다. 그러므로 스마트 시민 또한 스마트시티를 잘 만들기 위해 도시 안에서 권리를 갖는 주체여야 한다.

시민에 대한 개념도 시대에 따라 변화한다. 과거에는 외부의 침략으로부터 국가를 보호할 수 있는 군사력이나 국가를 유지하고 관리하기 위해 필요한 운영비를 조달하는 세금의 원천 등으로 한정했으나, 사회가 발전함에 따라 도시 구성과 도시 운영에 직접 참여하여 다양한 제안을 하는 주체로 변화했다.

2008년 한국에서 유시티 사업을 시작하며 유에코시티 R&D를 통해 「유비쿼터스도시법」과 유시티의 가치관과 전략, 통합 플랫폼, 구축 가능한 서비스 등에 대한 다양한 연구를 수행했지만, 결과적으로 실패한 사례가 되었다. 실패의 가장 큰 이유는 플랫폼이나 정보통신 기술 등과 같은 인프라 중심으로 연구를 하다 보니 시민이 활용할 수 있는 연구 내용이 부족했고, 소수이긴 하지만 만들어진 스마트시티 서비스는 시민의 의견 없이 신기술 중심으로 개발되어 시민에게 외면받았기 때문이다.

당시 유에코시티 R&D 기획자나 관리자는 스마트시티를 지금까지의 도시와 다른 현대화된 도시로 생각하는 경향이 있었다. 그래서 항상 새로운 것을 찾았고 새로운 것이 아니면 외면했다. 하지만 기술이 개발되어 현장에 구축되자 시민들은 "왜 이런 걸 만들었을까?", "어려워서 사용도 못 하겠다" 등의 반응을 보여 기획자도 연구자도 허탈해했다.

이후 다양한 스마트시티 사업이 추진되면서 스마트 시민에 대한 고민도 커지고 있다. 그 이유는 스마트시티가 지닌 상호작용이라는 특성 때문이다. 스마트시티는 다양한 서비스를 연계하는 정보통신망이나 통합 및 운영 관제를 담당하는 도시통합운영센터만 있다고 운영되는 것이 아니다. 중앙정부나 지자체 중심의 일방향 운영이 아니라, 시민과 양방향으로 운영하면서 진화하는 지속 가능한 도시 모델이 바로 스마트시티이다.

　스마트시티가 양방향으로 운영되기 위해서는 스마트시티 시민의 역할이 중요하다. 시민은 정부에 지역 문제와 이를 개선하기 위한 아이디어를 제안하고, 중앙정부나 지자체에서는 아이디어를 실행함으로써, 시민이 활용 가능한 스마트시티 서비스를 조성한다. 여기서 끝나는 것이 아니라, 시민이 조성된 스마트시티 서비스를 지속적으로 이용하면 여기서 다양한 데이터를 수집해 다른 지역으로의 확산에 활용할 수 있는 순환 구조가 이루어진다.

　스마트 시민을 이야기할 때 자주 등장하는 도시는 암스테르담이다. 암스테르담에서는 시민이 데이터 수집에 직접 참여하는 '스마트 시민 키트'를 운영한다. 시에서 시민들에게 온도, 습도, 날씨 등의 환경 데이터를 수집할 수 있는 스마트 시민 키트를 공급하고, 시민들은 이 키트를 창문틀이나 옥상, 베란다 등에 설치해 환경 데이터가 자동으로 수집되는 구조이다. 더불어 암스테르담에서는 '암스테르담 스마트시티' 홈페이지를 통해 시민의 요구 사항을 항상 수집한다. 이 요구 사항을 분류해 담당자를 지정하고, 지정된 담당자는 선정된 시민과 전문가, 기업인 등에게 요구 사항에 대한 의견을 물어 일정 정도 이상의 동의가 이루어졌을 때, 시민의 요구 사항을 해결하기 위한 심층적인 논의를 시작한다. 암스테르담 스마트시티 담당자는 이 홈페이지가 암스테르담 시민과 암스테르담을 좀 더 스마트하고 살기 좋은 도시로 바꾸고 있다고 평가한다.

　스마트시티에서 시민은 도시의 구성 요소가 아니라 도시의 주요 사항을 결정하는 의사결정권자이다. 의사결정권자로서 시민은 도시에서 발생하는 다양한 정보를 제공받아야 하고, 다양한 분야의 내외부 전문가들과의 인적 네트워크 형성도 필요하다.

스마트 시민 육성은 짧은 시간에 이룰 수 있는 성과가 아니라 지속적으로 투자 및 관리해야 하는 장기 프로젝트이다. 스마트 시민에게 유익하거나 편의성을 제공할 수 있는 스마트 서비스를 지속적으로 구축해야 한다. 도시에 구축된 스마트 기술과 스마트 서비스에 스마트 시민이 익숙해지면서 끊임없는 상호작용이 이루어지는 것이 스마트시티가 지향하는 목표이기 때문이다.

시민과 만들어가는 생활 속의 실험실

도시화에 따른 다양한 도시문제를 해결하기 위해 스마트시티가 등장했다면, 지속 가능한 스마트시티를 위한 수단으로는 생활 속의 실험실이라 불리는 리빙랩이 있다.

리빙랩은 MIT 미디어랩 윌리엄 미첼 교수가 사용한 '플레이스랩PlaceLab'이라는 개념에서 비롯되었으며, 공동주택 안의 일상적인 활동을 관찰하기 위한 1천 제곱피트(약 28평) 규모의 '리빙 래버러토리Living Laboratory' 플레이스랩 구축이 그 시작이다.

한국은 유시티 사업을 추진하면서 제시하고 구축된 유시티 서비스의 시민 체감도가 낮다는 단점을 극복하기 위해 리빙랩을 도입했다. 과거 유시티 사업은 스마트시티를 운영할 수 있는 기반시설과 스마트시티 서비스 발굴이 목적이었기에 스마트시티에서 추구하는 목표와는 차이가 있었다. 유시티 사업 연구 성과물 중 하나인 '228개의 유시티 서비스 풀'이 그 사례이다. 처음 도입된 유시티를 확대 적용하기 위해 행정, 교통, 방범 방재 등의 10대 분야를 중심으로 적용 가능한 서비스 풀을 만들어 보급함로써, 지역의 도시문제 해결형 유시티 서비스는 우선순위에서 밀려났다.

「스마트도시법」이 개정된 2017년 도시문제 해결형 스마트시티 조성이 대통령직속 4차산업혁명위원회의 목표가 되면서 시민이 생각하는 도시문제를 발굴하고 이를 해결하기 위한 사업이 본격화되었다.

시민 중심의 리빙랩은 기존 유시티 서비스에서 추구하던 "우리 시만의 독창적인 것"이라는 프레임을 바꿔 일반적이지만 시민에게 유익하거나 편의성을 제공할 수 있는 스마트 서비스를 제공하게 되었다. 최근 시행한 '스마트도시 인증제'에서도 리빙랩은 매우 중요한 평가 요소로 자리매김하고 있지만, 한국 리빙랩의 역사는 유럽이나 다른 선진국에 비해 길지 않다. 그렇기 때문에 지자체마다 그 결과가 다르다. 또한 아직까지는 계획 단계에서 추진되는 리빙랩이 다수이지만, 점차 구축 단계까지 확대될 예정이다.

리빙랩을 추진하기 위해서는 참여단 구성이 최우선이지만, 어느 지자체에서는 시민의 참여가 이루어지지 않아 참여단 구성이 어렵기도 하고, 어느 지자체에서는 너무 많은 시민이 참여해 참여단 구성을 위해 시민의 연령, 거주지 등을 고려해 선별하기도 한다.

처음 리빙랩을 위해 참여단이 모였을 때는 참여한 시민과 추진하는 퍼실레이터 모두 난감해했다. 시민은 '스마트시티도 모르고, 리빙랩도 모르는데 내가 뭘 해야 하나?' 하는 표정으로 퍼실레이터가 하는 말을 들으며 옆에 있는 시민의 눈치를 보기 바빴고, 퍼실레이터는 자유로운 분위기를 이끌기 위해 애썼다. 6~8명을 한 개 조로 운영하던 중 한 할아버지께서 집 앞 도로를 확장해야 한다는 이야기를 10여 분 넘게 하셨다. 그런데 같은 조에서 지겨워하는 반응을 보이자 할아버지는 화를 내며 행사장을 나가셨다.

벼룩은 지구상에서 가장 점프력이 좋은 곤충이라고 한다. 3밀리미터밖에 되지 않는 벼룩은 자기 몸길이의 100배나 되는 높이까지 뛸 수 있다. 하지만 이렇게 높이 뛰는 벼룩도 뚜껑이 있는 컵에 일정 시간 넣어두면 물컵 높이만큼만 뛴다고 한다. 더 높이 뛰면 뚜껑에 부딪치기 때문이다. 지금까지 열린 토론이나 자기 생각을 다른 사람하고 논의해본 적이 없는 참여단에게 갑자기 리빙랩을 해야 하니까 도시문제를 토론하자고 한 것은 잘못된 순서였을지도 모른다.

리빙랩은 스마트시티 서비스를 시민이 익숙하게 사용하도록 하고 상호작용을 하게 하는 좋은 방법이다. 하지만 이보다 먼저 고려할 것은 시민이 자연스럽게 참여해 편하게 이야기할 수 있는 분위기를 만드는 것이다. 실제로 지자체에서 스마트시티 계획을 수립할 때 시장을 포함한 공무원의 뒷담화로 시작한 리빙랩에서는 좋은 분위기에 많은 의견이 나왔다.

2018년 국토교통부 스마트타운 챌린지 사업계획서를 제출하기 위해 가야 유적지와 관련해 김해 시민과 관광객을 대상으로 리빙랩을 추진했고, 리빙랩 결과 시민들에게서 "많은 관광객이 방문해 지역 상권이 살아났으면 좋겠다"와 "자가용으로 왔다 가는 관광이 아니라 체류형 관광이 되었으면 좋겠다"는 의견이 많이 나왔다. 또한 관광객은 "볼거리가 많은 관광지가 연계되어 있으면 좋겠다" 등의 의견을 내놓았다. 이러한 의견을 모아 VR과 AR, 홀로그램 등의 볼거리가 있는 '보고가야' 서비스와 전기자전거를 제공하는 '타고가야' 서비스, 자가용을 빠르게 주차할 수 있는 '두고가야' 서비스로 사업계획서를 작성했다. 물론 사업에 선정되어 구축할 때도 스마트 서비스와 소프트웨어를 사용한 후 기능이나 화면 구성 등에 대한 의견을 모을 수 있는 리빙랩을 추진했다. 사업이 구축된 후 일부 지역에서만 사용 가능한 전기자전거를 김해시 전역으로 확대해달라는 시민의 요구가 있을 만큼 시민의 만족도는 높았다. 이 사업은 현재 전기자전거에 장착된 GPS 센서와 진동 센서로 전기자전거 이동 정보와 도로 이상 여부까지 모니터링하고 있으며, 향후 전 지역으로 확대하기 위해 전기자전거 거치대 위치와 간격을 설정하는 자료로 활용하고 있다.

리빙랩은 시민의 의견을 들을 수 있는 좋은 시스템이다. 시민이 찾은 도시문제를 해결하기 위한 스마트시티 서비스는 시민의 사기를 북돋는 데 충분할 뿐 아니라 자발적 홍보로도 이어져 보다 많은 시민이 이용할 수 있게 한다. 하지만 이런 긍정적인 효과를 얻기 위해서는 스마트 시민을 육성하는 것처럼 지속적으로 많은 시민이 참여할 수 있는 리빙랩이 만들어져야 한다. 또한 시민 스스로가 리빙랩을 지속적으로 운영할 수 있도록 시민을 퍼실레이터로 양성해야 한다. 더불어 외국 사례

와 같이 온라인뿐 아니라 오프라인에서도 활용 가능한 리빙랩 플랫폼
이 필요하다.

스마트 시민이 체감하는 도시문제를 찾아 지속적인 상호작용으
로 이를 해결하는 리빙랩 구성은 지속 가능한 스마트시티의 시작이다.

안전하고 쾌적한 삶의 공간

인구가 증가하면서 살아갈 도시를 만들기 위해 울창한 숲의 나
무를 자르고, 땅을 아스팔트로 포장하고 있다. 뿐만 아니라 생활에 필요
한 전기를 만들고, 교통수단을 이용하며 탄소를 꾸준히 배출해 지구의
온도를 지속적으로 상승시키고 있다. 이러한 기후변화는 더 많은 태풍
이나 홍수, 호우, 폭풍, 폭설, 지진, 가뭄 등 피할 수 없는 자연재해로 우
리 삶을 위협한다.

이러한 자연재해가 증가하면서 등장한 개념이 생존과 성장을 위
한 '회복탄력성'이다. 태풍, 홍수 등의 재난 재해로부터 블랙아웃과 같은
대규모 정전사태로 인한 피해 발생 시 정상 상태로 얼마나 빨리 회복할
수 있는지를 나타내는 전력망 안정성 지표라고 할 수 있다. 현 정부에서
추진하는 탄소중립 선언과 친환경 에너지 생태계로 전환되는 정책이나
전 세계적으로 추진되는 탈 화석에너지 정책과 같은 신재생에너지 중심
의 체질 개선 방향은 거스를 수 없는 대세이다.

스마트시티가 등장할 때부터 사람들의 라이프스타일을 변화시키

기 위한 다양한 아이디어를 스마트 서비스로 제안했다. 대표적인 것이 스마트주차이다. 지역에 따라 차이는 있겠지만, 주차가 어려운 지역에서는 주차를 위한 대기 시간으로 30분을 소요한다고 한다. 스마트주차는 목적지에 도착하기 전 목적지에서 가장 가까운 곳의 주차 정보를 제공해 운전자가 주차공간을 찾기 위해 차량으로 배회하는 시간을 줄여 탄소 배출량을 감소시키는 데 목적이 있다.

이제는 차를 타고 은행에 가지 않고도 주변 편의점 등에서 출금할 수 있고, 앱을 통해 손쉽게 다른 사람에게 이체할 수도 있다. 단순하게 보면 은행 업무를 편리하게 만들어 시민에게 편의를 제공한 것이지만, 복합적으로 보면 은행에 가기 위한 교통수단 이용 과정을 없앤 것이다. 코로나19 팬데믹으로 인해 경험한 재택근무나 화상회의도 결과적으로는 집에서 직장으로 이동하는 과정과 대면 회의를 위해 이동하는 과정을 없앰으로써 이동 중에 교통수단에서 발생하는 탄소 배출량을 줄이는 효과를 거두고 있다.

실제로 2020년 코로나19 바이러스가 급속하게 전파되던 초기에 정부에서는 전 국민을 대상으로 출퇴근과 여행, 출장 등의 이동을 제한하는 정책을 펼쳤고, '세계의 공장'으로 불리는 중국에서도 많은 공장을 임시 폐쇄하며 사람의 이동을 제안했다. 사람들이 출퇴근과 여행, 출장 등의 이동을 멈추자 배출되던 탄소량도 줄어들고 대기도 청정했던 기억이 난다. 사람 간 전파되는 코로나19 바이러스의 확산을 막고자 시행된 정책이었지만, 사람의 생활이 환경에 얼마나 안 좋은지 직접 체감할 수 있는 시기이기도 했다.

2018년 스마트타운 챌린지에서 김해시가 제안한 '타고가야'는 집에서 경전철역 또는 버스정류장까지 이동하기가 불편해 개인 교통수단인 자가용을 이용한다는 시민의 의견을 반영한 스마트 서비스다. 집에서 목적지까지 이동하기 위한 연계 교통수단을 제공해 시민의 자가용 이용을 줄이고 대중교통 중심의 교통 체계를 마련한 것이다. 이를 통해 교통량을 줄임으로써 도로 정체를 해소하고, 차량의 탄소 배출량을 절감할 수 있었다. 또한 자가용으로 발생하는 교통사고도 줄었다.

스마트시티 사업은 지속 가능한 도시를 만들기 위해 재생에너지 활용과 에너지 효율화 증대를 위한 지속적인 노력을 목표로 하고 있다. 최근 도시 데이터 확보 차원에서도 개별 건물의 에너지 사용량을 모니터링할 수 있는 지능형 검침 인프라Advanced Metering Infrastructure, AMI 구축이 확대되고 있다. 스웨덴에서는 실시간 에너지 사용량을 사용자에게 제공하자 전년 대비 에너지 사용량이 줄어들기도 했다.

스마트시티의 에너지 분야에서는 세계자원연구소WRI에서 탄소중립을 위한 솔루션으로 대중교통 이용 증가뿐 아니라 건물 에너지 관리, 친환경 재생에너지 확대 등의 실현을 위한 다양한 스마트 서비스를 개발하여 '넷제로' 또는 '탄소중립'을 실현하기 위해 노력하고 있다.

시민과 기업, 정부가 만들어가는 미래 도시

한국은 스마트시티 도입 초기부터 스마트시티의 명암 중 명보다는 암의 대표 요소 때문에 보급이 어려웠다. 구축 비용과 운영 비용이 문제였다.

스마트시티를 구축하고 싶어도 지자체의 한정된 예산으로는 사업을 추진할 수 없었기 때문에 여러 지자체에서 신도시나 택지 개발 사업을 추진하는 사업자인 한국토지주택공사가 도시통합운영센터나 정보통신망과 같은 스마트시티 인프라뿐 아니라 CCTV 구축을 통한 방범 방재나 교통 관련 스마트 서비스를 구축하고 해당 지자체가 기부채납 받는 것이 해결 방안이었다.

지자체 스마트시티 담당자가 의견을 교환하는 모임인 '스마트시티 지방자치단체 협의회'의 시초인 당시 '산수화성^{오산, 수원, 화성, 성남}'에서는 한국토지주택공사에게 더 많은 스마트시티 인프라 및 스마트 서비스를 기부채납 받을 수 있는 방안과 구축 후 운영비를 받을 수 있는 방안이 주요 이슈였다.

또한 화성 동탄 스마트시티 구축 과정을 담은 논문에서는 공적기관에서 부담한 많은 구축 비용보다는 구축한 스마트시티를 운영하기 위해 지자체에서 부담해야 하는 전기·통신 비용이 더 큰 부담이며 "돈 먹는 하마, 유비쿼터스도시"라는 평가를 했고, 이 때문에 지자체에서 지속적으로 사업을 추진하지 못할 것이라고도 했다. 실제로 지자체 담당자에게는 스마트시티가 구축보다 많은 운영 비용을 지불해야 하는 사업이라는 인식이 팽배해 국내 스마트시티 확산이 어려웠다. 여러 지자체에서 사업을 추진하던 한국토지주택공사에서도 'LH형 스마트 서비스'를 구상해 추진하던 사업에 적용함으로써 증가하는 지자체의 요구 사항에 일관적으로 대응하고, 표준화된 스마트시티를 구축하려고 노력했다. 이렇게 유시티 건설을 진행하면서 공공 주도의 사업은 예산뿐 아니라 보안 및 개인정보, 시민들의 반대 등 다양한 문제로 건설과 운영이 어렵다는 것을 알게 되었다.

공공 주도의 사업을 추진하던 한국에 2017년 「스마트도시법」이 등장하면서 민간기업 중심의 스마트시티 조성을 위한 다양한 정책을 시행했다. 그동안 건설된 도시통합운영센터와 자가정보통신망의 스마트시티 인프라를 기반으로 교통, 방범 방재에 집중된 스마트 서비스 이외에도 관광, 의료, 복지 등의 다양한 스마트 서비스 개발을 시도했다. 뿐만 아니라 민간영역이라 추진하지 못했던 주거 부문에도 에너지나 방범 방재, 교통 등의 스마트 서비스 도입을 적극적으로 구상했다.

실제로 2010년에 수립하기 시작한 「서울시 유비쿼터스 도시계획」에 지금은 보편화된 스마트주차장을 제안했지만 추진하지 못하다가, 「스마트도시법」 개정 이후 민간기업이 참여하면서 전국으로 확산되었고, 대전시 스마트시티 챌린지 사업을 통해 공공주차장뿐 아니라 민간주차장의 주차장 정보도 시민에게 제공하는 사례가 생기면서 여러 지자체에 확산되고 있다. 일정 지역에서만 구축해 일부 시민에게만 제공하는 스마트시티는 지속될 수 없고, 넓은 지역에서 많은 시민에게 제공할 수 있는 보편타당한 스마트시티가 오래 지속될 수 있음을 증명한 사례였다.

한국의 스마트시티를 총괄하는 국토교통부에서는 이러한 스마트시티의 특성을 적용해 다양한 정책 사업을 지속적으로 만들어 스마트시티를 확대하고 있다. 「스마트도시법」 개정 이후 국토교통부에서는 '스마트시티 통합 플랫폼'과 같은 스마트 인프라와 스마트 서비스를 만들어 지자체에 확대하는 하향식이 아니라 지자체에서 시민과 기업이 함께 스마트 서비스를 발굴해 지자체 전역으로 확대하고 이를 평가하여 전국으로 확대하는 상향식으로 정책을 추진하고 있다. 이는 스마트 챌린지 사업으로 스마트시티 챌린지를 통해 행정구역 전체에 구축할 수 있는 스마트 서비스를 구상 및 실증하여 스마트솔루션 사업으로 전국에 확산시킬 수 있는 체계를 갖추고 있다.

이처럼 스마트시티를 확산하고 보편적으로 만들기 위해서는 민간기업의 참여가 필요하기 때문에 시민과 기업, 공공이 함께 참여할 수 있는 스마트시티 기반이 필요하다. 최근 민간기업이 참여할 수 있는 스마트시티 기반을 만들기 위해 특수목적법인^{SPC}을 많이 활용하고 있다. 대규모 스마트시티 사업에 국가 예산을 투입하는 데 한계가 있고, 공공기관에서 수익이 발생하는 사업에 참여해 민간기업 육성 기회를 뺏을 수 있기 때문이다. 대표적인 SPC 사업 사례로는 스마트시티 국가 시범도시로 추진되고 있는 세종 5-1생활권을 들 수 있다. SPC 이외에도 스마트시티의 지속 가능성 확보와 민간기업 참여 확대를 위한 민·관 합작투자사업이 있다.

또한 일반 시민과 협력해 사업을 추진하는 '크라우드 소싱'이 있다. 크라우드 소싱은 '대중'이라는 의미의 크라우드^{Crowd}와 일이나 업무를 제3자에게 위탁, 처리하는 아웃소싱^{Outsourcing}의 합성어로 기업활동 일부 과정에 시민을 참여시키는 것을 의미한다. 물건을 만들 때나 서비스 개선 등의 과정에 시민을 참여시키면, 기업 입장에서는 참신한 아이디어와 실질적인 의견을 들을 수 있고, 시민은 피드백 참여에 관한 보수를 받을 수 있어, 원하는 결과물을 얻기 위한 개발 비용도 저렴하고 잠재적 고객도 유입시킬 수 있다는 장점이 있다. 시민에게 아이디어나 의견을 듣는 과정 이외에 기업의 아이디어를 홍보하고, 목표 금액을 후원받아 아이디어를 실현해 후원한 시민에게 개발한 제품과 특전 또는 서비스를 보상하는 크라우드 펀딩도 크라우드 소싱에 해당한다.

중국의 기술혁신 도시라 불리는 선전深圳에서는 크라우드 소싱과 유사한 협력 방식으로 스타트업이나 소기업의 활동을 돕는 체계가 구축되어 있다. 선전시는 중앙정부와 시정부가 다양한 지원 정책으로 기업을 지원하는 것은 물론, 성공한 IT 기업이 스타트업에게 대규모 자금을 투자해 스타트업이 아이디어 실현에 성공할 수 있는 선순환 체계를 구축하고 있다. 이를 통해 혁신적 기술을 가진 스타트업이 선전시로 모이고, 경제 발전으로 이어지는 기술혁신 생태계를 구축하고 있다. 혁신 기술이나 아이디어를 가진 스타트업에게 성공한 IT 기업은 자금을 투자하고, 중앙정부나 시정부는 원활한 기업활동을 위한 행정을 지원해 아이디어가 실현될 수 있는 기민성과 지속성뿐만 아니라 확장성을 지닌 스마트시티 생태계를 구축함으로써 지속 가능한 스마트시티가 구현된 것이다.

현실로 다가오는 스마트시티의 미래

대를 위한 소의 희생, 개인정보 침해

스마트시티에서 가장 중요한 요소는 데이터이다. 도시가 똑똑해지기 위해서는 다양한 통계 데이터나 행정 데이터뿐 아니라 경험에 의한 데이터도 축적되어야 미래에 대응할 수 있기 때문이다. 한국 스마트시티 도입 초기에는 CCTV를 설치해 도시의 다양한 곳을 모니터링 중심으로 운영했다. 이때만 하더라도 영상분석 기술이 지금만큼 발전하지 않아 모니터링 요원이 24시간 모니터링 화면을 지켜보다가 사고나 이벤트가 발생하면 도시통합운영센터 내 경찰에게 알림으로써 상황 전파가 이루어졌다.

이렇게 스마트시티의 기반이 만들어지면서 개인정보의 수집, 유출, 오용, 남용으로부터 사생활을 보호하기 위해 2011년 3월 「개인정보

보호법」이 제정되었다. 이 법이 제정되면서 이름 및 주민등록번호, 주소 등의 개인정보는 보안으로 취급 및 관리했다. 뿐만 아니라 분리된 개인정보를 모아 개인을 유추할 수 있는 데이터도 불법으로 관리했다.

초기 스마트시티에서는 정보통신망이나 도시통합운영센터 같은 스마트시티 인프라 구축을 중심으로 사업을 추진하면서 이를 이용하는 스마트시티 서비스를 발굴하는 사업이 대부분이었다. 방범 분야에서는 다른 사람에게 위협을 당하거나 긴급 상황이 발생했을 때 보호자에게 알리고 경찰에 신고하는 시나리오를 만들었지만, 「개인정보보호법」 때문에 시행이 불가능했다. 당시 스마트시티 관련 연구나 사업을 추진하는 사람들은 한국의 강력한 「개인정보보호법」으로는 스마트시티가 발전할 수 없다며 세계 최고 수준의 「개인정보보호법」을 완화해야 한다고 주장하기도 했다. 문헌상 한국의 개인정보 관리는 세계 최고 수준이었다. 하지만 해외의 스마트시티 사례를 직접 보면서 한국의 개인정보 관리가 최고 수준이 아니라는 것을 알았다. 한국의 시·군청에서 운영하는 도시통합운영센터에서는 방범과 불법 주차 관련 정보를 지자체에서 운영하는 CCTV 영상으로 쉽게 볼 수 있었지만, 유럽에서는 방범과 불법 주차라는 도시 관리 차원에서도 CCTV 영상을 볼 수 없었다. 이러한 이유로 유럽에서는 CCTV를 통한 직관적인 관제가 아닌 동작 센서로 사람의 움직임을 확인하고, 음향 센서로 소음을 확인하는 등 다양한 센서를 활용해 상황을 유추하는, 한국과는 다른 스마트시티를 구축했다.

2017년 가을 웹에서 해외 스마트시티 사례를 찾던 중 사이드워크랩에서 캐나다 토론토에 스마트시티를 구축하는 사이드워크 토론토 계획을 알게 되었다. 이 사업을 추진하는 기업과 핵심 추진 전략이 흥미를 끌었다. 사이드워크랩은 구글과 같이 알파벳alphabet을 모회사로 둔 도시계획 회사로 구글에서 실제 사업을 추진하는 것과 마찬가지이기 때문에 어떤 스마트시티가 구축될지 기대되었다. "우리는 시민에게 인터넷을 무료로 제공하고, 시민의 데이터를 활용해 도시를 운영 및 관리할 것이다"라는 핵심 추진 전략 또한 눈길을 끌었다. 스마트시티의 주체인 시민에게서 스마트시티의 핵심인 데이터를 수집한다는 것은 최초의 시도였고, 개인정보 침해로 시도할 수 없던 것이 가능질 것이라는 기대도 있었다.

하지만 이 계획은 시민들의 반대로 좌초되어 우리가 기대했던 결과를 볼 수 없었다. 개인정보 활용 전략에 많은 시민이 반대한 것은 이 계획이 좌초된 여러 이유 중 하나이다. 캐나다 시민자유협회는 센서와 탐지 장비를 이용하면 데이터가 광범위하게 수집될 수 있다고 우려했다. 시민의 위치와 이동 경로를 파악하고, 얼굴 인식이 가능한 기술은 그 존재만으로 집회와 결사의 자유를 위축시킬 수 있다고 주장했다.

사이드워크 토론토 계획을 알게 된 시기에 읽었던 미국의 기사가 있다. 여고생이 있는 가정집으로 아마존에서 보낸 출산 용품 관련 홍보 자료가 배달되었다. 여고생의 부모는 임산부도 없는 집에 왜 이런 것을 보낸 거냐며 무시했다. 하지만 실상은 임신 중인 여고생이 아마존 쇼핑몰에서 임신 중 바르는 피부로션을 검색한 것이었고, 아마존에서 이러한 검색 결과를 바탕으로 여고생에게 출산 용품 홍보 자료를 보낸 것이다.

최근 맞춤형 광고가 대세가 되면서 개인정보를 다루는 많은 기업에서 사용자 정보를 둘러싼 주도권 싸움이 벌어지고 있다. 광고주는 접속자가 타깃층에 가까울수록 더 많은 비용을 지불하더라도 광고를 하고 싶어 한다. 때문에 플랫폼 기업에서는 사용자의 검색 정보나 방문 기록과 같은 개인정보를 광고주에게 제공하는 비즈니스 모델을 만들고 있다. 구글은 2020년 1월 유럽시장에서 개인정보 강화를 목적으로 '제3자 쿠키'를 중단하겠다고 밝혔다. 제3자 쿠키는 사용자가 컴퓨터에서 여러 사이트를 방문한 활동 내역을 포함한 데이터인데, 디지털 광고 시장에서 사용자의 관심사를 파악할 수 있는 주된 수단으로 활용한다. 제3자 쿠키를 중단하면 플랫폼을 운영하는 구글에서는 사용자의 방문 기록을 수집할 수 있지만, 구글의 플랫폼을 이용하는 다른 경쟁사에서는 사용자의 방문 기록을 수집할 수 없기 때문에, 구글의 데이터 독점이 더욱 강화될 것이라는 우려도 있다.

CCTV로 수집되는 영상을 분석하여 시민의 이름, 연령, 주소 등의 개인정보뿐 아니라 공산당 충성도까지도 알려주는 중국의 화면을 본 적이 있다. 도시의 경쟁력과 삶의 질을 높이는 스마트시티는 정보통신 기술을 활용해 인간의 행동을 데이터로 만들어 필요한 사람이나 회사에 제공함으로써 막대한 수익을 얻을 뿐 아니라, 사람들을 그들이 원하는 방향으로 이끌 수도 있다. 스마트시티 기술이 매우 정교한 사회통제 수단이 될 가능성도 배제할 수 없는 것이다.

스마트시티는 첨단 정보통신 기술 기반의 기업과 과학자들의 혁신적이면서 실용주의적이고 도구주의적인 사상과 현실보다는, 시민의 기본권을 보장하는 측면을 우선시해야 할 것이다.

효율과 집중이 초래한 플랫폼의 역습

몇 년 전부터 플랫폼 사업이 미래 유망 사업으로 뜨고 있다. 현대 사회에서 기업이 성공하고 지속 가능성을 확보하려면 플랫폼 사업을 해야 한다고들 한다. 플랫폼 사업은 공급자가 업로드한 콘텐츠 중에서 소비자가 필요한 콘텐츠를 선택해 사용하는 것으로 공급자와 소비자를 연결해주는 앱스토어나 유튜브, 인스타그램 등이 대표적인 플랫폼이다.

이뿐만 아니라 구글, 카카오톡 등도 플랫폼 기업에 해당한다. 플랫폼 기업이 제공하는 다양한 콘텐츠는 사용이 매우 편리하다. 구글은 웹에서 다양한 정보를 검색하는 포털사이트로 시작해 무료 이메일 계정을 제공하며 사용자를 확보하고, 유튜브 등 다양한 사업으로 확장하고 있다. 구글 계정 하나만 있으면 구글에서 운영하는 모든 사이트를 쉽게 사용할 수 있다. 뿐만 아니라 구글은 스마트폰의 운영체제인 안로이드 플랫폼을 개발해 스마트폰에서 사용 가능한 앱스토어도 운영하고 있다.

구글은 검색엔진과 온라인 광고 시장에서의 압도적 점유율을 바탕으로 경쟁업체들과 불공정하게 경쟁했고, 구글의 독과점을 확장시켜왔다는 지적을 받아 미국 정부와 반독점 논란에 휩싸여 법리 다툼 중이다. 최근 맞춤형 광고가 광고시장의 대세가 되면서 구글과 같은 플랫폼의 역할이 더욱 커졌다. 어떤 사용자가 웹사이트나 모바일 앱에 접속하면, 플랫폼이 해당 사용자의 특성을 수집해 여러 광고주에게 보내고, 광고주는 이를 검토한 뒤 사용자에게 광고를 보여주기 위해 광고료를 플랫폼 사업자에게 지급한다. 얼핏 들으면 문제가 될 것 같지 않지만,

광고를 원하는 광고주는 많고, 플랫폼이 하나일 경우 수요와 공급의 법칙이 적용되어 광고주는 많은 비용을 지불하고 광고를 해야만 한다. 플랫폼 사업자의 데이터 독점이 우려되는 이유이다. 최근 공정거래위원회에서는 구글이 한국에서도 안드로이드 운영체제를 강요했다는 이유로 2천억 원의 과징금을 부과했다.

한국뿐 아니라 외국에서도 많이 사용하는 카카오톡도 구글과 비슷하다. 카카오는 스마트폰에서 유료로 보내던 문자메시지를 무료로 보낼 수 있는 플랫폼을 만들었고, 이후 택시, 택배, 게임, 웹툰, 은행, 페이, 증권 등으로 확장하면서 국내 산업 전반에 네트워크를 형성 중이다. 카카오 계열사는 158개로 5년 전 70개보다 두 배 이상 증가했으며, 증가 추세는 더 빨라지고 있다. 카카오택시의 경우 처음에는 카카오톡 사용자에게 무료로 택시를 호출해주는 서비스를 제공했으며, 사용자가 점차 늘어나면서 별도의 앱으로 택시를 호출하는 서비스로 확장했다. 최근에는 택시뿐 아니라 이동 수단 모두를 활용할 수 있을 뿐 아니라 대리운전 호출도 가능한 모빌리티 서비스로 확장하고 있다. 많은 사용자를 확보하고 있는 카카오에서는 택시 운전기사나 대리 기사 등의 공급자에게 점점 더 높은 수수료를 요구하고 있으며, 양질의 서비스 제공을 목적으로 사용자에게도 사용료를 요구하고 있다. 제공하는 서비스를 이용하기 위해서는 이전에는 지불하지 않았던 비용을 지불해야 하고 이 비용은 점점 더 비싸질 것이라는 것이 플랫폼 사업의 독점에 대한 우려이다. 이러한 독점체제가 만들어지면 공정한 경쟁은 불가능하고, 택시 기업이나 대리운전 기업 등 영세업자는 생존 현장에서 밀려나 강자독식의 불공정 사회가 만들어질 것이다.

이미 경제 분야에서는 불공정과 불평등이 심화되는 사회에 대한 우려의 목소리가 높다. 미국의 상위 1퍼센트가 국민소득의 20퍼센트를 차지하고 있으며 그 비율은 점점 증가하는 추세이다. 이렇게 불공정하고 불평등한 사회는 발전을 위한 기회도 없고, 사회적 통합이나 경제의 지속 가능성도 없는 암울한 미래를 초래할 것이다.

도시공학을 전공한 필자는 플랫폼이라는 용어를 2008년에 처음 들었다. 플랫폼은 기차나 전철을 타고 내리는 곳이라고만 알고 있었는데, 정보통신 분야에서는 여러 가지 기능을 제공하는 공통 실행 환경 또는 표준 공정을 통해 다양한 제품을 만들어내는 기반과 도구 등과 같이 소프트웨어 플랫폼과 하드웨어 플랫폼으로 구분하여 정의한다. 특히 스마트시티 분야에서는 지자체에서 다양한 도시 상황 관리 및 스마트시티 통합운영센터 운영을 위한 핵심 기술 소프트웨어로 스마트시티 통합 플랫폼이 많이 알려져 있다.

스마트시티 통합 플랫폼은 유에코시티 R&D를 통해 많은 연구 인력이 참여해 개발한 소프트웨어로 지자체의 CCTV 상황 관제뿐 아니라 외부 기관인 112, 119, 법무부와도 연계해 시민의 안전한 삶을 지켜주는 스마트시티 핵심 소프트웨어이다. 국가에서는 스마트시티 인프라를 만들어 보급해 모든 지자체가 비슷한 수준의 스마트시티를 구현하는 것이 목표였다. 현재는 110여 개 도시에 구축 예정이거나 구축됐고, 향후 더 많은 지자체에 확산될 것이다.

스마트시티 통합 플랫폼은 5대 연계 서비스에서 10대 연계 서비스로 확대하기 위한 준비를 하고 있으며, 스마트시티 통합 플랫폼이 구축된 지자체에서는 자체적으로 운영 중인 스마트시티 서비스를 스마트시티 통합 플랫폼에 연계하는 사업도 추진 중이다.

이처럼 플랫폼이 진정한 플랫폼의 역할과 기능을 하기 위해서는 개별 시스템과 연계되어야 한다. 개별 시스템과 플랫폼이 연계되면 개별 시스템 구축 비용이 절감되어 경제적이고, 효율성이 높아지기 때문이다. 스마트시티 통합 플랫폼으로 개별 시스템을 연계하기 위해서는 이미 구축된 플랫폼 사업자가 연계 관련 사업을 하는 게 당연하게 여겨질 것이다.

하지만 여기에도 성공한 플랫폼 사업자의 횡포 같은 것이 존재한다. 한국 스마트시티 사업은 몇억 원에서 몇백억 원으로 추진되며, 주로 정보통신 부문의 구축 경험이 있는 사업자가 선정된다. 이미 정보통신 기술 구축 부문에서는 실적이 많은 거대 기업이 자리 잡고 있다. 이들은 많은 입찰에 참여해 사업을 수주하는데, 거대 기업의 횡포는 여기에서부터 시작되어 결과적으로 사업의 성공도 실패도 아닌 성과를 만들어낸다. 거대 기업은 사업 관리를 목적으로 전체 사업비의 10~20퍼센트의 금액을 챙기고, 실제 사업을 총괄하는 기업에게 나머지 금액을 넘긴다. 사업 총괄 기업도 실제 구축하는 기업을 관리하는 목적으로 일정 부분의 수익을 챙기고, 나머지 금액은 실제 구축 기업에게 전달한다. 실제 사업비에서 사업을 수주받은 거대 기업이 챙기는 수익이 적게는 20퍼센트에서 많게는 40퍼센트를 넘는 구조에서 성공적인 사업이 이루어지는 것은 애초에 불가능한지도 모른다.

불공정과 불평등을 해결하기 위해 제도나 규제를 통해 공정한 사회를 만든다는 것은 어려운 일일지도 모른다. 다만 스마트시티가 본래 목적처럼 공유하고 소통하며 안전하고 쾌적하게 생활할 수 있는 미래 도시가 되기를 희망한다.

기술로 심화된 디지털 양극화

우리는 급변하는 시대에 살고 있다. 1차 산업혁명 이전까지는 힘이 지배하는 세상으로 강한 자와 약한 자로 구별되었고, 1차 산업혁명 이후에는 돈이 많은 자와 돈이 없는 자로 구별되었다. 지금의 우리에게는 '돈' 말고도 다양한 기준이 있다. 4차 산업혁명 이후 코로나19 팬데믹 시대가 되면서 사람들을 나누는 또 다른 기준이 등장했다. 바로 '기술'이다. 팬데믹이 확산되면서 사람 간의 접촉을 최소화하고 있으며, 비대면 서비스가 많이 활용되고 있다.

하지만 모든 시민의 생활이 비대면 서비스 덕분에 편리해진 건 아닌 듯하다. 최근에는 식당이나 커피숍, 공공장소 등을 출입하기 위해 스마트폰으로 백신접종증명서를 받아 QR체크인을 하기도 했다. 서비스 시행 초기에는 스마트폰을 잘 이용하지 못하는 시민들이 백신접종증명서를 다운받는 방법을 배우기 위해 주변에 물어보는 경우가 빈번했다. 팬데믹으로 전 국민에게 지급된 긴급재난지원금도 스마트폰을 통해 쉽게 받을 수 있었지만, 이것이 익숙지 않은 사람은 직접 받기 위해 집 근처 은행에서 한참을 대기해야 했다.

필자도 비슷한 경험이 있다. 패스트푸드점 앱을 통해 할인쿠폰을 받으면 매장에서도 50퍼센트 할인된 가격으로 햄버거를 살 수 있었지만, 이를 알지 못해 제값을 다 주고 햄버거를 샀고, 할인쿠폰이 있다는 것도 집에 와서 딸에게 듣고서야 알았다. 또한 방문했던 패스트푸드점에서는 터치스크린 방식의 키오스크를 이용해 스스로 주문을 할 수 있었지만, 사용해본 적이 없다 보니 한참 만에야 주문에 성공할 수 있었다.

이와 같은 디지털 양극화는 각종 디지털 제품이 일반화되면서 디지털 제품을 사용해 편의성을 제공받는 세대와 디지털 제품을 사용하지 못해 편의성을 제공받지 못하는 세대로 구분되고, 격차는 스마트시티 관련 기술이 발전할수록 더욱 커지고 있다. 더불어 디지털 격차는 단순히 편의성을 제공받느냐 제공받지 못하느냐의 '격차'로만 끝나지 않는다. 가치관이나 문화 활동 등의 사회적 격차로까지 확대되면서 격차를 넘어 혜택을 받지 못하는 계층이 소외되는 현상으로까지 확대되고 있다. 이러한 디지털 격차는 사회적 약자로 불리는 고령층, 장애인과 저소득층, 농어민에게서 더욱 심화되며, 이는 우리가 관심 있게 봐야 할 사회문제이다. 디지털정보화 수준은 디지털 활용과 역량뿐 아니라 디지털 정보 기기 보유 여부와 인터넷 접속 가능 여부 등 디지털 정보 접근성 또한 주요한 요소로 작용하기 때문에, 부의 격차와 맞물려 디지털 격차 또한 문제가 되고 있는 것이다.

스마트시티를 조성하는 데 있어 첨단 기술과 장비를 도입해 시민들에게 다양한 편의를 제공하는 것도 중요하지만, 특정 계층이나 일부

만이 혜택을 받을 수 있는 서비스보다는 많은 사람이 혜택을 받을 수 있는 서비스를 구축하기 위한 노력 또한 간과해서는 안 된다. 보다 많은 시민에게 혜택으로 돌아갈 서비스를 개발하기 위해서는 서비스 설계 단계에서부터 나이, 성별, 국적, 장애의 유무와 상관없이 누구나 사용할 수 있는 디자인을 적용할 필요가 있다. 또한 스마트폰을 중심으로 서비스가 제공되는 현재 체계에서 스마트폰이 없는 시민은 서비스를 이용할 수 없기 때문에 키오스크나 웹 등을 통한 다양한 방식으로 서비스를 이용할 수 있는 방법 또한 고민해야 한다. 마지막으로 어르신들이 스마트폰이나 키오스크를 손쉽게 사용할 수 있도록 정보통신 교육을 지속적으로 지원할 필요가 있다.

철옹성 같은 전통 산업, 무릎 꿇는 신산업

4차 산업혁명 이후 공유경제뿐 아니라 드론, 자율주행차, 디지털 트윈, 메타버스 등 다양한 기술의 등장으로 우리 삶이 변화하고 있다. 많은 미래학자가 예견했듯 4차 산업혁명 시대에 출연할 신산업은 기존 경제사회와의 충돌을 피할 수 없다. 목적지가 동일하거나 같은 방향인 운전자들이 이동 비용을 절감하기 위해 한 대의 승용차로 같이 이동하는 카풀Car Pool은 전통 산업과 신산업 간 이해관계가 상충하게 된 시작점일 것이다.

카풀의 장점은 여러 사람이 한 대의 승용차로 이동함으로써 승용차 사용률을 줄이고, 이로 인해 교통 정체는 물론 승용차 운행에 필요한 휘발유나 경유의 소비량 또한 줄일 수 있다. 국토가 좁아 도로 건설이 어렵고, 에너지 생산 또한 쉽지 않은 나라에서는 획기적인 서비스다. 하지만 기존의 운송업계에서는 생존권의 위협을 이유로 이를 반대했고, 그 결과 카풀이 활성화되지 못했다.

2018년 해외에서 활성화된 우버와 유사한 '타다' 서비스가 한국에 등장했다. 타다 서비스는 개인 승용차를 활용해 택시와 동일한 서비스를 제공하는 것이다. 타다 플랫폼에 개인 승용차를 가진 운전자가 등록하면, 사용자는 모바일 앱을 통해 자신의 위치에서 원하는 목적지와 차종을 선택해 이동한 후, 사전에 등록된 결제 수단으로 자동 결제하는 서비스이다. 기존에는 택시를 타기 위해 도로로 나가 지나가는 빈 택시를 불러 탑승하는 체계였으나, 타다 서비스는 구축된 플랫폼을 사용하여 원하는 위치에서 차량에 탑승하고, 운전자에게 목적지를 말하지 않아도 플랫폼에 입력된 장소까지 이동이 가능하다.

하지만 편리한 기능의 타다 서비스도 결국 좌초되었다. 버스나 택시 업계 종사자들의 생계를 위협한다는 이유였다. 타다와 같이 혁신적이고 생활에 필요한 서비스는 사회에 적용될 수 있는 정책적 기반이나 시장, 생태계 등의 여건이 갖추어져야 하기 때문에 도입 시기가 매우 중요하다. 아무리 좋은 기술이라도 기술 자체만으로는 생활을 바꿀 수 있는 힘이 없기 때문이다.

어렸을 때 웃긴 이야기를 모아놓은 책에서 읽은 일화가 있다. "우리 조상 중에 조선시대에 최초로 병뚜껑을 만드신 분이 있어.""우와, 그럼 그분은 그 병뚜껑으로 부자가 되셨겠네?" "근데, 조선시대에는 병이 없어서 병뚜껑이 필요 없었대." "⋯."

무선인식^{RFID}은 QR코드나 바코드보다 뛰어난 기술이지만, RFID를 활용하기 위해서는 무선 정보통신 기술, 보안 기술 등의 기반 기술이 함께 성장해야 한다. 하지만 QR코드나 바코드는 RFID에 비해 많은 인프라가 없이도 활용 범위를 확대할 수 있다. 전통 산업은 관련 협회 등 동일한 이해관계에 있는 다양한 단체와 넓은 네트워크를 구축하고 있어 신산업에 도전하는 기업보다 자신의 의견을 파급력 있게 전달할 수 있기 때문이다. 앞의 병뚜껑 일화에서처럼 혁신적이고 생활에 필요한 서비스는 개발되었지만, 그 서비스를 적용할 만한 기반이 없다면 서비스는 무용지물이 될 수도 있다.

카풀이나 타다와 같이 온라인과 오프라인을 연계해 제공하는 서비스를 온오프라인 연계^{O2O} 서비스라고 한다. O2O 서비스는 차량 공유 뿐 아니라, 숙박, 부동산 정보, 배달 대행, 주차장 공유 등의 다양한 분야로 확대되고 있다. O2O 서비스는 기존의 오프라인 사업을 온라인과 모바일로 연계해 거래 규모를 늘리고, 일정 정도의 수수료를 받는 구조이다. O2O 서비스는 관련 시장의 규모를 확대시킬 수 있다는 장점도 있지만, 기존 사업자의 수익이 줄어들 것이란 우려도 있다. 실제로 최근 코로나19 팬데믹으로 인해 식당의 영업 시간과 이용 인원 수가 제한되면서 식당의 손님은 줄어들고 있지만, 테이블이나 의자 하나 없이 배달을 전문으로 하는 식당은 늦은 밤까지도 계속 음식 배달을 하면서 기존의 식당보다 많은 매출을 올리기도 한다.

전통 산업과 신산업이 이익을 나누기 위해서는 대립할 수밖에 없으며, 이익을 두 산업군이 자율적으로 조정하기는 힘들다. 결국 두 사업군의 대립은 정부나 국회에서 제도나 정책과 같은 규제를 통해 해결하려 할 것이다. 하지만 제도나 정책에 의한 이익 배분은 목소리 큰 조직에게 유리할 수밖에 없고, 이로 인해 사회적 갈등은 증폭될 것이다. 이러한 사회적 갈등을 줄이고, 지속 가능한 사회를 조성하기 위해서는 첫째, 소비자(시민)가 자신이 사용할 서비스를 선택하도록 할 필요가 있다. 소비자는 신산업 기술을 이용하면서 경제성이나 편리성 등 효용성의 측면에서 지속적인 사용 여부를 결정한다. 신산업 기술을 이용한 소비자가 이것이 전통 산업보다 좋다고 판단하면 계속 사용할 것이고, 그렇지 않다면 전통 산업 기술을 계속 사용할 것이다.

둘째, 정부는 규제샌드박스와 같은 정책을 통해 혁신 기술과 서비스를 지속적으로 발굴해야 한다. 혁신 기술이나 서비스는 어떤 형태로든 기존의 기술이나 서비스와 충돌할 수밖에 없고, 다양한 갈등 또한 발생할 수밖에 없다. 우리 삶에 진정으로 필요한 기술이나 서비스라고 생각한다면, 정부는 이러한 기술과 서비스를 정착시키기 위한 방법을 적극적으로 논의할 필요가 있다. 이를 위해서는 다양한 분야의 이론과 경험을 가진 산학연이 정부와 힘을 합쳐 현장에 필요한 정책을 만들어야 한다. 또한 정부는 정책을 통해 시장을 확대하기 위해 교수나 연구원뿐 아니라 현장에서 다양한 경험을 쌓은 기업의 전문가와 함께 아이디어를 모아야 한다.

우리 삶을 보다 윤택하고, 안전하고, 편리하게 만들 수 있도록 가

치 있는 신산업을 적극적으로 발굴하고 육성하지 않으면, 우리의 미래
는 어두울 수밖에 없다. 이를 위해 지속적인 노력이 필요하다.

스마트시티 뒷이야기

"스마트도시가 뭐예요? 아, 역시 어려워요."

스마트시티를 간단명료하게 한 문장으로 정의하기는 어렵다. 스마트시티 관련 자료를 조사해보니 스마트시티에 관한 정의는 200여 개가 넘었다. 2017년 「유비쿼터스도시법」을 개정하기 위해 국토교통부 주무부서 과장과 관련 전문가들이 1년여 동안 스마트시티의 정의에 대해 토론한 결과가 「스마트도시법」 제2조이다.

그렇게 많은 사람이 오랜 시간 스마트시티의 정의에 대해 탐구했지만 명쾌한 답을 찾지 못한 것은 애초에 많은 사람이 쉽게 이해할 수 있는 명쾌한 정의가 없기 때문이리라 생각한다. 그런데 어쩌면 다른 사람에게 설명하기 위한 정의보다 그 지역 시민이 공감할 수 있는 정의를 만드는 것이 더 중요한지도 모른다. 스마트시티는 옳고 그름의 문제가 아니라 다름(다양성)을 어떻게 지역에 맞추어 논리적으로 만들어내는지가 중요하기 때문이다.

"어떻게 하면 차별화된 스마트시티를 만들 수 있을까요?"

지자체의 스마트시티 계획을 수립하다 보면 가장 많이 받는 질문이다. 스마트시티 계획 초기에는 비슷한 기능의 서비스라도 명칭을 다르게 했다. 예를 들어 지하철역이나 지하도로, 지하광장 등과 같은 대규모 지하시설 및 고층 건물에서 재난이 발생할 경우 시민들을 안전하게 대피하도록 지원하는 서비스는 '재난대피 지원 서비스'라고 하는 게 보편적이었지만, 서울시 유비쿼터스 도시계획에서는 '반딧불 가이드'라고 명명했다. 하지만 이렇게 명칭만 달리하는 것이 지자체에서 원하는 차별화된 스마트시티 구축 전략은 아닐 것이다.

10여 년 넘게 스마트시티 계획을 수립하면서 얻은 차별화된 스마트시티 구축 전략은 디테일과 일관성이다. 하지만 국내 스마트시티 담당 공공기관의 특성상 시간이 지나면 담당자가 바뀐다. 심한 경우 담당자뿐 아니라 팀장, 과장 등이 모두 바뀌기도 한다. 이렇게 되면 사업 초기부터 하나둘씩 쌓았던 모든 것이 사라지고 처음부터 다시 시작하는 것과 마찬가지가 된다. 그 결과 사업 기간이 단축되는 것은 물론, 사업 내용의 깊이는 현저히 떨어진다. 따라서 스마트시티 전담 부서뿐 아니라 전담 인력을 배치해 디테일하고 일관성 있게 사업을 추진할 필요가 있다.

스마트시티 대표 도시인 오산시와 김해시의 사례를 예로 들어보자. 오산시는 2008년부터 유시티 담당자가 계속 업무를 담당해왔다. 담당자는 스마트시티 통합운영센터를 만들었고, 중앙정부 공모사업을 통해 스마트시티 서비스를 구축했으며, 시민들에게 이를 지속적으로 홍보하고 있다. 또한 스마트시티 전담 부서인 스마트교통안전과가 만들어져 과장으로 활동하고 있으며, 전국 지자체 스마트도시협의회 회장으로 여러 지자체의 스마트시티 사업을 돕고 있다. 김해시가 스마트시티의 대표 사례가 된 주요한 요인으로는 전문 인력은 아니지만 전담 인력을 배치해 3년 이상 스마트시티 업무를 추진하게 한 것을 들 수 있다. 전담 인력을 오랜 기간 근무할 수 있도록 배치함으로써 일관된 생각으로 연속성 있게 사업을 추진할 수 있었기 때문이다.

다른 분야와 마찬가지로 스마트시티 사업에도 '1만 시간의 법칙'이 적용된다. 전담 인력이 오랜 기간 집중해서 사업을 추진해야 전문가가 될 수 있는 것이다. 스마트시티 사업과 관련해 더 많은 기업과 지자체가 더 많은 전문가를 키워냄으로써, 지난 10년보다 앞으로의 10년이 더 큰 발전을 이루는 시간이 될 수 있기를 바란다.

"스마트시티 사업에 필요한 계획인가요?"

최근 스마트시티 계획에 대해 "스마트시티 사업에 정말로 필요한 계획인가?", "지자체의 특성을 반영하지 못한 획일적인 계획이다" 등의 부정적인 시각과 개선되어야 한다는 의견을 종종 접한다. 가장 많은 스마트시티 계획을 수립한 사업 책임자로서 불과 몇 년 전까지만 해도 서비스 종류나 계획 수립 절차, 필요성 등 스마트시티 계획에 관심도 없었던 환경과 비교하면 굉장히 고무적인 반응이라고 할 수 있다.

2018년 전까지만 해도 지자체 스마트시티 계획 수립을 위한 사업자로 선정되기 위한 제안 평가 발표 현장에 가면, 평가위원으로 참석한 대다수가 "스마트시티 계획이 뭐 하는 것이냐?", "지자체에서 꼭 수립해야 되는 계획이냐?", "정보화 계획과 다른 점은 무엇이냐?" 등의 질문을 해왔다. 하지만 최근 제안 평가 발표 현장에서는 "나는 스마트시티에 대해 잘 알고 있다"로 시작하여 "너는 스마트시티에 대해 얼마나 알고 있느냐?"라는 뉘앙스의 질문을 자주 받는다. 불과 몇 년 만에 스마트시티 분야에도 많은 전문가가 생겨나게 된 것이다. 이 여세를 몰아 앞으로의 스마트시티는 더 큰 발전을 거둘 수 있으리라 기대한다.

맺음말

　　스마트시티가 뭘까? 산업혁명기에 공업 도시가 있었다면, 4차 산업혁명기에는 스마트시티가 있다. 스마트폰 앱으로 택시를 부르는 청년과 뙤약볕 도로에서 택시를 기다리는 노인에게서 스마트시티와 기존 도시가 상징적으로 대비된다. 형태적으로는 지상권의 도시가 지하권, 공중권으로까지 확대된다. 큰 벽면 스크린으로 소통하는 아이작 아시모프의 미래 소설 『파운데이션』이 현실화되고 있다. 역사가 유발 하라리는 신이 된 인간, 신인류 호모 데우스의 출현을 예상하며, 신인류가 믿는 새로운 종교로 데이터교를 상상한다. 불가능하지 않은 일 같다.

　　정보통신 기술혁명에서 시작된 변화가 사람의 행태를 바꾸고, 경제적으로 기업과 산업 지형을 혁신하며, 부자와 빈자의 운명을 바꾸는 사회 변환으로 이어진다. MATMANG 기업이 세계 최고의 주가를 기록하며, 전 지구적 기후변화로 인해 스마트그린시티로 진화한다. 에너지원이 달라지고 부의 국가 지도가 바뀌며, 세계 1위 미국과 세계 2위 중국이 기술 패권을 두고 새로운 전쟁을 벌인다. 단순한 기술 변화와 서비스 혁신으로 시작한 스마트시티가 이제는 문명 전환의 방아쇠가 되고 있다. 세계가 스마트시티에 열광하는 이유이다. 불가능한 일처럼 보였던 것들이 하나둘 현실화되고 있다.

스마트시티는 STIM으로 건축된다. 다양한 서비스[S]가 정보를 타고 흐른다. 스마트시티는 정보 서비스와 에너지그린 서비스가 핵심이다. 정보를 생산, 수집, 분석, 활용, 유통, 보안하는 ICBM-ABCD 같은 정보통신 기술[T]과 그린에너지와 에코 서비스를 제공하는 에코그린 기술[T]이 중추 역할을 한다. 기술은 스마트시티의 시작점이다. 증기기관 기술이 공업 도시를 열었듯이, 정보통신 기술이 스마트시티를 열고 있다. 공업 도시에서는 제품을 만드는 공장과 상품을 실어 나르는 도로나 철도 인프라가 필요했듯이, 스마트시티에서는 정보통신망, 데이터센터, 가상공간, 디지털 트윈이라는 융합 공간이 인프라[I]이다. 스마트시티에서는 뉴노멀에 적합한 새로운 법과 제도와 같은 스마트시티 거버넌스[M]가 작동한다. 새로운 문화가 탄생한다.

유시티에서 오늘의 스마트시티까지 오는 길은 멀었다. 김대중 정부의 정보고속도로 건설과 노무현 정부의 유시티와 유에코시티는 신의 한 수였다. 가지 않았던 길을 가려 했던 연구자와 공무원 들의 노력은 '다이내믹 코리아'를 이루는 시대정신을 앞서간 기회의 포착이었다. 이명박 정부가 들어서며 유시티는 저탄소녹색도시로 길을 갈아탔다. 유시티는 가던 길을 멈추고 '유시티'라는 브랜드를 내려놓았다. 반도체에 30년 넘게 투자해서 세계 최고가 된 사기업의 지속 가능 전략과 대비된다. 안타까운 순간이었다.

유시티가 스마트시티로 넘어가는 대목에서 유시티 실패론이 나왔다. 정치적으로 새로운 정책을 시도하기 위한 읍참마속이었을까? 정치하는 사람들은 그럴 수도 있겠지만, 학문 분야에서도 단절이 이루어졌고, 이를 주도했던 기관에서도 자원화를 이루지 못했다. 자료는 사장됐고 경험은 전수되지 못했다. 정권 교체 같았다. 이 과정에서 지속 가능한 전략은 멀어지고, 유시티의 노하우를 계승하지 못한 채 유시티의 실수를 답습했다. 안타까운 대목이다. 스마트시티는 유시티와 다를 게 없다. 3G와 4G의 차이랄까? '갤럭시 S6'가 없었다면 '갤럭시 S10'이 없었듯이, 유시티가 없었다면 스마트시티도 없었을 것이다.

"너희는 왜 유시티를 버렸어?" 국제 컨퍼런스에 가면 외국 학자들이 자주 하는 질문이다. 그들은 "아이폰(유시티)이라는 최고의 브랜드를 포기하고, 후발주자인 샤오미(스마트시티)로 바꾼 격"이라고 한다. 세계 최고의 브랜드인 유시티를 포기한 이유를 궁금해한다. 난감하지만 우리는 정권이 바뀔 때마다 달라지는 정책, 실체는 같지만 이름은 달라야 했던 정부 주도의 정책에 대해 설명한다. 새로운 블루오션 브랜드를 만들면서, 해외 사례를 가져오라는 공무원을 본다. 기술적 자주성 대신 식민지성이 보이는 살짝 안타까운 대목이다.

스마트시티는 다시 새로운 도약을 꿈꾼다. 모호했던 스마트시티는 명확해지고 있다. 기술혁신이 4차 산업혁명이라는 경제 변환으로, 다시 오랜 기간을 거쳐 사회 변환과 공간 변환으로 이어질 것이다. 스마트시티는 시작하는 단계이다. 거대한 물결이 개인과 기업 그리고 국가의 운명을 바꿀 것이다. 생존을 건 기술 전쟁이다. 세계열강이 스마트시티에 열광하는 이유이다. 스마트시티는 가보지 않은 길을 가는 오랜 여정을 시작했다. 언제 어디서나에서 지금 여기서로 시작한다. 소통과 공유 그리고 균형의 레버리지^{Leverage}를 통해, 거버넌스 뉴노멀^{Governance New Normal}을 만들고 있다.

스마트시티는 "함께 만들고, 함께 나누는 세상", "개인 행복과 세계 평화"로 간다. 이것은 스마트시티로 가다 길을 잃으면, 갈등하면, 생각해야 하는 원칙이다. 유시티부터 스마트시티까지의 경험이 지속되기를, 함께하기를 기대한다. 지속 가능한 스마트시티를 응원한다.

참고 자료 및 사이트

4차산업혁명위원회 보도자료(2018.12.26.).

강민욱 외, 2019, 「스마트시티 서울의 국제 위상 제고를 위한 지표 연구」, p.55.

건축공간연구원(AURI), 2019, 「스마트도시 해외사례 및 주요 기관」.

국토교통부(건설교통부), 2007, 「택지개발 업무처리지침」.

국회입법조사처, 2020, 「CCTV 통합관제센터 운영실태 및 개선방안」.

김화자, 2020, 「인문적 스마트시티로서 친환경 컴팩트시티의 공공성」, 현상학과 현대철학, 제86집,
    pp.65~108.

김용운 · 이준섭, 2020.12, 「스마트시티 국제표준화 동향」, 전자통신동향분석 35권 제6호,
    pp.119~228.

메리츠증권리서치센터, 2020, 「2021년 전망시리즈 01 주식전략 承잇다」.

신우재 · 조영태, 「영국 정부의 스마트시티 구축 노력과 시사점」, 국토 2016년 5월호(통권 제415호),
    pp.86~92, 국토연구원.

인천IFEZ, 2003, 「송도정보화신도시 U-City모델 연구」.

위성복 외, 2019, 「지능형 도시정보 관리 시스템 개발 R&D(2013~2019)」, KAIA.

조영태, 2017, 「LH 스마트시티 미래 추진 전략」, LH.

조영태, 2019, 「신도시 스마트시티 리빙랩 추진 전략」, WSCE 2019: 스마트시티 리빙랩 네트워크
    포럼 국제컨퍼런스.

조영태, 2020, 「세종5-1 스마트시티 국가 시범도시 사업추진 현황」, 2020 주소기반 혁신성장산업
    컨퍼런스: 스마트시티의 미래.

조영태 외, 2018, 「글로벌 신도시 사례분석 및 정책가이드라인」, LH.

조영태 외, 2019, 「인도 스마트시티 도시 개발 여건 분석 및 시장진출방안」, LH.

조영태 외, 2019, 「LH 스마트시티 리빙랩 추진전략」, LH.

조영태 외, 2019, 「Smart City Innovation」, LH.

한국토지주택공사, 2003, 「용인흥덕지구 디지털도시 연구」.

한국토지주택공사, 「2020년 스마트타운·솔루션 챌린지 운영 및 계획수립」, 국토교통부.

한국토지주택공사, 2013~2016, 「세종시 1단계(1단계 1, 2차) 스마트세종 설계보고서」.

한국토지주택공사, 2017, 「세종시 2단계(2단계 1, 2, 3차) 스마트세종 설계보고서」.

행복도시건설청, 2017, 「행복도시 세종 브로슈어」.

행정안전부, 2020, 「2020 행정안전통계연보」(2019.12.31.).

Grazia Concilio et al., 2016, *Human Smart Cities*, Springer.

J.A. and N.J. White, 2011, *Sea-level rise from the late 19th to the early 21st century*, Surv, Geophys, 32:585-602.

Kaisa Spilling, 2021, *Co-creation at Smart Kalasatama*, WSCE 2021, LH.

ISO, 2017, 「지속 가능한 도시와 커뮤니티: 지속 가능한 커뮤니티를 위한 스마트시티 운용 모델 수립 지침」.

Marta Peris-Oritz et al., 2017, *Sustainable Smart Cities*, Springer.

Renata Paola Dameri, 2016, *Smart City Implementation*, Springer.

Young-tae Cho et al., 2018, *International Trends of Patents and Theses in Smart City*, ICESI 2018.

Young-tae Cho, 2018, *Strategy of Smart City Infrastructure Development*, 20th Anniversary of WTA in 2018, Global Innovation Forum.

Young-tae Cho et al., 2021, *Efficiency and possibility in data-driven smart city*, Dec_2021, IJSBTUD.

국가법령센터 ｜ https://www.law.go.kr/

런던 스마트 커뮤니티 ｜ https://www.london.gov.uk/what-we-do/communities

사이드워크 토론토 ｜ https://www.sidewalktoronto.ca/

스마트 서울 ｜ http://smart.seoul.go.kr

스마트 칼라사타마 ｜ https://fiksukalasatama.fi/en/building-blocks/project-portfolio/

암스테르담 스마트시티 ｜ https://amsterdamsmartcity.com/projects/dataamsterdamnl

암스테르담 아레나 ┊ http://amsterdaminnovationarena.com/

우븐시티 자료 ┊ https://www.pinsupinsheji.com

우븐시티 ┊ https://www.woven-city.global

전자신문 ┊ http://m.electimes.com

캐터펄트 네트워크 ┊ https://catapult.org.uk

캠브리지 데이터 허브

https://www.connectingcambridgeshire.co.uk

https://www.sktcoverage.com/map?TYPE=FIVEG

https://nqi.kt.com/KTCVRG/coverage#

http://www.uplus.co.kr/css/iner/RetrieveCoverMapNoneSSL.hpi

https://data.giss.nasa.gov/gistemp/graphs_v4/

https://evolutionistx.wordpress.com/2015/08/page/4/

http://www.amsterdamsmartcity.com/projects/city-zen-serious-game

http://www.cityzen-smartcity.eu/virtual-power-plant/

https://www.designbuild-network.com

http://www.ecomedia.co.kr/news/newsview.php?ncode=1065588021855671

https://www.yazamtec.com/

미주

1) Habitat III(에콰도르 퀴토, 2016), New Urban Agenda.

2) 인천 IFEZ(2003), LH 흥덕지구(2003), LH 동탄신도시(2004).

3) 강민욱 외, 2019, 「스마트시티 서울의 국제 위상 제고를 위한 지표 연구」, p.55.

4) 김용운·이준섭(2020.12), 「스마트시티 국제표준화 동향」, 전자통신동향분석 35권 제6호, pp.119-228.

5) http://we-gov.org

6) http://smart.seoul.go.kr

7) 신우재·조영태(2016), 「영국 정부의 스마트시티 구축 노력과 시사점」, 국토 2016년 5월호(통권 제415호), pp.86~92, 국토연구원.

8) 8https://catapult.org.uk

9) Smarter London Together Report Card, https://trello.com

10) https://www.london.gov.uk/what-we-do/communities/digital-inclusion-london

11) Communities & Social Policy Unit, 2018.

12) AURI(건축공간연구원), 2019, 「스마트도시 해외사례 및 주요 기관」.

13) https://amsterdamsmartcity.com/projects/dataamsterdamnl

14) 조영태·민병학, 2019.

15) http://amsterdaminnovationarena.com/

16) http://www.cityzen-smartcity.eu/virtual-power-plant/

17) https://amsterdamsmartcity.com/projects/city-zen-serious-game

18) https://www.yazamtec.com/

19) 국토교통부(건설교통부), 2007, 「택지개발업무처리지침」.

20) 인천경제자유구역청(IFEZ), 2003, 「송도정보화신도시 U-City모델 연구」.

    한국토지주택공사, 2003, 「용인흥덕지구 디지털도시 연구」.

21) 국회입법조사처, 2020, 「CCTV 통합관제센터 운영실태 및 개선방안」.

    행정안전부, 2020, 「2020 행정안전통계연보」(2019년 12월 31일 기준).

22) http://m.electimes.com/article.php?aid=1589792731198741093

23) 한국토지주택공사 보도자료(2020.10.23.), 'LH, 한국형 스마트시티 대표 모델 세종 국가 시범도시 조성 박차'.

24) 2018.08.14, 한국과학기술단체총연합회, 「과학기술혁신정책포럼」.

25) 4차산업혁명위원회 보도자료(2018.12.26.), 2018, 「4차 산업혁명 시대 미래형 혁신 스마트시티 조성을 위한 국가 시범도시(세종·부산) 시행계획 수립」.

26) 동아사이언스 기사(2019.6.3.) http://dongascience.donga.com/news/view/29173

27) Glasgow City Data Hub, Manchester CityVerve, British Telecom InLinkUK(Bradford, Birmingham).

28) Kaisa Spilling, 2021.

29) 조영태 외, 2019, 「Smart City Innovation」, LH.

30) Kaisa Spilling, 2021.

31) https://www.woven-city.global

32) https://www.designbuild-network.com

33) 김화자, 2020, 「인문적 스마트시티로서 친환경 컴팩트시티의 공공성」, 현상학과 현대철학, 제86집, pp.65-108.

34) DOLL-livinglab.com

35) Kim Brostrøm, DOLL CTO.

36) hereeast.com

37) Gavin Poole, CEO of Here East.

38) http://www.ecomedia.co.kr/news/newsview.php?ncode=1065588021855671

39) 김준환, 2017.

40) 서울시, 2019.

41) 성지은, 과학기술정책연구원.

스마트시티 에볼루션

2022년 4월 15일 1판 1쇄 인쇄
2022년 4월 25일 1판 1쇄 발행

지은이　박찬호, 이상호, 이재용, 조영태
펴낸이　한기호
책임편집　정안나
편집　도은숙, 유태선, 염경원, 강세윤, 김미향, 김현구
마케팅　윤수연
디자인　블랙페퍼디자인
경영지원　국순근
펴낸곳　북바이북
　　　　　출판등록 2009년 5월 12일 제313-2009-100호
　　　　　주소 04029 서울시 마포구 동교로 12안길 14(서교동) 삼성빌딩 A동 2층
　　　　　전화 02-336-5675　　팩스 02-337-5347
　　　　　이메일 kpm@kpm21.co.kr
　　　　　홈페이지 www.kpm21.co.kr

ISBN 979-11-90812-39-9 (03300)

• 북바이북은 한국출판마케팅연구소의 임프린트입니다.
• 책값은 뒤표지에 있습니다.